Caitlyn Jenner
mit Buzz Bissinger

MEIN GROSSES GEHEIMNIS

Caitlyn Jenner
mit Buzz Bissinger

Mein großes Geheimnis

aus dem Amerikanischen übersetzt von Kirsten Borchardt

www.hannibal-verlag.de

Impressum

Die Autoren: Caitlyn Jenner mit Buzz Bissinger
Deutsche Erstausgabe 2017

Amerikanische Originalausgabe by Grand Central Publishing
Hachette Book Group (USA) mit dem Titel
„The Secrets of My Life"
ISBN: 978-1-4555-9675-1
© 2017 by CJ Memoires, LLC

Druck: CPI books GmbH, Ulm
Cover: © 2017 by Hachette Book Group, Inc.
Coverdesign by Evan Gafney
Lektorat: Hollow Skai
Übersetzung: Kirsten Borchardt
Layout und Satz: Thomas Auer, www.buchsatz.com

© 2017 by hannibal

Hannibal Verlag, ein Imprint der KOCH International GmbH, A-6604 Höfen
www.hannibal-verlag.de

ISBN 978-3-85445-636-0
Auch als E-Book erhältlich mit der ISBN 978-3-85445-637-7

Hinweis für den Leser:
Kein Teil dieses Buchs darf in irgendeiner Form (Druck, Fotokopie, digitale Kopie oder einem anderen Verfahren) ohne schriftliche Genehmigung des Verlags reproduziert oder unter Verwendung elektronischer Systeme verarbeitet werden. Der Autor hat sich mit größter Sorgfalt darum bemüht, nur zutreffende Informationen in dieses Buch aufzunehmen. Es kann jedoch keinerlei Gewähr dafür übernommen werden, dass die Informationen in diesem Buch vollständig, wirksam und zutreffend sind. Der Verlag und der Autor übernehmen weder die Garantie noch die juristische Verantwortung oder irgendeine Haftung für Schäden jeglicher Art, die durch den Gebrauch von in diesem Buch enthaltenen Informationen verursacht werden können. Alle durch dieses Buch berührten Urheberrechte, sonstigen Schutzrechte und in diesem Buch erwähnten oder in Bezug genommenen Rechte hinsichtlich Eigennamen oder der Bezeichnung von Produkten und handelnden Personen stehen deren jeweiligen Inhabern zu.

Printed in Germany

Inhalt

Vorbemerkung 7

Prolog 9

1. Kapitel: Dummer Junge 21

13. Juni 2015 – Wolkenkuckucksheim 37

2. Kapitel: Nimm den verdammten Ski ab! 43

15. Juli 2015 – „Bitte, lieber Gott, lass mich bloß nicht stolpern!" 53

3. Kapitel: Stell dich nicht so an 64

4. Kapitel: Wer bin ich? 73

14. Oktober 2015 – Eine Schachtel mit falschen Brüsten 82

5. Kapitel: Der Goldjunge 93

6. Kapitel: Nach dem Aufstieg 106

12. November 2015 – „Ich habe hier studiert.
Ich habe hier meinen Abschluss gemacht.
Aber ich habe hier nie hochhackige Schuhe getragen." 122

7. Kapitel: Zapp-zapp-zapp 133

8. Kapitel: Festgenommen 148

20. Dezember 2015 – „Es ist doch nur ein Film …" 160

9. Kapitel: Hier kommt Brucie!! 171

30. März 2016 –
„Ich saß in meinem Zimmer und hatte Angst, es zu verlassen" 193

10. Kapitel: Bye bye, ihr Brüste 199

4. April 2016 – „Es war nur ein Spiel" 216

11. Kapitel: Kein Ausweg mehr 220

12. Kapitel: In gutem Glauben 229

13. Kapitel: Das Spiegelbild 248

17. September 2016 – „Bereit, die Gelegenheit zu nutzen." 260

Danksagung 268

Über die Autoren 271

Vorbemerkung

Dieses Buch besteht in erster Linie aus Erinnerungen. Dabei gehe ich davon aus, dass sich wirklich alles so ereignet hat; ich habe mich bei Familienmitgliedern und Freunden rückversichert und zudem nachgelesen, was in der Vergangenheit geschehen ist.

Aber meine größte Quelle ist dennoch mein Gedächtnis, und wie wir alle wissen, sind Erinnerungen selektiv. Ich habe keinerlei Versuche unternommen, das, was ich als die Wahrheit ansehe, aus Eigeninteresse schönzufärben: Es gibt so vieles, das ich heute bedauere, aber auch vieles, woran ich gern zurückdenke. Davon will ich so ehrlich und aufrichtig wie möglich berichten.

Nach den Transgender-Regeln dürfte ich mich unter keinen Umständen mehr als Bruce bezeichnen.

Meine eigenen Regeln sind so:

Ich verwende den Namen Bruce, wenn es mir sinnvoll erscheint, und spreche von Caitlyn, wenn es passt. Bruce hat es fünfundsechzig Jahre lang gegeben, und Caitlyn feiert gerade erst ihren zweiten Geburtstag. Das ist die Realität.

Die Biologie liebt die Variation.
Die Biologie liebt Unterschiedlichkeit.
Die Gesellschaft hasst sie.
Milton Diamond

Prolog

Marriott Hotel, Orlando, Florida. Ich stehe vor Vertretern des Pharmaunternehmens Merck und halte einen Vortrag.

Es ist schon mein sechster in Folge. Immer dieselben Worte und dieselbe Botschaft und derselbe Titel und derselbe vorgetäuschte Enthusiasmus. Diese Rede habe ich schon viele hundert Male gehalten, überall in den USA, und ich kenne den Text in- und auswendig. Es ist irgendwann in den Neunzigern, aber es könnte auch in den Achtzigern sein, oder Anfang der Zweitausender. Die ganzen Termine sind in meiner Erinnerung längst zu einem verschmolzen.

Ich weiß, wieso die Leute hier im Publikum sitzen. Sie wollen Bruce Jenner hören, den Supersportler, der 1976 in Montreal eine Goldmedaille im Zehnkampf gewann und prompt, wie das so üblich ist, als „größter Athlet der Welt" gefeiert wurde. Sie wollen Bruce Jenner hören, der das Olympiateam der Vereinigten Staaten im Jahr ihres zweihundertjährigen Bestehens davor bewahrt hat, von der Sowjetunion und der DDR hoffnungslos düpiert zu werden. Den Bruce Jenner, der buchstäblich über Nacht zum amerikanischen Helden wurde. Den Bruce Jenner, der als Inbegriff der Männlichkeit gilt und eine Frau nach der anderen erobert. Den Bruce Jenner, der alles kriegt, was er will. Den Bruce Jenner, dem aus dem Spiegel ein echter Supermacho entgegenblickt.

Niemand ahnt, dass ich etwas ganz anderes sehe, wenn ich in den Spiegel gucke: einen Körper, den ich grundlegend verabscheue. Mit einem Bartschatten, der sichtbar bleibt, egal wie gründlich ich mich rasiere. Mit einem Penis, der zu nichts nutze ist, außer im Wald an einen Baum zu pinkeln. Mit einem Oberkörper, der Brüste haben sollte. Mit einem Gesicht, dessen Kinn zu eckig und dessen Stirn zu hoch ausfällt. Niemand weiß, dass es ganz anders ist, als die Leute es sich vorstellen – dass ich zum Beispiel in meinem ganzen Leben nur mit fünf Frauen geschlafen habe. Mit dreien davon war ich verheiratet.

Sie sehen nur das Image, das ich in den letzten Jahrzehnten sorgsam aufgebaut habe und das von den Medien begeistert aufgenommen und verstärkt worden ist, denn die Story dahinter ist unwiderstehlich: der Olympionike, der aus dem Nichts kam, der Sohn eines Landschaftsgärtners, der auf ein winziges College irgendwo in der Provinz ging, seine Jugendliebe geheiratet hat und dann fast sein halbes Leben damit zubrachte, für seine Goldmedaille zu trainieren. Damit repräsentiere ich vielleicht mehr als viele anderen Sportler unserer Zeit den uramerikanischen Mythos, an den wir alle glauben: dass man mit harter Arbeit jeden Traum verwirklichen kann. Natürlich glaube auch ich an diesen Mythos, auch wenn ich selbst schon lange unglaubwürdig geworden bin.

Das Publikum weiß genau, was es hören will: die Geschichte eines Lebens, das von diesen zwei entscheidenden Tagen im Olympiastadion von Montreal geprägt wurde, dem 29. und 30. Juli 1976, als ich den Weltrekord brach. Anschließend drehte ich noch eine Runde auf der Aschenbahn und schwenkte dabei eine kleine amerikanische Flagge, die mir ein Fan in die Hand gedrückt hatte.

Damals war ich glücklich, unglaublich glücklich, stolz auf mein Land und auf mich selbst. Keine vierundzwanzig Stunden später war mir klar, dass damit die tagtägliche Trainingsroutine der letzten zwölf Jahre vorbei war. *Das Große Ablenkungsmanöver* war Geschichte. Was nun jeden Tag aufs Neue die schreckliche Frage aufwarf: Was zur Hölle sollte ich mit meinem Leben anstellen? Wie viel länger würde ich diese Fassade aufrechterhalten können? Wie viel länger würde ich mich verstecken und denen ins Gesicht lügen können, die mich immer noch bewunderten? Die ich liebte?

Frustriert und beschämt gehe ich schlafen. Und frustriert und beschämt wache ich jeden Morgen wieder auf.

Die Leute im Publikum wissen nicht, dass ich unter dem dunkelblauen Business-Anzug Schlüpfer, BH und Strumpfhosen trage. Sie wissen nicht, dass ich nicht Bruce Jenner bin, sondern eine Frau, die ich später einmal Caitlyn nennen werde – eine Frau, die immer noch Bruce sein muss und nur für eine kurze Zeit, für wenige gestohlene Augenblicke sie selbst sein darf – hin und wieder einmal für zwanzig Minuten, für eine Stunde oder zwei.

Man stelle sich einmal vor, sein Innerstes, seine Seele ständig verleugnen zu müssen. Und das ergänze man dann noch um einen Berg unerfüllbarer Erwartungen, weil man für die Menschen die perfekte Verkörperung des amerikanischen Athleten darstellt. Nein. Das kann man sich einfach nicht vorstellen.

Es ist tatsächlich unvorstellbar. Außer für mich. Weil ich so lebe. Oder es zumindest versuche. Weil man unter solchen Umständen nicht wirklich lebt. Man versucht einfach nur, irgendwie über die Runden zu kommen, betet, dass dieser innere Konflikt sich in Luft auflöst. – Na gut, völlig verschwinden wird er wahrscheinlich nie, denn schließlich hat man ja schon alles Mögliche ausprobiert, um sich davon zu befreien. Aber man hofft darauf, dass es vielleicht eine Atempause gibt, dass dieses Problem in den Hintergrund rückt und nicht ständig jeden Gedanken bestimmt.

Die Menschen im Publikum ahnen nicht, dass ich mich immer unbehaglich fühle, auch wenn ich so extrovertiert wirke. Ich habe ein natürliches Talent für Smalltalk, weil ich Menschen einfach mag.

Sie wissen nur das, was in ihr Konzept passt. Und ich sage ihnen auch nichts anderes als das.

Der Vortrag, den ich vor den Merck-Vertretern halte, trägt den Titel „Finde den Sieger in dir". Notizen brauche ich dafür längst nicht mehr. Ich kann ihn auswendig:

> Ich kann mich von einer Niederlage erholen und mit dem Leben fortfahren, und es wird ein gutes Leben sein.
>
> Wir müssen uns der Angst stellen und sie in den Griff bekommen ...
>
> Wir kennen doch alle die Situation, wenn man eine Straße hinuntergeht und an eine Gabelung kommt und weiß, man muss sich jetzt für die eine oder andere Richtung entscheiden ... Irgendwie habe ich immer die richtige Entscheidung getroffen.

Es gab einmal eine Zeit, da habe ich selbst an diese Worte geglaubt, vor allem gleich nach den Olympischen Spielen, als ich auf der großen Erfolgswelle schwamm. Aber jetzt denke ich nur immer wieder: Blödsinn. Das ist alles nichts als Blödsinn.

Meine Damen und Herren, bitte begrüßen Sie Bruce Jenner!

Ich spiele hier eine Rolle, so, wie schon fast mein ganzes Leben lang. Ich spiele Bruce, denn das ist es, was die Leute, die mir zuhören, von mir wollen. Das ist es, was die Gesellschaft von mir will. Ich bekomme dafür eine Menge Geld. Also halte ich die Klappe und erzähle niemandem, wer ich wirklich bin.

Ich beende meinen Vortrag. Anschließend gibt es den üblichen Empfang, und hier mogele ich mich durch, indem ich mit den Männern über Sport rede und mit den Frauen netten Smalltalk mache, aber ich bin nicht einen Augenblick mit dem Herzen dabei. Die ganze Zeit über will ich nur nichts als raus und wieder zurück in mein Hotelzimmer. In Wahrheit ist mir „Der Vortrag" inzwischen scheißegal. Natürlich halte ich ihn immer noch, weil ich damit mein Geld verdiene und weil er mir einen Vorwand bietet, durch die Welt zu ziehen. Nur wenn ich unterwegs bin, kann ich mich noch ein wenig ausleben; dass ich das zu Hause tue, lässt meine Ehefrau Kris nicht zu. Das war bei meinen beiden Exfrauen, Chrystie und Linda, genauso. Kris will es nicht sehen, und sie will sich nicht damit auseinandersetzen, deswegen reden wir nie darüber. Wieso sollte sie auch? Verliebt hat sie sich in Bruce Jenner, nicht in ein billiges Porzellanpuppenimitat. Wie sie alle.

Ich war ihnen gegenüber auch nicht ganz ehrlich. Dazu habe ich mich viel zu sehr geschämt. Und hatte zu viel Angst. Aber es war mehr als das. Genau wie meine Exfrauen konnte ich selbst es ja auch nicht fassen. Bruce Jenner? Eine Frau?

Jetzt mal ehrlich. Gibt es einen Menschen auf der Welt, bei dem das noch unwahrscheinlicher wäre? Ich meine: *Bruce Jenner?*

Wieder zurück im Marriott hänge ich das „Bitte nicht stören"-Schild an die Tür meiner Suite und schließe ab. Beim Room Service bestelle ich ein Thunfisch-Sandwich und eine Cola Light, sage dem Zimmerkellner aber, er soll das Tablett draußen auf dem Flur abstellen. Dann schalte ich den Fernseher an und suche mir eine Sportsendung, die mich interessiert, also Autorennen oder Golfen. In der Suite gibt es mehrere Spiegel, was mir sehr entgegenkommt. Im Bad ist zudem ein Schminkspiegel an der Wand, und das ist sogar noch besser.

Jetzt lege ich los.

Das Ritual hat eigentlich schon viel früher begonnen, noch bevor ich überhaupt im Marriott ankam. Es fing schon damit an, dass ich am Los Angeles International Airport alle nötigen Vorkehrungen traf, um ohne Probleme durch die Sicherheitskontrollen zu kommen.

Kofferpacken ist furchtbar lästig. Und dann noch für einen Mann und eine Frau gleichzeitig. Weil ich zu viel Angst vor einer Entdeckung habe, kauft mir eine Freundin meine Kleidung. Ich sage ihr, was ich brauche, und dann zieht sie für mich los. Ob die Sachen auch passen, ist immer ziemliche Glückssache – schließlich bin ich eins achtundachtzig groß und kann nichts selbst anprobieren. Vor allem Schuhe sind ein Problem, da ich wirklich große Füße habe, was als Zehnkämpfer durchaus Vorteile bringt, aber nicht wirklich ideal ist, wenn man sich als Frau kleiden möchte, ohne aufzufallen. Dazu kommt, dass ich bei meiner Größe nicht auch noch Schuhe mit hohen Absätzen anziehen will. In einer Hinsicht ist das Packen allerdings einfach, denn ich habe nicht so viel Auswahl – für diese Vortragsreise genauso wenig wie für die vielen anderen zuvor.

Ich lege die femininen Outfits, die ich tragen will, ganz unten in den Koffer. Die Perücke schiebe ich tief in einen Ärmel und schlage ihn zur Sicherheit noch einmal um. Oben drauf lege ich den dunkelblauen Anzug, die Socken, die Hemden und die Herrenunterwäsche. Es ist noch vor dem 11. September, von daher sind die Sicherheitskontrollen nicht halb so streng wie heute. Falls man doch mein Gepäck durchsuchen sollte, kann ich immer noch sagen, ich hätte auch Sachen für meine Frau eingepackt. Überhaupt habe ich für jede Situation eine Erklärung parat. Bin immer für alles gewappnet. Abstreiten, leugnen, nichts zugeben. Aber ich möchte von vornherein Fragen vermeiden, und wenn eine Perücke oben im Koffer läge, würde das mit Sicherheit blöde Witze und womöglich auch Spekulationen darüber geben, dass Bruce Jenner ein olympiareifer Perverser ist.

Mit im Gepäck habe ich immer eine Packung Frischhaltefolie, mit der ich meine Figur auf ganz simple Weise etwas femininer machen kann – ich wickele mir einige Lagen ganz eng um die Taille, um dadurch meine Hüften und meinen Hintern mehr zur Geltung zu bringen. Und mit einer kleinen Tube Alleskleber kriege ich spontan ein Lifting hin. Nach langem Ausprobieren weiß ich inzwischen, dass Krazy Glue am besten klebt, wobei man aufpassen muss, dass man nicht zu viel erwischt, weil sonst beim Ablösen garantiert ein Stückchen Haut mit runtergeht und einen sichtbaren, roten Fleck hinterlässt.

Vor der Sicherheitskontrolle am Flughafen gehe ich auf die Toilette und nehme die Brustprothese ab. Einmal hatte ich das vergessen, und prompt fing der Metalldetektor bei der Durchsuchung an zu piepen, als der Sicherheitsbeamte mit dem Scanner über meinen Oberkörper fuhr. Ich war fest davon überzeugt, dass etwas am BH den Alarm ausgelöst hatte, und erwartete schon, für eine Leibesvisitation in einen Nebenraum geführt zu werden – und höchstwahrscheinlich hätte die Ausrede, die Brustprothese sei für meine Frau, nicht wirklich überzeugt. Meine Angst war spürbar, aber wie sich herausstellte, hatte der Detektor auf einen Reißverschluss an meiner Jacke reagiert. Danach war ich viel vorsichtiger.

In meiner Lage ist es immer besser, für alle Eventualitäten vorbereitet zu sein.

Nun packe ich erst einmal aus und lege die Sachen, die ich gleich anziehen will, aufs Bett. Da ich bei meinem Ritual nicht gerne Experimente mache, wähle ich fast immer dieselben Sachen aus. Beispielsweise ein schwarzes Kleid mit Spaghettiträgern, das bis kurz übers Knie geht, denn eins weiß ich – mit meinen Beinen kann ich punkten. Sie waren schon immer schlank, was zu Zeiten meiner sportlichen Erfolge viele verblüfft hat. Damals sagte ich immer: „Die Beine sind zum Laufen, nicht zum Zeigen da." Heute ist es genau umgekehrt, heute zeige ich meine Beine gern her. Ganz im Gegensatz zu meinen Armen: Die soll besser niemand sehen, und deswegen gehört auch immer eine schwarze Jacke zum Ensemble.

Die Kleider habe ich aus Kris' Schrank stibitzt, denn sie verfügt über eine enorm umfangreiche Garderobe, und ich kann mir nicht vorstellen, dass es ihr auffällt, wenn etwas fehlt. (Als sie irgendwann doch merkte, dass ich mir schon seit Jahren das eine oder andere von ihr „geliehen" hatte, waren die Sachen so ausgeleiert, dass sie ohnehin nichts mehr davon wiederhaben wollte.)

Das ist mein Ausgeh-Outfit, hübsch, aber nicht zu formell. Dazu gehören noch schwarze Schuhe, denn wie wir alle wissen, macht schwarz ja schlank. Make-up habe ich nicht nur von Kris, sondern auch vom Rest der K-Truppe geklaut – Kourtney, Kim und Khloé, schließlich auch von Kendall und Kylie. In unserem Haus gibt es schließlich mehr Schminkzeug pro Bewohner als irgendwo sonst in der ganzen Geschichte der Menschheit. Wer jemals eine Folge von *Keeping Up With The Kardashians* gesehen hat, der hat das wahrscheinlich auch schon festgestellt.

Das Auftragen des Make-ups ist immer wieder ein Kampf. Manchmal habe ich das Gefühl, dabei einer größeren Herausforderung gegenüberzustehen als bei meinem Olympiasieg. Zwar habe ich es inzwischen etwas besser drauf, aber das Resultat ist immer noch etwas Glückssache. Früher habe ich insgeheim Bücher mit Schminktipps gekauft, da es niemanden gab, der es mir hätte zeigen können. Die Bücher befinden sich, genau wie meine eigene schmale Sammlung an Kleidungsstücken, in einem kleinen, sorgfältig abgeschlossenen Fach in meinem Kleiderschrank. Darauf hat Kris bestanden, denn sie hat eine fürchterliche Angst davor, dass Kendall und Kylie die Sachen finden und etwas merken. Ich übrigens auch.

Einmal wäre das fast passiert. Unsere Töchter hatten sich wegen irgendwelchen Kleidern gestritten, die eine der anderen angeblich geklaut hatte, wobei ich jetzt nicht mehr weiß, wer die Detektivin und wer die vermeintliche Diebin war. Jedenfalls hatte die mutmaßlich Bestohlene insgeheim die Kamera an ihrem Computer eingeschaltet, um ihr Zimmer zu überwachen. Wenig später wähnte ich mich allein im Haus und wollte die Gelegenheit nutzen, um mich aufzustylen. Da es in Kylies Zimmer einen hohen Spiegel gab, schlich ich mich dort hinein, um mein Outfit zu begutachten. Ich ahnte nichts Böses, bis ich später hörte, wie unsere Töchter zu Kris rannten und kreischten: *Oh mein Gott, was ist denn das da auf dem Bildschirm?*

Glücklicherweise waren sie zu jung, um das zu begreifen. Heute klingt es lustig. Es ist auch lustig. Nur damals war es das eben nicht. Es war mir unglaublich peinlich. Ich wollte nicht, dass die Kinder mitbekamen, dass ich Frauenkleider anzog. Ich wollte sie nicht verwirren, sie verletzen oder ihnen wehtun. Wie hätten sie damit zurechtkommen können, wo doch nicht einmal ich selbst wusste, wie ich damit umgehen sollte? Diese Geschichte war symptomatisch für das Lügengebilde, das ich um mich herum aufgebaut hatte: Nie war ich mit mir im Einklang, in mir herrschte ein totales Durcheinander.

Die Episode geriet bald in Vergessenheit. Aber ich hatte eine wertvolle Lektion gelernt: Wenn die Frau in dir sich im Kinderzimmer vor den Spiegel stellt, sollte sie sichergehen, dass der Computer ausgeschaltet ist.

Aber zurück zu meiner Verwandlung. Die Augen sind am Wichtigsten, denn sie sind schließlich das Fenster zur Seele. Wenn man die Augen richtig hinbekommt, klappt es mit dem Rest von selbst. Und dieses Mal sieht es richtig gut aus; ganz offensichtlich werde ich jedes Mal besser. Manchmal werde ich in solchen Situationen aber auch übermütig, und dann sitze ich da, der größte Athlet der Welt, und versuche mir mit zitternden Händen falsche Wimpern anzukleben, was dann aber nur dazu führt, dass ich irgendwann überall schwarzen Kleber auf den Lidern habe.

Schließlich betrachte ich mich im großen Spiegel des Hotelzimmers. Ich gehe ein paarmal auf und ab und prüfe kritisch, ob ich wirklich eine passable Frau abgebe. Von Kris habe ich mir auch eine kleine Handtasche „geborgt" – was inzwischen etwas schwieriger ist, da sie besser aufpasst als früher.

Dann bin ich fertig und verlasse das Zimmer. Normalerweise nehme ich lieber die Treppe, weil ich vermeiden möchte, anderen Hotelgästen im Fahrstuhl auf engem Raum gegenüberzustehen. Aber meine Suite liegt in einem der oberen Stockwerke, und ich möchte nicht, dass mein sorgfältiges Styling schon gelitten hat, wenn ich unten ankomme. Also doch der Fahrstuhl. Ich sage kein Wort, denn meine helle Männerstimme, mein Singsang und mein Akzent – eine Mischung aus Mittelwesten und Massachusetts – würden mich sofort verraten; nach all der Zeit bin ich der Öffentlichkeit zu gut bekannt. Also wende ich den anderen Leuten den Rücken zu, mache ein bisschen auf arrogante Zicke und gehe leicht in die Knie, damit ich nicht ganz so groß wirke.

Unten verlasse ich den Fahrstuhl und spaziere zwanzig Minuten in der Lobby herum. Bedenkt man, dass ich bestimmt eine Stunde gebraucht habe, um mich zu stylen, klingt das nach einer wenig lohnenden Bilanz. Aber für mich ist es aufregend, und manchmal frage ich mich, ob die wahre Motivation dahinter ist, dass mein Leben ansonsten keine echten Kicks mehr bietet (es sei denn, dass man eine Runde Golf gegen sich selbst als aufregend bezeichnen wollte, und das wäre nach meiner Erfahrung wirklich übertrieben). Das Leben mit den Kardashian-Frauen und mit Kendall und Kylie hat natürlich viele Höhepunkte, sicher. Sie sind alle faszinierend, und tatsächlich wird schon bald *Keeping Up With The Kardashians* viele Millionen Zuschauer vor die Fernsehschirme locken. Meine eigene Rolle in dieser Reality-Show ist die eines gutmütigen, aber etwas tapsigen Patriarchen, der kein eigenes Leben hat, von den Frauen um ihn herum komplett dominiert wird und nur das tut, was seine Gattin ihm sagt.

Eine völlig wahrheitsgetreue Darstellung also.

Nach einer langen Runde durch die Lobby drehe ich mich um und kehre in mein Zimmer zurück. Ich halte mich nirgendwo lange auf. Bleibe nie stehen. Gehe nie ins Restaurant. Stattdessen bleibe ich lieber in den Winkeln und Ecken, und ich vermeide möglichst jeglichen Augenkontakt, weil mir genau bewusst ist, dass ich ausgecheckt werde. Schließlich weiß ich nur zu gut, wie das aussieht; Bruce Jenner ist schon viele tausend Male ausgecheckt worden.

Aber jetzt gibt es einen anderen Grund für die Blicke. Vor einer Entdeckung habe ich keine Angst, denn selbst wenn jemand meinte, er hätte Bruce Jenner in einem Kleid gesehen (was ja stimmt), dann würde er das vermutlich selbst nicht glauben, jedenfalls nicht, falls er zu denen gehört, die sich noch an die Olympiade damals erinnern. Bruce Jenner ist einfach der letzte, dem man so etwas zutrauen würde. Mich kümmert nur eins: ob ich glaubwürdig aussehe. Das erkenne ich an der Länge der Blicke, die man mir zuwirft. Ein kurzer heißt: *Nichts Besonderes, eine Frau wie alle anderen.* Hinter einem längeren könnte eine fatale Überlegung stehen: *Wer zur Hölle ist das denn?* Manchmal finde ich, dass ich verdammt gut aussehe. Manchmal fühle ich mich aber auch wie eine dünne Ausgabe von Bibo aus der Sesamstraße, der überall heraussticht und über den alle kichern, wenn er vorübergeht. Altwerden hat ja wenig gute Seiten, aber eine gibt es: Man schrumpft ein bisschen. Wenn ich hundert werde, dann bin ich vielleicht nur noch einssiebzig und werde mich nicht mehr so schrecklich gehemmt fühlen.

Über so etwas denke ich wirklich nach.

Bei einer meiner Hotellobby-Runden kam einmal ein Mann auf mich zu. Panik überfiel mich; ich war mir sicher, dass er mich durchschaut hatte. Aber er lächelte und reichte mir eine Rose. Also erwiderte ich sein Lächeln, zog mich aber so schnell es ging zurück. Auf keinen Fall wollte ich mit ihm reden. Bei den vielen Dutzend Hotellobby-Spaziergängen habe ich *nie* mit jemandem geredet. Aber ich fühlte mich geschmeichelt.

Anschließend setze ich mich in meinen Mietwagen und fahre eine Stunde durch die Gegend. Auch das mache ich gern, wenn ich Lust und Zeit dazu habe. Wenn ich dann an einem Einkaufszentrum vorbeikomme, stelle ich den Wagen möglichst weit am Rand des Parkplatzes ab, wo es keine Überwachungskameras gibt. Dort gehe ich wieder ein bisschen spazieren, die Autoschlüssel immer fest in der Hand: Falls etwas Unvorhergesehenes passiert, kann ich schnell wieder zum Auto rennen. Glücklicherweise habe ich ja vernünftige Schuhe an. Das alles dauert nicht lange, aber selbst diese kleine Möglichkeit, kurz einmal am Rand eines Parkplatzes auszusteigen, fühlt sich befreiend an. Es *ist* schrecklich aufregend – der Puls schlägt schneller, die Herzfrequenz steigt, und mich überkommt eine Mischung aus Kitzel und Selbstvertrauen, der Wunsch, die ganze Welt herauszufordern, und ein Glücksgefühl, ein überwältigendes Glücksgefühl.

Immer noch versuche ich herauszufinden, warum das so ist, und denke immer wieder an meine Kindheit zurück. Wie war das, als ich zehn war? Habe ich wirklich eine Geschlechtsidentitätsstörung, eine sogenannte Genderdysphorie, die von der American Psychiatric Association als „erkennbare Nichtübereinstimmung des zugewiesenen Geschlechts mit dem Identitätsgeschlecht" definiert wird? Bin ich vielleicht nur ein Transvestit, dem das Tragen von Frauenkleidern einen sexuellen Kick gibt? Manchmal frage ich mich, ob das Aufstylen so ist, als hätte ich Sex mit mir selbst, weil ich gleichzeitig männlich und weiblich bin. Auf all das weiß ich keine konkreten Antworten.

Manchmal wage ich mich sogar über die Parkplätze hinaus. Wie das eine Mal, als ich im Opryland Hotel in Nashville übernachtete. Das Einkaufszentrum Opry Mills lag gleich gegenüber. Dort gab es auch ein Multiplex-Cinema, und ich überlegte: *Hey, ich könnte doch einfach mal allein ins Kino gehen?*

Also schaute ich im Laufe des Tages dort vorbei und ließ Bruce ein Ticket kaufen. Am Nachmittag hielt ich wieder einen Vortrag: „Finde den Sieger in dir." Anschließend kehrte ich ins Hotel zurück und zog mich um, verwandelte mich in die Frau in mir. Im Kino ging ich gleich in den dunklen Saal, da ich mein Ticket ja schon hatte. Eigentlich hätte ich gern Popcorn gehabt – das gehört zum Kino doch irgendwie dazu. Aber ich hatte zu viel Angst, zum Verkaufstresen zu gehen. Glücklicherweise war es ein guter Film, der mich ganz und gar fesselte, und für zwei Stunden dachte ich einmal an nichts anderes.

Nach dem Film musste ich aufs Klo. Das wäre vermutlich für niemanden sonst ein Problem gewesen – wenn man muss, dann geht man eben. Aber ich dachte nur: *Oh mein Gott, was mache ich denn jetzt?* Zwar war ich bei früheren Ausflügen schon einmal auf der Damentoilette gewesen. Wie bei allen anderen Dingen hatte ich mir auch dafür eine Strategie zurechtgelegt: Erst wartete ich draußen, bis ich sicher war, dass niemand mehr im Vorraum sein konnte. Dann ging ich hinein und nahm die Kabine, die am weitesten von der Tür entfernt war. Wenn jemand reinkam, wartete ich, bis sie wieder ging, und dann sah ich zu, dass ich mich schnell verdrückte.

An dem Tag stand allerdings eine lange Schlange vor dem Damenklo. Warten hätte keinen Zweck gehabt. Also hastete ich so schnell wie möglich wieder ins Hotel zurück.

Als ich von meinem aktuellen Lobby-Ausflug zurückkehrte, fühlte ich mich noch immer gut. Niemandem war etwas aufgefallen. Aber mein Flug ging am nächsten Morgen ganz früh, und das hieß, dass es Bruce wieder in seiner ganzen Herrlichkeit geben würde. Also musste alles wieder runter.

Wenn ich einen späten Flug habe, schminke ich mich vor dem Schlafengehen nicht ab, auch wenn das Make-up die Kissen verschmiert (wofür ich mich an dieser Stelle bei den Hotelmitarbeitern entschuldigen möchte). Von außen betrachtet, habe ich ein schönes Leben: wunderbare Kinder, eine solide Ehe (jedenfalls war sie das, bevor es mit *Keeping Up With The Kardashians* losging), eine feste Arbeit und die Sympathien der Öffentlichkeit. Mein Image ist weiterhin sehr positiv.

Aber es reicht nicht. Es wird niemals reichen. In diesem Augenblick in den Neunzigern, mit über vierzig, konnte ich mir nicht vorstellen, je meinen Seelenfrieden zu finden. Dazu hatten mich die gesellschaftlichen Zwänge und die Sorgen um meine Familie viel zu sehr im Griff.

Tatsächlich denke ich heute ernsthaft darüber nach, testamentarisch festzulegen, zumindest mit dem Geschlecht begraben zu werden, das ich mein Leben lang gefühlt habe. Vielleicht ist das die einzige Möglichkeit für mich, die Frau zu sein, die ich immer war – in den Kleidern, die ich immer schon tragen wollte, für zwanzig Minuten durch eine Hotelhalle zu schlendern, in einem dunklen Kino zu sitzen oder ziellos durch die Gegend zu fahren.

So will ich in den Himmel kommen. So soll Gott mich vor sich sehen, damit ich ihn fragen kann: *Habe ich alles falsch gemacht? Hätte ich mehr tun können?*

Diese Antwort suche ich hier auf Erden. Aber bis ich sie finde, tue ich das, was ich am besten kann. Ich spiele Bruce.

Erstes Kapitel

Dummer Junge

Ich wurde dreimal geschieden. Mit den Möbeln, die ich im Laufe meines Lebens weggegeben habe, könnte man eine IKEA-Filiale bestücken. Wie oft ich mein Zuhause verloren habe, kann ich nicht mehr zählen. Jedenfalls sind mir nur wenige Fotos aus meiner Kindheit geblieben. Als ich mich 2013 von Kris trennte und mir ein Haus in Malibu mietete, richtete sie es in nur einem Tag mit einem Team von fünfzig Leuten aus dem Programm eines Möbelherstellers komplett neu für mich ein. Ich nahm nicht einmal meine Goldmedaille mit, die aus Sicherheitsgründen bei ihr im Safe lag. Aber das Akkordeon behielt ich.

Keine Ahnung, wieso ausgerechnet dieses Instrument meine drei Scheidungen und zehn Kinder und Stiefkinder überstanden hat, wieso ich es immer noch mit mir herumschleppe, obwohl ich es seit fast sechzig Jahren nicht mehr gespielt habe. Wieso es jetzt in der Garage meines Hauses oben auf einem Regal schlummert und Staub ansetzt, ordentlich verstaut in seinem klobigen Originalkoffer. Mir ist überhaupt erst vor kurzem, als ich die Garage aufräumte, aufgefallen, dass es dort ist.

Ich denke über viele Aspekte meines Lebens nach, das zu ungleichen Teilen wundersam und unglaublich absurd verlaufen ist. Über meine Beziehung zu meinen Kindern und Stiefkindern, von der ich gehofft hätte, dass sie enger werden würde, jetzt, da ich Caitlyn bin, aber das ist nicht geschehen. Ich überlege, ob ich die endgültige, geschlechtsangleichende Operation machen lassen sollte oder nicht. Mir gehen zudem all die Themen durch den Kopf, mit denen sich die Transgender-Community beschäftigt, und ich überlege, auf welche Weise ich sie unterstützen kann; das ist inzwischen eine geradezu heilige Aufgabe für mich. Zwar habe ich immer noch Angst vor der Einsamkeit, aber ich weiß auch, dass ich glücklicher und ausgefüllter bin als je zuvor in meinem Leben.

Das Akkordeon ist nur ein Instrument, das Platz wegnimmt, ein Relikt aus der lange zurückliegenden Vergangenheit. Manchmal denke ich, wenn ich das Rätsel lösen kann, wieso ich es immer noch habe, dann käme ich auch dem Rätsel meines Lebens einen Schritt näher und würde mir endlich klar darüber, wer ich bin: ein Goldmedaillengewinner und Weltrekordler, der nach seinem Sieg kein Interesse mehr an irgendwelchen Wettkämpfen hatte. Ein Betrüger gegenüber seinem eigenen Ich. Eine schillernde Person des öffentlichen Lebens, privat nur ein Schatten. Ein guter Vater für seine Stiefkinder, der jedoch zeitweise kaum noch Kontakt zum eigenen Nachwuchs aus seinen beiden ersten Ehen hatte. Selbstbewusst und doch jeder Konfrontation aus dem Wege gehend. Gern unter Menschen und doch einsam. Offen und doch ohne Empathie. Äußerlich mit sich im Reinen, innerlich ständig im Widerstreit. Jemand, der immer gemocht werden wollte, aber nie darauf vertraute, dass es jemand tat – weil es so viele Zeiten gab, in denen ich mich selbst nicht leiden konnte.

All diese unterschiedlichen Gefühle empfand ich zu verschiedenen Zeiten unterschiedlich stark. Einige Tage waren besser als andere. Es gab Phasen, manche davon sogar herrlich lang, in denen ich nicht ständig meine Seele auf den Prüfstein stellte oder dachte, diese Zerrissenheit wäre nur vorübergehend oder könnte vielleicht geheilt werden, mit zwei Aspirin und einem Glas Wasser, einer Knoblauchzehe um den Hals und einer Hasenpfote unter dem Kopfkissen.

Lange Zeit verstand ich nicht, was wirklich geschah. Ich hatte keinerlei Referenzpunkte, nichts Vergleichbares. Der Ausdruck Transgender, der heute so geläufig ist, hatte in der Welt, in der ich aufwuchs, so viel Bedeutung wie Facebook oder Twitter oder Instagram. In den USA sprach man erstmals 1974 von *gender dysphoria* – Genderdysphorie, Geschlechtsidentitätsstörung.

Amerika, 1949. Vier Jahre nach dem Abwurf der Atombombe, Harry Truman ist noch Präsident. Der VW-Käfer kommt in den USA auf den Markt, in Los Angeles fällt so viel Schnee wie nie zuvor, das Musical

South Pacific von Rodgers und Hammerstein läuft am Broadway an, und Howard Unruh geht als Massenmörder in die US-Geschichte ein, als er in Camden, New Jersey dreizehn seiner Nachbarn mit einer Luger erschießt, die er als Souvenir aus dem Krieg mitgebracht hat.

Bruce Springsteen und Billy Joel kommen zur Welt. Ebenso Meryl Streep und Sissy Spacek. Und dann auch ich, am 28. Oktober 1949, an dem Tag, als beim Absturz eines Air-France-Jets über den Azoren alle Insassen sterben. Aber zugleich ist es auch der 63. Geburtstag der Freiheitsstatue.

Das ist typisch für den ewigen Widerstreit in meinem Leben.

Ich wuchs in den 1950er Jahren auf, dem amerikanischen Zeitalter des Automobils, des Ausbaus der Interstate-Verbindungen unter Eisenhower, von McCarthys Kommunistenhatz, in der Zeit von *Rauchende Colts, Perry Mason, Bonanza* und vielen anderen Serien, in denen alle wichtigen Rollen von weißen Schauspielern übernommen wurden. Es saß kein einziger Afroamerikaner im Senat und mit Margaret Chase Smith aus Maine nur eine einzige Frau.

In meiner Jugend kannte ich keinen einzigen Menschen, der schwul oder lesbisch war, oder vielmehr, ich kannte niemanden, der sich öffentlich dazu bekannte, weil die damalige Gesellschaft das einfach nicht zuließ. Heute ist das zwar besser geworden, aber an viel zu vielen Orten existiert diese repressive Atmosphäre immer noch und macht es all denen schwer, die von der so genannten Norm abweichen – wobei diese Norm für mich nichts weiter ist als eine willkürliche Vorverurteilung durch ignorante und hasserfüllte Leute.

Etwa ein Jahr nach meiner Geburt wurde vom US-Senat eine Untersuchung zu so genannten „Homosexuellen und anderen sexuell Perversen" in Auftrag gegeben. Zu ihren Ergebnissen, soweit man sie heute noch wiedergeben kann, zählte beispielsweise:

> Die zuständigen Behörden sind sich einig, dass die meisten sexuell Abartigen gut auf psychiatrische Behandlungen ansprechen und geheilt werden können, sofern die Betreffenden den aufrichtigen Wunsch dazu verspüren. Allerdings haben viele bekennende Homosexuelle nicht wirklich das Bedürfnis, ihr bisheriges Leben

aufzugeben, und in solchen Fällen ist eine Heilung schwierig, wenn nicht unmöglich …

Häufig versuchen diese Perversen, normale Bürger zu ihren abartigen Praktiken zu verleiten …

Die fehlende emotionale Stabilität, die den meisten Perversen eigen ist, und ihre moralische Schwäche macht sie besonders empfänglich für die Verführungskünste ausländischer Spione. Den Geheimdiensten ist gut bekannt, dass Perverse bei Befragungen durch einen geschickten Agenten sehr nachgiebig sind und sich selten weigern, von sich selbst zu erzählen.

Wir können also festhalten: Das Amerika, in dem ich aufwuchs, war nicht gerade ein besonders erleuchtetes Zeitalter. Heute frage ich mich, inwiefern dieses Umfeld meine konservative Einstellung beeinflusst hat, denn dass es das tat, steht für mich fest. Aber es war auch eine Zeit der Fülle und des Konsums – wenn man weiß war. Überall entstanden neue Vororte, Zehntausende erschwinglicher Häuser wurden gebaut, und für die aufstrebende Mittelklasse ging es immer weiter nach oben. Amerika war ein sicherer, guter Ort – wie gesagt, wenn man weiß war – und ich fühlte mich in diesem Schoß geborgen, während ich mit meinen Eltern und Geschwistern in Westchester County im Staat New York und im Osten von Connecticut aufwuchs.

Mein Vater William (Bill) Jenner hatte einen hintersinnigen Humor und einen vordergründigen Bostoner Akzent und war ein typischer Vertreter der Generation, die schon die Große Depression und den Zweiten Weltkrieg mitgemacht hatte. Er traf meine Mutter Esther im Frühjahr 1942 auf einer Rollschuhbahn in White Plains, New York – kurz nachdem sie aus dem Mittleren Westen an die Ostküste gezogen war. Er war ein hervorragender Rollschuhläufer und hatte ein Talent für viele verschiedene Sportarten. Wenn er sich etwas Neues beibringen wollte, gelang ihm das meist sehr schnell – eine Eigenschaft, die er mir vererbt hat. Meine Mutter hingegen war noch unsicher auf ihren Rollschuhen, woran sie sich mit der für sie typischen Unverblümtheit erinnert:

„Dürfte ich diese nächste Runde mit dir fahren?"

„Von mir aus – aber auf eigene Gefahr."

Esther war aus Ohio und hatte einen großen Teil ihrer Jugend auf einer dreißig Hektar großen Farm verbracht, die von der Kuppe eines sanft geschwungenen Hügels auf den Ohio River hinunterblickte. Ihr Vater war Porträtfotograf und besaß die Fähigkeit, sich auf Dinge, die ihn interessierten, mit unglaublicher Entschlossenheit zu konzentrieren – eine Eigenschaft, die ich wiederum von ihm geerbt habe, und die mir beim Training für den Zehnkampf ausgesprochen gute Dienste leistete. Er baute das Haus für die Familie, bescheiden und solide. In seiner Freizeit betätigte er sich als Geologe und Astronom und baute Teleskope. Er liebte es, knifflige Dinge zu basteln und mechanische Experimente zu machen. Genau wie ich.

Bill war in St. John's in Neufundland geboren worden, dann mit seiner Familie nach Somerville in Massachusetts und später nach Westborough gezogen. Als er noch klein war, wütete ein schrecklicher Hurrikan über Neuengland und entwurzelte viele tausend Bäume. Die Stämme wurden im Wasser der nahen Seen gelagert, und Bills Vater leitete eine mobile Sägemühle, die sich von einem Gewässer zum anderen verlagern ließ. Dort arbeitete auch Bill noch ein Jahr nach der High School, bevor er Ende der Dreißigerjahre nach Tarrytown in Westchester County zog.

Esther fand Bill unwiderstehlich gutaussehend, und offenbar ging es Bill umgekehrt genauso (ja, Eitelkeit liegt in der Familie). Er arbeitete für seinen Bruder, der Bäume fällte und beschnitt, und hatte eine fröhliche Natur, die Esther einfach ansteckend fand. Sie verliebten sich schnell, wie das damals so oft geschah – vielleicht, weil ihnen bewusst war, dass ihnen nicht mehr viel Zeit blieb.

Die Hochzeit fand im September 1942 statt, als Esther sechzehn war. Amerika hatte sowohl Deutschland als auch Japan den Krieg erklärt, und Bill war wie so viele junge Männer seiner Zeit wild entschlossen zu kämpfen. Da er noch immer kanadischer Staatsbürger war, durfte er jedoch nicht einfach so in die US-Armee eintreten. Allerdings bestand die Möglichkeit, sich zur Einberufung zur Verfügung zu stellen, allerdings auch erst mit zwanzig, und Bill war neunzehn. Beinahe täglich erschien er bei seinem Armee-Anwerber in New York, bis der endlich ein Einsehen hatte.

„Hast du deine Geburtsurkunde dabei?"

Bill zeigte sie vor.

„Lass mal sehen."

„Jawohl, Sir."

Daraufhin änderte der Anwerber das Geburtsdatum mit Bleistift und machte Bill ein Jahr älter.

„In ein paar Wochen hörst du von uns. Und jetzt geh mir nicht mehr auf die Nerven."

Ein Vierteljahr nach der Hochzeit wurde Bill einberufen, und Esther bekam ihn drei Jahre lang nicht mehr zu Gesicht. Sie schrieb ihm aber jeden Tag, obwohl es bald nichts Interessantes mehr zu berichten gab. Natürlich machte sie sich Sorgen um meinen Vater, und dazu hatte sie auch allen Grund. Er gehörte zu den Army Rangers, einer Spezialeinheit, die oft in den schwierigsten und gefährlichsten Manövern eingesetzt wurde. Seine Ausbildung hatte er im Fifth Ranger Battalion in Camp Forrest in Tennessee durchlaufen, war dann nach Fort Pierce in Florida verlegt worden und hatte dort einen Vorgeschmack auf das bekommen, was ihm bevorstand. Die Truppe wurde mit dem Schiff auf den Atlantik hinausgebracht und musste dann in Landungsbooten und mit Zwanzig-Kilo-Gepäck auf dem Rücken an Land zurückkehren. Bill war das Wasser vertraut, aber einige seiner Kameraden konnten nicht einmal schwimmen. Danach hatte vorher auch niemand gefragt.

Auf einem Armee-Stützpunkt in Schottland wurde er für die amphibische Kriegsführung und im Nahkampf ausgebildet. Schließlich kam er ins Hauptquartier des Fifth Ranger Battalions und befehligte dort acht Soldaten, deren Aufgabe es war, den Funkverkehr zwischen dem Hauptquartier und den Truppen im Feld aufrecht zu erhalten.

Er wusste, dass es an die Front ging.

Schon drei Tage im Voraus erhielten Bill und seine Kameraden die Nachricht, dass sie zum ersten Schwung derer gehören würden, die bei der geplanten Landung der Alliierten die Strände der Normandie angreifen würden, und ein Schiff sie über den Ärmelkanal brächte. Am 6. Juni 1944 beluden sie um sechs Uhr früh ihre Landungsboote. Auf den ersten zehn Seemeilen wurde noch viel gelacht; sie alle brannten nach den zwei Jahren harter Ausbildung darauf, endlich zum Einsatz zu kommen. Die See war sehr rau, und es waren braune Papiertüten verteilt worden, falls jemand seekrank werden sollte.

Mein Vater war der zäheste Kerl, der mir je begegnet ist. Ihn warf nichts um. Nach den Olympischen Spielen in Montreal kaufte ich mir einen Pitts-Doppeldecker, weil ich das Fliegen liebte und ständig meine Grenzen austesten wollte. Es war ein Zweisitzer, bei dem der Passagier vor dem Piloten saß. Viele meiner Freunde, die knallhart zu sein glaubten, hatten mich schon herausgefordert, und alle hatten um eine vorzeitige Landung gebettelt, weil ihnen übel geworden war. Der einzige, der nicht genug bekam, war mein Vater. Ich versuchte alles – Loopings, doppelte Loopings, Drehungen oder Absinken aus großer Höhe. Ich griff richtig in die Vollen, aber er bekam nicht genug.

Außer am D-Day.

Zwar wurde ihm im Landungsboot nicht übel. Aber vielen anderen, und zwar so heftig, dass die braunen Papiertüten nicht viel nützten. Als sie sich der französischen Küste näherten, sahen sie bereits Granaten am Strand explodieren. Kugeln pfiffen ihnen um die Ohren. Plötzlich waren alle still. Die wilde Kampfeslust war von der Realität ausgelöscht worden, von Tod, Feuer, Blut und Angst. Als Bill den Omaha Beach genannten Strandabschnitt erreichte, tobte um ihn herum das Chaos, und die Unterweisungen, die sie erhalten hatten, erwiesen sich als nutzlos. Es war unmöglich, eine stabile Kommunikation aufzubauen, und Bill wurde mit der Maschinenpistole, deren Handhabung er in der Ausbildung gelernt hatte, ins dichteste Kampfgetümmel geschickt. Der Soldat vor ihm wurde von einem Artilleriegeschoss getroffen, das ihm den ganzen Körper aufriss. Bill hielt eine Sekunde inne. Er wollte etwas tun. Aber im Gegensatz zu all dem, was man in Filmen sieht oder in Büchern liest, wollten die Soldaten, die in der Normandie an Land gingen, nichts anderes als das eigene Leben retten. Also rannte er zu dem Wall, der den Strand begrenzte, und kauerte sich dort am ganzen Körper zitternd zusammen. Als er sich umsah, wurde er Zeuge, wie ein Landungsboot, das Flammenwerfer transportierte, getroffen wurde und wie ein Feuerball explodierte. Er sah, wie Männer brennend über Bord sprangen und musste sich erschüttert abwenden. Er verband die blutüberströmte Hand eines Kameraden, der mehrere Finger verloren hatte. Er beobachtete, wie die befehlshabenden Offiziere vor Entsetzen durchdrehten, zu fliehen versuchten und mit Gewalt aufgehalten werden mussten. Sobald er sich zehn Minuten lang irgendwo aufgehalten hatte, suchte er sich einen neuen Unterschlupf, weil er fest daran glaubte, dass dieser Platz dann als Zufluchtsort verbraucht war und nicht mehr die Magie besaß, ihn vor dem Tod zu bewahren. Stück für Stück arbeitete er sich den Strand hinauf, vorbei an den Leichen amerikanischer Soldaten. Später, als er und andere seiner Einheit es bis zu einem kleinen französischen Dorf geschafft hatten, mussten sie dort zwei junge Französinnen töten, die mit deutschen Offizieren verheiratet waren und den Alliierten als Heckenschützen aufgelauert hatten.

Mein Vater sprach nicht oft über seine D-Day-Erlebnisse, als ich jünger war, sondern sagte nur, dass eines allein einen Soldaten im Kampf wirklich retten kann: Glück.

„Dies war nicht der Tag meines Todes."

Aber hin und wieder erzählte er dann doch die eine oder andere Geschichte.

Einmal beschrieb er die letzten Augenblicke, bevor das Landungsboot den Strand erreichte. Der englische Bootsmann, der es lenkte, stoppte die Maschine und wollte, dass die Männer von Bord sprangen, obwohl ihnen das Wasser noch bis zum Hals reichte. Einige waren bereits ertrunken, weil das Zusammenspiel von Wellen und Strömung und fünfzig Kilo Ausrüstung auf dem Rücken eine tödliche Kombination darstellte. Dennoch wollte der Engländer das Boot nicht näher an Land bringen, bis ein amerikanischer Offizier ihm eine Pistole an den Kopf hielt und sagte, er würde ihm das Hirn wegpusten, wenn er nicht sofort weiter auf den Strand zuhielte.

Wie mein Vater sagte, klärte das recht schnell die Situation im Sinne der Amerikaner.

Die andere Geschichte war keine Geschichte. Es war ein kleines Schwarzweißfoto, das er geschossen hatte, nachdem seine Rangers-Einheit im April an der Befreiung des Konzentrationslagers Buchenwald beteiligt gewesen war. Das Bild zeigte die Pritsche eines Eisenbahnwaggons, auf der die ausgemergelten und entkleideten Leichen der Opfer wie Dachziegel aufeinandergestapelt worden waren.

Mein Vater zeigte mir das Bild, als ich noch klein war. Warum, das verstand ich nicht. Es war völlig uncharakteristisch für ihn, und ein Kind von neun oder zehn konnte ein so extremes Bild auch nicht verarbeiten. Aber letztlich half es mir, ihn zu verstehen und zu begreifen, dass seine langen Phasen des Schweigens ihre Wurzel in den Dingen hatten, die er als junger Mann mit ansehen musste und niemals vergessen konnte. Darin lag der Grund für seine emotionale Distanz – eine Eigenschaft, die ich später auch an mir wiederfand.

Manche Leute haben mich als *mutig* bezeichnet, weil ich im Frühjahr 2015 mit 65 Jahren meine Transition von Bruce zu Caitlyn durchgezogen habe. Das ist sehr schmeichelhaft, und ich weiß das sehr zu schätzen. Aber verglichen mit dem, was mein Vater und so viele andere durchgemacht haben, braucht es keinen Mut, zu seinem eigentlichen Ich zu stehen. Für mich war es eher eine Art von Feigheit, dass ich so lange damit gewartet habe.

Mein Vater war eine freundliche Seele, trotz allem, was er im Krieg erlebt hatte. Er empfand keine Bitterkeit, gegen nichts und niemanden, und auch ich bin niemand, der anderen etwas lange nachträgt. Ich habe mich oft gefragt, was er wohl von all dem halten würde, wenn er es noch miterlebt hätte. Er war so stolz auf meine sportlichen Erfolge in meiner Jugendzeit. Und als ich bei den Olympischen Spielen siegte, war er unfassbar begeistert. Er ging richtig darin auf, dass ich zum amerikanischen Helden wurde. Wie unser Gespräch wohl abgelaufen wäre? Was hätte er gesagt oder auch nicht gesagt? Wie hätte er mich angesehen? Ich wollte meinen Vater nie enttäuschen – alles, nur das nicht. Und er hätte meine Transition nie im Leben verstanden. Das hätte er nicht begriffen, ebenso wenig wie die meisten anderen aus seiner Generation. Und es fällt heute noch vielen schwer zu verstehen, dass die Transition von einem Mann zu einer Frau oder umgekehrt nichts mit der sexuellen Orientierung zu tun hat, sondern nur mit dem Geschlecht, das von Geburt an in dir verankert ist, völlig unabhängig von den körperlichen Merkmalen.

Wahrscheinlich wäre er zunächst einmal schockiert gewesen. Aber ich bin der festen Überzeugung: Sobald er erkannt hätte, dass ich in meiner jetzigen Lage viel Gutes für eine sehr marginalisierte Community tun kann, wäre er auf Caitlyn genauso stolz gewesen wie auf Bruce. Ich weiß, er hätte gewollt, dass ich glücklich bin. Und vielleicht wäre er glücklich darüber gewesen, dass das Gefühlschaos in meinem Leben vorbei ist.

Aber er hätte lange gebraucht, um es wirklich akzeptieren zu können. Meine Mutter, die ihn besser kannte als irgendjemand sonst, ist sich nicht sicher, ob es ihm überhaupt je gelungen wäre, unabhängig davon, wie er sich nach außen hin gegeben hätte.

Da hast du dieses Bild von deinem Sohn, ein ziemlich fest gefügtes Image, und dann gibt es da auf einmal Caitlyn? Wer ist das? Was ist das?

Trotzdem hätte ich es ihm gern gesagt.

Die Chance hatte ich nicht.

Mein Vater wurde nach dem Krieg Baumchirurg, gründete schließlich seine eigene Firma und arbeitete für einige große Anwesen in Westchester County und Connecticut. Er war besessen von dem Wunsch, ein guter Familienvater zu sein, und das war er auch. Meine Eltern widmeten sich jedes Wochenende ihren Kindern. Das waren meine ältere Schwester Pam, ich, dann Burt und als letztes Lisa.

Wir lebten ein angenehm vorhersehbares Leben, machten jeden Sommer zwei Wochen Zelturlaub in den Adirondack-Bergen oder reisten zu der Farm in Ohio, auf der meine Mutter aufgewachsen war. In New York war ich genau einmal, bevor ich aufs College ging, obwohl die Stadt keine Stunde mit dem Zug von uns entfernt lag, und das war auf einem Schulausflug. Bevor ich auf die Junior High School kam, war ich noch nie einem Afroamerikaner begegnet. Die Leben draußen zeigten uns Zeitschriften wie *Look* oder *Life*. Nie hätte ich mir vorstellen können, dass ich einige Jahre später als gefeierter Sportler die Welt bereisen würde. Und noch verrückter wäre der Gedanke gewesen, dass in mir eine Frau steckte.

Als Kind zeigte ich keine äußeren Zeichen von „Weiblichkeit". Meine Mutter und meine Schwester Pam haben sich sehr gewundert, als ich ihnen sagte, ich hätte mit meiner Transition begonnen. Wie konnte es sein, dass sie damals mit mir unter einem Dach gelebt hatten, ohne zu bemerken, dass ich irgendwie anders war – abgesehen davon, dass ich immer etwas distanziert wirkte und mit Zuneigungsbeweisen nicht gut umgehen konnte? Nun, weil es nicht so deutlich erkennbar war. Ich habe mich nie feminin gefühlt, aber ganz klar als Frau. Was heißt das überhaupt, feminin? Das definiert doch jeder für sich anders. Bin ich etwa weniger weiblich, weil ich immer noch Autorennen, Motocross und Motorradfahren liebe? Das sind lediglich unsere abgedroschenen, rückständigen Definitionen von männlichen und weiblichen Eigenschaften, die zu dieser Überlegung führen.

Als Kind hasste ich es, wenn man mir die Haare schnitt. Kleidung kaufen zu müssen, fand ich furchtbar. Heute frage ich mich, ob das vielleicht erste Anzeichen dafür waren, dass ich Transgender bin. Oder vielleicht fand ich Haareschneiden und Einkaufen auch bloß grässlich. Es gibt ja einfach Dinge im Leben, die man nicht mag.

Sehr deutlich hingegen erinnere ich mich daran, wie unsicher ich mich fühlte, wenn ich in der Schule laut vorlesen musste, was ich nicht gut konnte. Ständig fürchtete ich, man würde sich über mich lustig machen. Ich war immer ein wenig gehemmt, als ob ich nicht ganz dazugehörte, und auch wenn das heute sehr viel besser ist, steckt das immer noch ein wenig in mir drin. Ich sehne mich nach Freundschaften, und das verleitet mich manchmal zu Verzweiflungstaten.

Der ganze Stolz meines Vaters war seine Army-Ranger-Uniform. Sie hing im Schrank, mit all den an die Brust gepinnten Orden; auch ein Bronze Star für besondere Verdienste war darunter. Eines Tages bettelte Pam, eineinhalb Jahre älter als ich und damals etwa sieben, dass er sie doch einmal anziehen sollte. Mein Vater ging zum Schrank und holte die Uniform heraus, und da entdeckte er, dass die Orden fehlten. Zuerst gelang es mir, bei dem nun folgenden Kreuzverhör nichts preiszugeben. Aber irgendwann knickte ich dann doch ein und gab zu, dass ich die Medaillen genommen und jemandem geschenkt hatte, mit dem ich gern befreundet sein wollte; dafür hatte ich ein paar Entenküken bekommen, die ich im Garten großziehen wollte. Die Orden tauchten leider nie wieder auf. Und die Enten machten es auch nicht lange.

Zu meiner Unsicherheit trugen zusätzlich die unvermeidlichen Vergleiche mit Pam bei. Ich vergötterte meine große Schwester. Sie war selbstsicher, ich nicht. Sie fand schnell Freunde, ich nicht. Sie lernte fünf Stunden jeden Tag und bekam dementsprechend gute Noten, während ich mich nur fünf Minuten hinsetzte und mich in der Schule irgendwie durchmogelte, damit ich in den Sportmannschaften bleiben konnte.

Dabei war ich selbst stets distanziert und wenig „greifbar". Ich war zwar da, aber auch wieder nicht, und echte Gefühle machten mir Angst. Mehr als nur meine Oberfläche wollte ich niemandem zeigen, denn darunter lauerte ein Verlangen, das gleichzeitig verlockend, verstörend und verwirrend war. Ich war überhaupt nicht mit mir im Reinen, und durch meine massive Lese- und Rechtschreibschwäche wurden meine

Versagensängste immer größer. Dann blieb ich in der zweiten Klasse auch noch sitzen und musste ein Jahr wiederholen. Meine Mutter ging regelmäßig zu den Elternsprechtagen und versuchte herauszufinden, wo das Problem lag. Aber an der Schule interessierte sich niemand dafür oder hätte auch nur im Entferntesten an eine Diagnose wie Legasthenie gedacht, eine Beeinträchtigung, von der man in meinem Umfeld damals noch nie etwas gehört hatte (ebenso wenig wie von vielen anderen Dingen). Erst in der Junior High erwähnte ein Schulberater einmal dieses Wort, schickte mich aber nach zehn Minuten zurück in die Klasse. Und so blieben dann zwei große Komplexe in meiner Kindheit und Jugend unerkannt: die Legasthenie und meine Geschlechtszugehörigkeit.

Die Lehrer hielten mich einfach für dumm. Oder für faul. Zwar tat ich mein Bestes, mich bei ihnen einzuschmeicheln und immer nett und freundlich zu sein, aber das änderte nichts an ihrem Urteil. Ich gruselte mich vor der Schule, weil ich ständig fürchtete, dass ich beim Lesen an die Reihe käme und mich dann wieder alle auslachen würden.

Und dann war da noch etwas anderes.

Ich war ungefähr zehn. Eine unwiderstehliche Neugier hatte mich gepackt.

Das, was mich so magisch anzog, lag in unserer Wohnung im ersten Stock in Sleepy Hollow Gardens, einem weitläufigen Komplex aus robusten, einfachen Rotklinkerhäusern am südlichen Rand von Tarrytown am Ende der Tappan Zee Bridge, die während des Aufschwungs der Nachkriegszeit gebaut worden war.

Das fragliche Objekt war der begehbare Kleiderschrank meiner Mutter.

Ich war zu jung, um auch nur ansatzweise zu erfassen, wieso ich von seinem Inhalt so fasziniert war. Heute weiß ich, dass das grundlegend mit meiner Gender-Identität zu tun hatte, aber damals fragte ich mich, ob ich vielleicht einfach nur so sein wollte wie Pam. Dass ich sie vergötterte, führte vielleicht dazu, dass ich neidisch auf sie war und sie in allem nachahmen wollte. Ganz offensichtlich suchte ich für mich selbst nach Erklärungen für meine Empfindungen. Klar war aber nur eins: Der Kleiderschrank zog mich magisch an, und das Gefühl verschwand nicht.

Wenn ich meiner Neugier nachgab, ging ich möglichst schlau vor. Ich wartete, bis ich sicher sein konnte, dass meine Eltern und meine Schwester längere Zeit außer Haus waren. Dann schob ich die weißen

Schiebetüren aus Furnierholz auf und betrat den begehbaren Schrank. Er war klein, wie die ganze Wohnung, die nur zwei Schlafzimmer hatte; die meisten Mahlzeiten nahmen wir an einem Tisch in der Küche ein. Eines der Zimmer, das in der Mitte eine Trennwand hatte, teilte ich mir mit meiner Schwester.

Der Schrank meiner Mutter war, wie gesagt, nicht groß, aber auf mich wirkte er riesig. Neugierig betrachtete ich die Kleider, die Röcke und die Schuhe. Ich strich mit der Hand über die Stoffe, um die Unterschiede zwischen Wolle und Baumwolle zu ertasten. Vorsichtig sah ich mich um und versicherte mich, dass ich noch allein war. Nein, in der Wohnung war nichts zu hören. Dann nahm ich ein Kleid von der Stange und markierte mit einem Stück Papier genau die Stelle, an der es gehangen hatte, damit ich keine Spuren hinterließ. Aus einer Kommode holte ich ein Halstuch und prägte mir genau ein, wie es gefaltet war.

Wie den meisten zehnjährigen Jungen in den Fünfzigerjahren hatte man auch mir den typischen Bürstenhaarschnitt von einem halben Millimeter Länge verpasst, und Perücken besaß meine Mutter nicht. Also nahm ich das Tuch, schlang es mir um den Kopf und machte unter dem Kinn einen Knoten, damit es wie eine Perücke aussah. Die Schuhe meiner Mutter waren mir zu groß, also stieg ich in die meiner Schwester. Wahrscheinlich leierte ich sie ein wenig aus, aber das beunruhigte mich nicht weiter: Nicht einmal die schlaue Pam würde deswegen Verdacht schöpfen. Dann probierte ich den Lippenstift meiner Mutter aus. Falls sie da etwas merkte und ich irgendwie in die Sache hineingezogen werden sollte, hatte ich mir schon eine Erklärung zurechtgelegt:

Den hat Pam geklaut.

Es war die erste von vielen tausend Ausreden, die ich mir für den Fall überlegte, dass ich erwischt wurde.

Ich guckte in den Spiegel. Schon damals spürte ich dasselbe Gefühl von Freiheit, das mich später in den Hotelzimmern und Lobbys überkommen sollte. Das Gefühl, dass das hier irgendwie einfach *richtig* war. Aber ich konnte niemandem davon erzählen, und so verstärkte das nur die Einsamkeit und Isolation, die ich ohnehin schon empfand. Schon mit zehn Jahren war mein Leben ein versiegeltes Kästchen, dessen Seitenwände im Laufe der Jahre immer höher und höher werden sollten, bis sie sich gar nicht mehr überwinden ließen.

Nur im Schrank zu stehen reichte nicht. Ich musste noch mehr unternehmen. Vorsichtig schlich ich mich aus der Wohnung und achtete darauf, dass mich niemand sah. Es war dunkel; am hellichten Tag hätte ich mir das nie getraut. Draußen ging ich die Straße hinunter, einmal um den Block und einen Hügel hinauf, dann rannte ich wieder zurück zu unserer Wohnung. Die Möglichkeit für solche Aktionen gab es nur selten, vielleicht alle sechs Wochen einmal. Wenn ich draußen unterwegs war, begegnete ich keinem Menschen, nur einmal, als ich den Berg wieder herunterkam, fuhr ein Auto langsam hinter mir her. Ich trug mein niedliches Kleid und mein niedliches Kopftuch und spürte die Scheinwerfer auf meinem Körper. Aber dann fuhr der Wagen an mir vorbei.

Ich war einfach damit durchgekommen.

Ich weiß nicht, warum das alles so war. Es gab in dieser Zeit nur eine einzige Geschichte, die mir ein wenig weiterhelfen konnte, und das war die von Christine Jorgensen, einem ehemaligen US-Soldaten, der sich in Dänemark operieren ließ und als Frau zurückkehrte. Jorgensen wurde 1952 von der *New York Daily News* geoutet, und die ganze Welt war fasziniert – zum einen aus Sensationsgier, zum anderen weil es einen beeindruckenden Beweis des medizinischen Fortschritts darstellte. Ein Mann wurde zur Frau, das war wie das nächste Stadium nach Frankensteins Monster, anomal, abnorm, seltsam, verwegen. Insgeheim befeuerte diese Geschichte die Phantasie vieler Menschen, auch wenn sie das nie zugaben.

Ich versuchte, alles über Jorgensen in die Finger zu bekommen. Aber ich war zu jung, um die richtige Verbindung zu meinen eigenen Gefühlen zu ziehen. Nur eins wusste ich: Es fühlte sich *richtig* an. Und zugleich falsch. Außerhalb der Schule hatte ich kein Leben, und die Schule war wegen meiner Legasthenie meist eine totale Katastrophe. Ständig und überall fühlte ich mich unbehaglich. Und dann zog ich auch noch die Kleider und Kopftücher meiner Mutter an. Mit noch nicht einmal elf Jahren.

Und dann kam das Akkordeon ins Spiel.

Abgesehen von den Schulfächern, die mir allesamt nicht lagen (mit Ausnahme von Mathe und technischem Zeichnen später auf der High School), hatte ich noch nie versucht, etwas zu lernen. Aber zwei Freunde von mir hatten eine kleine Band gegründet. Der eine spielte Gitarre, der andere Akkordeon. Etwas Cooleres als in einer Band zu sein, konnte ich mir nicht vorstellen. Aber als völlig uncooler Junge hatte ich von echter Coolness natürlich keine Ahnung. Beim Akkordeon gefielen mir die Knöpfe und die Art, wie man es ein- und ausatmen lässt, so wie ein pulsierendes Herz. Verglichen damit erschien mir die Gitarre mit ihren sechs Saiten eher öde. Mir war nicht klar, dass ich mit einem Akkordeon wahrscheinlich nur dann cool gewirkt hätte, wenn wir zufällig in Sizilien gelebt hätten.

Jedenfalls erklärte ich meinen Eltern, dass ich Akkordeon spielen wolle. Eigentlich erwartete ich nicht, dass sie das als ein geeignetes Hobby für mich betrachteten. Aber sie freuten sich, dass ich überhaupt an irgendetwas Interesse zeigte, nachdem sie sich schon Sorgen gemacht hatten, weil ich so verschlossen war. Ein Akkordeon war aber teuer. Also gingen sie zu meiner Schwester Pam:

> Als ich zehn war, nahmen unsere Eltern mich beiseite und sagten: „Bruce kommt in der Schule nicht gut zurecht. Er möchte Akkordeonspielen lernen, und wir würden ihn gern unterstützen, damit er auch mal ein Erfolgserlebnis hat." Da wusste ich schon, worauf das hinauslief. Es war nicht mehr lange hin bis Weihnachten. Und dann kam es auch schon: „Weißt du, wir haben ja nicht so viel Geld, und deswegen haben wir uns gefragt, ob du wohl auch mit einem kleineren Weihnachtsgeschenk zufrieden wärst in diesem Jahr, damit wir ein paar hundert Dollar für das Akkordeon ausgeben können." Ich war die Älteste. Ich hatte nie etwas verkehrt gemacht. In mir schrie eine Stimme: „Verdammt, nein." Aber zu meinen Eltern sagte ich ergeben: „Okay." Bis heute hasse ich den Klang eines Akkordeons. Für mich klingt es, als ob man mit den Fingernägeln über eine Tafel kratzt. Und dann musste ich ihm dauernd beim Üben zuhören.

Anfangs war es grausam, und jeder Ton klang, als ob jemand röchelnd starb. Aber ich hatte einen guten Lehrer und blieb bei der Stange. Und schließlich gab ich ein richtiges Konzert in meiner Pfadfinderuniform. Dieser Augenblick wurde zu einem echten Wendepunkt, denn da begriff ich: Wenn ich wirklich etwas will, dann kann ich das auch schaffen. Dann gibt es Dinge, in denen ich richtig gut sein kann. Doch in dieser Zeit, Ende der Fünfziger und Anfang der Sechziger, eroberte der Rock'n'Roll die Welt – Elvis, Jerry Lee Lewis, Chuck Berry und natürlich die Beatles. Von denen hätte sich keiner mit einem Akkordeon erwischen lassen. Während Beat und Rock angesagt waren, spielte ich Wummta-Volkslieder und machte Musik, mit der ich langfristig höchstens auf Polka-Veranstaltungen landen konnte. Irgendwann traute ich mich schon gar nicht mehr zuzugeben, dass ich Akkordeon spielte, aus Angst, es würden sich wieder alle über mich lustig machen. Und deswegen hörte ich dann doch irgendwann damit auf.

Wie gesagt, es gibt für alles im Leben einen Grund. Gottes Hand lenkt dich in Richtungen, die du sonst niemals in Erwägung ziehen würdest, und bedient sich dafür im Zweifelsfall sogar eines Akkordeons. Wenn ich jetzt zurückblicke, bin ich sogar ganz glücklich, dass ich nicht Gitarre gelernt habe. Der wäre ich wegen des Coolness-Faktors sicher länger treu geblieben und ich hätte mich wohl zumindest während meiner High-School-Zeit intensiv damit beschäftigt, sie richtig gut zu beherrschen. Dann wäre die Gitarre meine Berufung geworden.

Aber als ich das Akkordeon aufgab und beschloss, es nicht weiter mit Musik zu versuchen, musste ich eine andere Möglichkeit finden, um mich auszuleben. Und die rettete mir das Leben.

13. Juni 2015

Wolkenkuckucksheim

Ortstermin in Vista, Kalifornien. Ich bin hier, um mich mit einem Elternpaar zu treffen, dessen Transgender-Sohn sich im Teenageralter umgebracht hat, weil er in der Schule und in den sozialen Medien gemobbt und drangsaliert wurde und zudem eine schwere Depression hatte.

Ich versuche mir auszumalen, welche Qualen er durchlitten hat, aber ich kann es nicht. Er war vierzehn Jahre alt. *Vierzehn.* Auch den Schmerz seiner Eltern und seiner Schwester kann ich mir nicht annähernd wirklich vorstellen.

Zugegeben, die ersten Monate nach der Transition habe ich in Wolkenkuckucksheim gelebt. Die Euphorie über die Verwandlung in Caitlyn erfüllte mich so sehr, dass ich die massiven Probleme unserer Community zuerst gar nicht wahrnahm. Dann begann ich, mich mit Studien zu beschäftigen. Zahlen zeigen aber nur, was ist. Sie verraten gar nichts.

Erst wenn man einer Mutter in die Augen sieht, deren Transgender-Sohn Selbstmord begangen hat, wenn man hört, wie sie sich fragt, was sie hätte anders machen können, obwohl es da nichts gibt – dann versteht man, dass die Transition nicht nur den Betreffenden selbst verändert, sondern die ganze Familie. Das Alter der Person, die eine Transition hinter sich hat, spielt keine Rolle, denn das Schicksal kann in jedem Alter zuschlagen. Und obwohl das Thema inzwischen stark ins öffentliche Bewusstsein gerückt ist, haben wir trotzdem noch einen Marathon zurückzulegen, und ich glaube nicht, dass wir noch zu meinen Lebzeiten ans Ziel kommen werden.

Deswegen will ich jenen zuhören, die das Schicksal wirklich hart getroffen hat. Dazu gehört auch, ihnen zu sagen, dass es mir leid tut, obwohl dieser Ausdruck so hohl klingt. Ich muss meine eigenen Tränen vergießen. Aber all das stärkt meine Überzeugung, dass etwas getan werden muss.

In Vista begrüßen mich Katharine und Carl Prescott. Ihr Sohn Kyler hat sich am 18. Mai 2015 im Badezimmer seines Elternhauses selbst getötet. Seiner Mutter zufolge waren es nicht nur die Depression und das andauernde Cyber-Mobbing, die ihm das Leben zur Hölle machten, sondern auch Erwachsene, die sich weigerten, Kyler zu akzeptieren oder ihn mit dem richtigen Pronomen anzusprechen, obwohl er seinen Namen und seinen Personenstand bereits offiziell hatte ändern lassen.

Transgender im Teenageralter machen mir die meisten Sorgen, obwohl ich in letzter Zeit viele Förderprogramme für Kinder und Jugendliche, die genderqueer, gender-nonkonform oder transgender sind, besucht habe, die mir immer wieder Auftrieb geben. Aber die Sorgen bleiben.

Ein Blick in die Statistik zeigt es: Einer aktuellen Studie zufolge denken 51 Prozent aller Transgender-Jugendlichen über Selbstmord nach, und 30 Prozent haben zugegeben, es bereits versucht zu haben. Die Lesbian-Gay-Bisexual-Transgender-Queer-Community (LGBTQ) hat schon immer wenig Unterstützung erfahren, und durch Cybermobbing haben sich die Probleme zusätzlich verschärft. Heute ist es noch schlimmer als früher, als Jungen und Mädchen irgendwo zusammen vor dem Klassenzimmer standen und über einen Mitschüler lästerten. Heute können sich Feiglinge hinter der Anonymität des Internets verstecken, aber die verletzenden und gehässigen Worte, die online gepostet werden, verschwinden niemals. Mein eigener Instagram-Account ist bereits ein schönes Beispiel: Wenn man sich die Kommentare dort ansieht, erkennt man, wieviel Bösartigkeit und Hass es in der Welt gibt. Wann immer ich etwas Positives über die Trans-Community schreibe, hagelt es sofort unbegreifliche Kommentare von transphoben, homophoben und rassistischen Usern.

Kyler hatte unglaublich viel Mut. Aber Mut allein reicht nicht. Erwachsene müssen dafür sorgen, dass Toleranz gelebt wird. Sobald irgendwo in einem sozialen Netzwerk gemobbt wird, stehen die Betreiber in der Pflicht, nicht nur die Postings sofort zu entfernen, sondern auch den Urheber auf der Stelle zu sperren. Die Verbreitung von Hass hat nichts mit freier Meinungsäußerung zu tun. Hier geht es um die Freiheit der Wahl, um Selbstentfaltung und möglicherweise auch darum, Selbsttötungen zu verhindern.

„Es gibt nichts Schlimmeres, als das eigene Kind zu verlieren. Gar nichts", sagte Katharine Prescott in einem Interview der *New York Daily News*. „Kyler war der liebste und sanfteste Mensch überhaupt. Er konnte keiner Fliege etwas zuleide tun. Das einzige Wesen, das er verletzen konnte, war er selbst. Und wenn ich auch nur einer einzigen Familie helfen kann, einem einzigen anderen Transgender-Kid wie Kyler, dann will ich das tun – denn das muss aufhören."

Katherine Prescott zeigt mir Fotos von Kyler. Sie erzählt mir, wie gern er Klavier gespielt hat. Sie zeigt mir ein Gedicht, dass Kyler über die Transition geschrieben hat. Sie redet voller Leidenschaft und Ergriffenheit, wie man sie nur spürt, wenn man an vorderster Front steht. „Ich habe gedacht, ich hätte alles Menschenmögliche getan, um seine Gender-Identität offen anzunehmen ... aber mein Kind hat trotzdem Selbstmord gemacht, und ich tue mich sehr schwer damit, weil es mir so ungerecht erscheint."

Später nehme ich mit der Familie und Kylers Freunden an einer Gedenkfeier teil, die an einem nahegelegenen Strand stattfindet, und wir lassen ihm zu Ehren Ballons aufsteigen. Die Kids stellen mir Fragen, wie ich das schon bei anderen Gelegenheiten erlebt habe, in Dubuque oder Brooklyn oder San Francisco. Ich antworte nach bestem Wissen und Gewissen und versichere ihnen: So schwer sie auch mit den verschiedensten Problemen kämpfen mögen, es wird nach und nach besser werden, egal, worum es sich handelt. Das mag sich abgedroschen anhören, aber ich glaube aufrichtig daran, dass es stimmt, solange Jugendliche Liebe und Unterstützung erfahren.

Wir müssen mehr tun. Ich muss mehr tun. Es ist ja nett, bei einer Oscar-Party mit Lady Gaga zu feiern, und ich bin sehr froh, dass sie meine Transition öffentlich so sehr unterstützt hat. Aber diese privaten Begegnungen mit Jugendlichen, die Rückhalt und Ermunterung brauchen, sind viel aufbauender.

Letztes Jahr habe ich bei einem Gottesdienst meine Handynummer einem Jugendlichen gegeben, der mit seiner Geschlechtsidentität kämpft und noch dazu Eltern hat, die sich damit sehr schwer tun. Er soll mich anrufen oder mir eine SMS schreiben, wenn etwas ist, habe ich gesagt, und das tut er auch.

Eine Mutter ist mit ihrer Trans-Tochter im Teenageralter von New Jersey zu mir geflogen, und wir haben bei mir zu Hause stundenlang geredet. Dazu lud ich eine Transfrau ein, die ich unter dem Namen Ella kennengelernt habe, und die kurz vor Abschluss der High School das Geschlecht gewechselt hat. Ich wollte, dass die Tochter sieht, dass Ella diese schwierige Zeit überstanden hat und jetzt gut zurechtkommt. Inzwischen folgen die beiden einander in den sozialen Medien.

Aber ich habe selbst Kinder, und deswegen kann ich mich auch mit den Ängsten der Mutter identifizieren – nicht nur hinsichtlich der Frage, ob ihre Tochter in der Schule und in der Gesellschaft akzeptiert wird, sondern auch wegen der Auswirkungen, die die Transition auf ihre eigene Beziehung hat. Ich erinnere mich, dass mich einmal jemand gefragt hat, wie ich damit umgegangen wäre, wenn eines meiner Kinder als Teenager das Geschlecht gewechselt hätte. Trotz meiner eigenen Transition bin ich mir sicher, ich hätte Angst gehabt, dass sich meine Tochter oder mein Sohn zu jemandem entwickelt, den ich nicht mehr kenne. Aber egal, wie schwierig das für mich gewesen wäre, ich hätte meinen Kindern nie im Weg gestanden. Die Mutter war erleichtert, als ich ihr vermitteln konnte, dass ihre Ängste vermutlich von allen Eltern geteilt werden.

Ich habe viele Tausend Briefe bekommen. Viele Menschen haben sich bei mir dafür bedankt, dass ich mit meiner Geschichte an die Öffentlichkeit gegangen bin, und haben mir geschrieben, dass es ihnen Mut für die eigene Transition gemacht hat. Manche haben auch erzählt, dass sie über Selbstmord nachgedacht haben und sich dann dagegen entschieden, weil ihnen meine Offenheit wieder einen Weg aufgezeigt hat.

Etwa vor einem Jahr kam ich mit einer Transgender-Frau aus South Dakota in Kontakt, die überzeugt war, dass sie wegen des transfeindlichen Klimas in ihrem Heimatstaat keine Arbeit findet. Erst kurz zuvor war dort heftig über eine Gesetzesvorlage gestritten worden, derzufolge Transgender-Schülern verboten werden sollte, sich nach dem gefühlten Geschlecht zu entscheiden, ob sie lieber die Jungs- oder Mädchentoiletten benutzen wollten; das Vorhaben scheiterte erst am Veto des Gouverneurs. Davon abgesehen waren in South Dakota weitere Gesetze in Vorbereitung, die sich gegen die LGBTQ-Community richteten. Sie hatte natürlich recht – die Atmosphäre war vergiftet.

„Niemand wird mich einstellen."

Wir telefonierten mindestens ein Dutzend Mal. Als ich sie nach ihren Interessen fragte, erklärte sie, sich gut mit Make-up auszukennen und etwas in dieser Richtung machen zu wollen. Da ich gute Kontakte zu MAC Cosmetics hatte, schlug ich vor, dass sie sich nach Filialen des Unternehmens umsehen sollte, und versprach, dann bei der Geschäftsleitung anzurufen und mich für sie zu verwenden. Leider gab es keine MAC Stores in ihrer Nähe, und daher überredete ich sie, es doch einmal in einem Kaufhaus zu versuchen. Sie hatte schreckliche Angst vor dem Vorstellungsgespräch. Aber dann bekam sie den Job, und später schickte sie mir ein Video, auf dem sie vor lauter Glück in Tränen ausbrach.

Nichts davon macht mich zu etwas auch nur annähernd Besonderem. Es ist nur menschlich.

Man darf nie aufhören, sich für dieses Thema einzusetzen. In diesem Zusammenhang hat Chandi Moore einmal etwas sehr Wichtiges gesagt, das ich nie vergessen werde. Chandi ist die Transfrau, die später an *I Am Cait*, meiner Reality-Show im Fernsehen, entscheidend mitgewirkt hat, und sie hat viele Jahre im Children's Hospital Los Angeles im Rahmen eines Förderprogramms zur Stärkung der Gesundheit mit Kindern gearbeitet, die trans oder gender-nonkonform sind. Gleich bei unserem ersten Treffen fiel sie mir ins Wort, wie das für Chandi so typisch ist, wenn es etwas gibt, das unbedingt gesagt werden muss.

„Man kann nicht jede Seele retten, aber man kann eine Seele nach der anderen retten."

Ich verstand, dass man noch so oft über die großen Themen reden kann, und dass das auch wichtig ist, aber man muss auch auf persönlicher Ebene tätig werden. Das hat seine Grenzen. Natürlich kann ich nicht jeden Selbstmord verhindern, so sehr ich mir das auch wünschen würde. Aber ich weiß, wie entscheidend es sein kann, wenn man einen Menschen ganz direkt anspricht. Genau deswegen mache ich das auch immer wieder. Ich hoffe, dass andere in meiner Position sich anschließen werden. Wenn wir alle eine Seele nach der anderen retten, werden wir gemeinsam Tausende bewahren können.

Ich sehe den Ballons hinterher, die von dem schmalen Strand in den Himmel aufsteigen. In mir ist nicht nur Trauer, sondern auch Zorn. Das hier hätte nicht geschehen müssen, wenn sich unsere Gesellschaft ein wenig mehr um Akzeptanz als um Ablehnung bemühen würde, und um Inklusion statt Exklusion. Hört auf, Ausgestoßene aus uns zu machen. Wir sind eine sehr lebendige und vielfältige Community.

Unwillkürlich drängt sich mir das Bild auf, wie Kyler Prescott leblos auf dem Badezimmerfußboden liegt. Und wie seine Mutter ihn gefunden hat. Dann erinnere ich mich an das Gedicht, das er geschrieben hat. Es war nicht nur ungewöhnlich bewegend und schön für einen Vierzehnjährigen, es fing zudem genau ein, was ich stets gefühlt hatte, wenn ich in den Spiegel sah und mir jemand entgegenblickte, den ich nicht erkannte. Es beschrieb den Widerstreit in uns allen perfekt:

Mein Spiegel definiert mich nicht:
Nicht die Fremde, die mir entgegenblickt
Nicht das glatte Gesicht, das zu jemand anderem gehört
Nicht die Augen, in denen Traurigkeit schimmert
Wenn ich nach ihm suche und nur sie erkennen kann.
Mein Körper definiert mich nicht:
Nicht die schmalen Schultern, die nie anders sein werden
Nicht die Hüften, die mich verraten
Nicht die Brust, deren Anblick ich nicht ertrage
Wenn ich nach ihm suche und nur sie erkennen kann.
Meine Kleidung definiert mich nicht:
Nicht das T-Shirt und die Jeans
Die so perfekt an ihm aussehen würden
Und von denen ich weiß, dass sie mir niemals passen werden
Wenn ich nach ihm suche und nur sie erkennen kann.
Schon seit Jahren suche ich nach ihm
Aber ich scheine mich immer weiter von ihm zu entfernen
Mit jedem Tag, der verstreicht.

Zweites Kapitel

Nimm den verdammten Ski ab!

Sportunterricht in meiner Grundschule in Tarrytown. Unser Sportlehrer hatte auf dem Parkplatz ein paar Hütchen aufgestellt, um die Strecke für einen Wettlauf zu markieren.

Schauen wir also mal, wie wir uns dabei schlagen.

Bisher hatte ich mich noch nie für eine Sportmannschaft gemeldet, und ich hatte keine Ahnung, ob ich in Sport gut oder schlecht war. Ehrlich gesagt, war ich nicht besonders ehrgeizig. Wenn ich etwas tat, dann meistens, weil es einfach Spaß machte und mir von Natur aus lag. Und dieser Wettlauf schien so etwas zu sein.

Jeder in der Klasse rannte um die orangenen Hütchen herum, und der Lehrer stoppte die Zeit und schrieb sie für uns alle auf. Dann sah er mich an. Klassenkameraden, die mich noch nie beachtet hatten, klopften mir auf die Schulter. Und die Stoppuhr des Lehrers bestätigte es: *Ich bin der Schnellste der ganzen Schule!*

Vielleicht gab es also doch ein Gebiet, auf dem ich glänzen konnte. Und die sportlichen Erfolge brachten ja nicht nur Anerkennung. Was gab es Besseres, um seine Männlichkeit unter Beweis zu stellen? Oder um diese komische *Sache* irgendwie wegzuschieben? Sportskanonen zogen keine Frauenkleider an. Sportskanonen liefen auch nicht mit einem Kopftuch durch die Straßen. Die standen in der Umkleide und zeigten stolz, wie lang ihr Ding war. Wir waren die Größten.

Sport war in den Sechzigern (wie heute übrigens auch noch) die perfekte Tarnung. Hier regierte die Männlichkeit, besonders die weiße. Eine gesetzlich geregelte Gleichberechtigung der Geschlechter gab es nicht. Eine Integration fand im College-Sport nur langsam und gegen viele innere Widerstände statt. Für alles, was mit dem Geschlecht oder der Sexualität zu tun hatte, bot Sport wiederum den perfekten Schutz. Ein Sportler, der sich in den Sechzigern als transgender outete? Unmöglich. Das Netzwerk existierte nur im Untergrund: Wer offen lebte, riskierte, belästigt oder verhaftet zu werden. Stonewall, das große Schicksalsereignis der LGBTQ-Bewegung, fand erst 1969 statt, als ich schon aufs College ging. Damals kam es bei einer Razzia im New Yorker Stonewall Inn zu gewalttätigen Auseinandersetzungen mit der Polizei, die weltweit Schlagzeilen machten. Besonders Transfrauen waren bei der Durchsuchung des Clubs mit den üblichen Polizeimethoden schikaniert worden: In New York war es damals gesetzlich vorgeschrieben, mindestens drei Kleidungsstücke zu tragen, die eindeutig dem biologischen Geschlecht zugeordnet werden konnten, und wenn die Polizei jemanden im Verdacht hatte, das nicht zu tun, kam er in Gewahrsam und musste sich abtasten lassen oder ausziehen.

Eines der ersten Outings im Sport gab es 1975, als ich 26 Jahre alt war. Damals bekannte der Footballer Dave Kopay in einem Interview mit dem *Washington Star*, homosexuell zu sein. Zuvor hatte die Zeitung in einer Serie einen anonymen schwulen Footballer zitiert, und Kopay erkannte, dass es jemand war, mit dem er einmal geschlafen hatte. Zu diesem Zeitpunkt hatte er seine Profikarriere schon seit zwei Jahren beendet – hätte er das vorher getan, wäre seine Karriere automatisch vorbei gewesen. (Selbst heute gibt es in einer der großen Basketball-Ligen oder im American Football kaum offen schwule Sportler. Weibliche Profis gehen wesentlich offener mit ihrer sexuellen Orientierung um, was darauf hindeutet, dass die Atmosphäre dort nicht so feindselig ist, und die Athletinnen gehen viel ehrlicher und wertschätzender mit sich um.)

Aber zurück zu diesem Schicksalstag in der fünften Klasse. Es war für mich tatsächlich ein Wendepunkt: Ganz unerwartet hatte ich meine Berufung gefunden.

Als ich wenig später in die Junior High School kam, sprach sich schnell herum, dass ich schnell laufen konnte, und irgendwann kamen drei ältere Jungen auf mich zu.

„Du bist also schnell, was?"
„Denke schon."
„Dann lass uns doch mal gucken. Laufen wir um die Wette."
Ich bin schnell. Aber ich war nicht blöd.
Klar lief ich.
Aber nach Hause.

Während ich mich als Jugendlicher mit diesen ganzen verwirrenden Gefühlen herumschlagen musste, war ich am meisten mit mir selbst im Einklang, wenn ich auf dem Footballfeld stand und mich mit jemandem messen konnte. Mit Aggression hatte das gar nicht viel zu tun, es war vor allem eine Möglichkeit, das eigene Ego auszuleben: Man hat das Gefühl, etwas beherrschen zu können, und will nicht mehr damit aufhören.

Ich war nicht von Natur aus ein großartiger Sportler. Aber im Laufe der folgenden Jahre wuchs in mir das Bedürfnis, meine Stärken zu zeigen und andere Sportler zu überrunden, und dabei wurde der Zehnkampf immer wichtiger für mich. Der Wettbewerb mit anderen war dabei natürlich eine große Motivation, aber da war auch noch etwas anderes – der Drang, dass da in mir etwas ist, von dem ich mich immer wieder reinigen muss. Dieses Gefühl der Minderwertigkeit konnte ich nur durch die Zurschaustellung der eigenen Überlegenheit bekämpfen.

Da mir natürlich bewusst war, dass man als Sportskanone ein großes Ansehen genoss, spielte ich an der Sleepy Hollow High School von Tarrytown auch die beliebten Mannschaftssportarten wie Football oder Basketball. Und das durchaus gern. Es machte mir Spaß. Aber lieber noch waren mir Wettkämpfe, bei denen alles nur von mir allein abhing. Ich wollte mein Schicksal selbst in der Hand haben – vielleicht, weil Kontrolle in meinem Leben ohnehin eine große Rolle spielte.

Wenn ich gewann, war das mein Verdienst. Wenn ich verlor, war es meine Schuld. Anschließend konnte ich allein nach Hause gehen und mich damit auseinandersetzen, ich musste nicht noch mit meinen Mannschaftskameraden über die Niederlage lamentieren oder aber einen Sieg feiern. Letztlich war ich ein Einzelgänger, was vermutlich typisch ist für jemanden, der ein Geheimnis in sich trägt, das er nicht teilen darf. Zwar war ich immer freundlich, aber auch distanziert; ich hielt immer eine Armlänge Abstand. Und weil ich in dem, was ich tat, ziemlich gut war, ließ man mich in Ruhe. Ich hatte Freunde in den Football- und

Basketball-Mannschaften, aber ich verbrachte nicht allzu viel Zeit mit ihnen. Die anderen mochten mich, wahrscheinlich, weil mein erstes Auto ein zum Leichenwagen umgebauter Cadillac Baujahr 1954 war (kein Witz) und bis zu 24 meiner High-School-Kumpels auf die für den Sarg vorgesehene Ladefläche passten (auch kein Witz). Aber ich wollte nicht, dass andere wussten, wer ich war, worüber ich nachdachte und womit ich mich herumschlagen musste. Vorsichtshalber gab ich mich ein bisschen tollpatschig, weil mich das noch weiter aus der Schusslinie brachte. Der Jenner tickte halt ein bisschen komisch.

Dabei war es nicht so, dass ich nichts empfinden konnte, ich hatte nur Angst davor. Gefühle brachten mich immer nur durcheinander, sonst nichts. Ich stand gerne ein wenig abseits, weil mir das so gefiel. Es war sicherer, leichter, besser. Und ich war eben ein Einzelgänger.

Der Sportbereich, der meinen Fähigkeiten am meisten entgegenkam, war die Leichtathletik. Vor allem der Stabhochsprung. Damit fing ich als Freshman in der High School an. Die Freiheit und das wie eine Spirale ansteigende Gefühl, mit sich selbst allein zu sein, sprachen mich an. Es war unvergleichlich, mit dem langen Stab in der Hand eine schmale Bahn hinunterzulaufen, die Spitze in den Einstichkasten zu stoßen und in einer langsamen Kurve emporzusteigen, um über die Latte zu federn. Körper und Geist waren beide gefordert, und der innere Aufruhr ließ dabei etwas nach. Mein Vater legte im Garten eine Sandgrube an, damit ich trainieren konnte. Noch zu High-School-Zeiten wurde ich Bester bei den Meisterschaften von Connecticut und zweimal herausragender Sportler meines Leichtathletik-Teams.

Ich trieb allerdings nicht nur an der Schule Sport. Mein Vater war immer auf der Suche nach Aktivitäten, an denen sich die ganze Familie am Wochenende beteiligen konnte. Nachdem er sich für Wasserski entschieden hatte, kaufte er ein Boot. Damit ging es hinaus auf den Candlewood Lake in Connecticut. Ich hatte Angst, oder vielmehr, ich fürchtete mich vor einer neuerlichen Blamage, die meine Unsicherheit nur noch weiter vertiefen würde. Als Kind war ich oft genug bloßgestellt worden. Mein Vater kannte mich besser und bewunderte meine sportlichen Fähigkeiten viel mehr, als ich selbst es tat; meiner Meinung nach war ich nichts Besonderes. Nur ein verwirrtes Kind, das sich irgendwie durchzumogeln versuchte. Von meiner Legasthenie wusste mein Vater, aber er hatte keine

Ahnung von meiner Faszination für den Kleiderschrank meiner Mutter, die mein Selbstbild zusätzlich beeinträchtigte. Und davon sollte er auch nie erfahren. *Niemals.* Das hätte ich ihm nie erzählt. Und es durfte nicht passieren, dass er mich erwischte. *Niemals.* Denn das war ja nur so ein komischer Tick, den ich damals gerade hatte. Irgendwann würde das schon wieder vergehen, warum sollte ich es also jemandem erzählen.

Bei den Touren auf dem Candlewood Lake hatte er besonderen Spaß mit der so genannten „Peitschen-Technik". Indem er einen weiten Kreis zog, wurden die Skier durch die Radialkraft immer schneller und schneller. Als er das zum ersten Mal tat, war ich erst zehn oder elf, und ich schrie, er solle aufhören. Er machte aber weiter, sodass ich noch mehr schrie. Meine Schwester Pam hatte dagegen den Bogen schnell raus, und das machte die Sache für mich nur noch schlimmer. Bis es dann plötzlich Klick machte und ich wusste, wie es ging. Dann aber wollte Vater, dass ich einen Ski ablege, um nur noch auf einem übers Wasser zu gleiten, und damit ging das Ganze von vorn los. Ich wollte das nicht. Ich konnte das nicht. Ich hatte mich gerade erst an zwei Skier gewöhnt und flehte ihn an:

Bitte, Dad, zwing mich nicht, das zu versuchen. Ich ertrage es nicht, wenn ich versage. Das habe ich schon viel zu oft erleben müssen. Ich bin sowieso schon komisch. Das merke ich doch jeden Tag. Bitte Dad, mach es nicht noch schlimmer.

Er gab jedoch nicht nach.

„Nimm den verdammten Ski ab."

„Na gut, ich mach's, aber hör auf, das zu sagen."

„Nimm den verdammten Ski ab."

„Ist ja gut, ich habe ja gesagt, dass ich es tue."

„Nimm einfach den verdammten Ski ab."

Ich probierte es aus. Ich tat es.

Anschließend schwebte ich auf Wolke sieben. Als Jugendlicher gewann ich später dreimal die Wasserski-Meisterschaft der Oststaaten. Diese Siege waren an sich ein großartiges Gefühl, aber beim Wasserski lernte ich dank meinem Vater noch etwas viel Wichtigeres – eine Demut, die mich durch mein restliches Leben führen sollte. Sein Credo war ganz einfach: Taten sprechen für sich, mehr als Worte.

Lass sie alle zeigen, was sie können, und dann machst du es, ohne vorher ein Wort zu sagen. Erzähle ihnen nicht einmal, dass du Wasserskilaufen kannst. Das werden sie schon merken, wenn du es getan hast.

Aber natürlich ging es auf der High School nicht nur um Sport. Zensuren spielten auch eine Rolle, aber mir reichte es, im unteren Durchschnitt zu bleiben, gerade gut genug zu sein, damit ich weiterhin für die Sportmannschaften ausgewählt werden konnte. Und ansonsten dachte man auf der High School natürlich an erste Treffen mit Mädchen und an Sex, was beides Hand in Hand ging, wenn man eine große Nummer auf dem Campus war.

Ich war einer der Stars im Football-Team, dem beliebtesten Sport an der High School. Natürlich ging man da mit Mädchen aus. Aber gleichzeitig war ich schüchtern und verklemmt, weswegen ich nur eine Handvoll Verabredungen hatte, aus denen nichts weiter wurde. Von Sex redeten die Jungs ständig, also hatte ich das Gefühl, dass auch ich etwas tun musste. Das Problem war allerdings, dass ich Frauen eher auf einen Sockel stellte und sie bewunderte und beneidete, sodass ich nicht unbedingt der typische, aggressive Muskelprotz war. Zudem lag ich beim Sex eigentlich lieber unten als oben – in einer amerikanischen Vorstadt damals eine völlig ketzerische Vorstellung. Also übernahm ich notgedrungen die scheinbar aktivere Position oben, wie es sich gehörte, und tat mein Bestes.

In der Oberstufe der Newtown High School in Sandy Hook, Connecticut, wohin wir inzwischen umgezogen waren, schlief ich zum ersten Mal mit einem Mädchen. Das Ganze fand auf dem Rücksitz eines schwarzen Ford Falcon Kombi statt, der meiner Mutter gehörte. Ich war ein totaler Romantiker. Das Einzige, woran ich mich heute noch ganz deutlich erinnere, war, dass sie viel besser Bescheid wusste als ich. Sie gefiel mir wirklich sehr, aber meine Hauptmotivation war Neugier. Und vielleicht fühlte ich mich auch ein bisschen unter Zugzwang und war bemüht, den äußeren Schein aufrecht zu erhalten. In der High School wusste halt jeder, wer mit wem schlief, und da war dies doch sehr förderlich für meine Tarnung.

Ganz im Gegensatz zu vielen anderen Sportlern, die ich nach der High School noch kennenlernen sollte, führte ich über meine Eroberungen nicht Buch. Es wäre auch eine ziemlich kurze Liste gewesen.

Mein Bedürfnis nach Sex war einfach nicht sehr groß. Deswegen regt es mich auch so auf, wenn heutzutage dauernd über mein Sexleben spekuliert wird. Da spielt auch wieder diese uralte, falsche Annahme mit hinein, der Grund für eine Transition läge vor allem in der sexuellen Orientierung. Dauernd geht es um die Frage, was passiert, wenn ein Mann zur Frau wird und immer noch Sex mit Frauen hat, ob sie dann eine Lesbe ist oder nicht. Wen interessiert das? Warum muss auf alles immer gleich irgendein Etikett geklebt werden?

Meine Vorlieben haben sich nach meiner Transition nicht verändert. Warum sollten sie auch? Ich habe immer gern mit Frauen geschlafen, ohne viel darüber nachzudenken. Auf der Rangliste von Dingen, die in meinem Leben wichtig sind, hat Sex keinen großen Stellenwert, und das ist schon seit langer Zeit so. Ob ich in Zukunft gern eine Partnerin hätte? Ja, durchaus. Eine Partnerin, mit der ich dann auch schlafe? Im Augenblick gibt es sie nicht, und ich weiß auch nicht, ob sich das je ändern wird.

Und wie wäre es mit einem Partner, einem Mann? Bisher habe ich kein Verlangen danach gespürt. Aber vielleicht ändert sich auch das mit der abschließenden, geschlechtsangleichenden Operation. Vielleicht werde ich mich anders fühlen, wenn die letzten körperlichen Anhängsel meiner Männlichkeit, oder vielmehr meiner medizinisch definierten Männlichkeit, verschwunden sind. Manche meinen, dass es für eine Transfrau keinen Grund gäbe, eine solche OP durchführen zu lassen, wenn sie nicht beabsichtigt, Sex mit Männern zu haben. Ich möchte sie aber aus einem anderen Grund machen lassen – um mich so authentisch wie möglich zu fühlen.

Auf der High School ließ ich mich weitgehend treiben. Selbst im Sport hatte ich keinen brennenden Ehrgeiz, da sich noch nicht herauskristallisiert hatte, wie ich meine Vielseitigkeit am besten zum Einsatz bringen konnte. Im Stabhochsprung war ich gut, aber ich trat noch nicht in nationalen Wettkämpfen an. Und der Zehnkampf, der Decathlon? Das war für mich damals nichts weiter als ein Wort, von dem ich nicht einmal wusste, wie man es richtig schrieb. Ich gehörte nicht zu denen, die zum Sportler geboren wurden. Sicher, ich gewann gerne, aber ich war nicht nur auf Wettbewerb gepolt. Eine gewisse Unbeschwertheit blieb mir, sogar so sehr, dass ich nach dem Sieg im landesweiten Leichtathletik-Wettbewerb vergaß, meine Sportschuhe zu einem Fototermin der Lokalzeitung mitzubringen, sodass ich in Halbschuhen zwischen den anderen Athleten stand.

Nein, ich war wirklich nicht der Typ, dem eine große Sportlerkarriere vorherbestimmt war. Allerdings hatte ich Selbstdisziplin. Und ich konnte Dinge ausblenden, beispielsweise das Gender-Problem. Es war zwar unterschwellig immer da, aber in der High School hatte ich die Lage recht gut im Griff. Ja gut, wenn sich die Möglichkeit sich bot, zog ich immer noch Frauenkleider an. Aber das ergab sich nicht mehr so häufig. Da mir Moms Sachen inzwischen viel zu klein waren, ging ich jetzt an Pams Kleiderschrank. Ich bewunderte Frauen, und gleichzeitig war ich neidisch auf sie – nicht auf ihr Aussehen an sich, sondern darauf, wie sie in ihrem Frausein ruhten und mit sich eins waren, wo ich doch wusste, dass ich dieses Gefühl nie kennenlernen würde. Mit Männern war das genauso, auch sie waren zufrieden mit sich, auf eine Art, die ich niemals spüren würde. Mir kam es so vor, als hätte ich gar kein Geschlecht, als sei ich in der schlimmsten Position überhaupt gefangen – zwischen allen Stühlen.

Ella, die später auch regelmäßig in *I Am Cait* zu sehen war, hat andere Erfahrungen in ihrer High-School-Zeit gemacht. Sie hatte nie versucht, sich anzupassen, oder darauf geachtet, nicht aufzufallen. Sie färbte sich das Haar lila. Sie trug manchmal Kleider. Sie machte von Anfang an deutlich, dass sie ihre männliche Haut abstreifte. Sie feierte sich selbst, egal, was die anderen Schüler dachten.

Ihre Furchtlosigkeit habe ich immer unglaublich bewundert. Sie hat ihre wahre Gender-Identität nicht als Fluch, sondern als Segen und Befreiung verstanden. Manchmal frage ich mich, wieso ich das nicht auch getan habe, warum ich auf der High School nicht auch einfach gesagt habe, Scheiß drauf, ich mache mein Ding. Es gab dafür natürlich Gründe – die Zeiten waren anders, und nicht nur in meiner unmittelbaren Umgebung, sondern in ganz Amerika war die Gesellschaft sehr konservativ. Man hätte mich zu Seelenklempnern geschickt, die noch immer glaubten, dass es sich bei Genderdysphorie genau wie bei Homosexualität um eine Krankheit handele, die man mit barbarischen Methoden heilen könne, indem man den „Patienten" mit Elektroschocks behandelt oder ihn dazu bringt, sich zu übergeben, während er sich homoerotische Bilder ansieht. Sicher hätte ich keinen Leistungssport mehr treiben dürfen. Wahrscheinlich hätte man mich auch von der Schule verwiesen. Aber vielleicht gab es davon abgesehen noch einen anderen, entscheidenderen Grund.

Ich hatte einfach nicht den Mut. Deswegen habe ich so lange gebraucht.

Ich wollte einfach nur dazugehören.

Als mein Schulabschluss näher rückte, wusste ich immer noch nicht wirklich, was ich einmal machen wollte, außer erst einmal zu studieren – unter anderem, weil das bedeutete, dass ich vom Kriegsdienst in Vietnam zurückgestellt würde. Obwohl ich in den fünf Semestern an der Newtown High in allen Sportarten, in denen ich dort aktiv war (Basketball, Football und Leichtathletik), immer wieder als herausragender Spieler ausgezeichnet wurde, rissen sich die Colleges nicht um mich.

Nur das Graceland College in Lamoni, Iowa, zeigte echtes Interesse. Ich wiederum fand Graceland nicht so prickelnd. Von Iowa wusste ich nur, dass die Winter dort kalt und die Landschaft flach sein sollen. Die Schule stand in enger Verbindung mit der Kirche Jesu Christi der Heiligen der Letzten Tage, heute bekannt als Gemeinschaft Christi. Auch über sie wusste ich nicht viel, außer, dass sie es mit der Religion verdammt ernst meinte.

Bis dahin war ich noch nie weiter im Westen gewesen als in Ohio. Und ich war auch erst einmal in meinem Leben geflogen. New York City erschien mir noch so weit weg wie die dunkle Seite des Mondes. Mit den Hippies hatte ich nichts am Hut, ich war so obrigkeitshörig und konservativ wie meine Eltern. Mein Plan sah daher zunächst vor, weiter daheim zu wohnen, um die Kosten gering zu halten, mir ein Junior College in der Nähe zu suchen, um meine Zensuren zu verbessern, schließlich einen vierjährigen Studiengang anzufangen und am Wochenende für die Baumschnitt-Firma meines Vaters zu arbeiten, um mir ein bisschen was nebenbei zu verdienen. Eigentlich hatte ich gar kein richtiges Ziel. Vielleicht war technisches Zeichnen was für mich. Ich wusste es einfach nicht so recht.

Als ich am ersten Tag von meinem Junior College zurückkam, erhielt ich einen Anruf.

„Hallo?"

„Können Sie morgen hier sein und für uns Football spielen?"

„Wer ist denn dran?"

„L.D. Weldon. Ich bin Trainer am Graceland College."

„Äh … ich weiß nicht."

„Wissen Sie, eigentlich hatten wir einen Quarterback von einem Junior College angeheuert, aber der kommt nicht auf die erforderliche Punktzahl für seinen Abschluss und steht uns daher nicht zur Verfügung. Wir haben nur noch einen Quarterback auf der Reservebank, also brauchen wir noch jemand anderen."

„Okay." Football machte mir immer noch Spaß. „Rufen Sie mich doch morgen noch einmal an, dann sage ich Ihnen, ob es klappt."

Am Abend sprach ich mit meinen Eltern. Sie konnten es sich nicht leisten, mich aufs College zu schicken, also ging ich am nächsten Tag zur Bank und beantragte einen Ausbildungskredit, da das Stipendium nicht alle Kosten abdeckte. Als Weldon mich anrief, teilte ich ihm meine Entscheidung mit.

„Okay, dann bin ich morgen da."

Er legte auf.

15. Juli 2015

„Bitte, lieber Gott, lass mich bloß nicht stolpern!"

Mein erster öffentlicher Auftritt als Caitlyn findet in Los Angeles statt. Das weiße Abendkleid, das ich trage, ist maßgeschneidert von Donatella Versace. Zwar habe ich sie nicht persönlich kennengelernt, aber sie hat mehrere Male ein paar Mitarbeiterinnen zu mir geschickt, um sicherzustellen, dass es genau passt. Nur eine von ihnen spricht Englisch, aber eins habe ich in *Keeping Up With The Kardashians* gelernt: Die Sprache der Mode ist universell.

Ich möchte schön und umwerfend aussehen. Nein: Ich *muss* schön und umwerfend aussehen. Wenn ich auf die Bühne gehe und das nicht tue, dann wird hinter meinem Rücken noch gehässiger über mich geredet, als das sonst schon der Fall ist. Falls jemand wissen will, wie sich gnadenloser Spott anfühlt oder welchen Einfluss so etwas auf das Leben hat, wenn das eigene Selbstbild ohnehin schon schwer durcheinander geraten ist, dann muss man nur einen Schwarm Paparazzi anheuern, damit sie einen zehn Jahre lang von morgens bis abends verfolgen.

Lange Kleider sind ziemlich tückisch, wenn man das Tragen nicht gewöhnt ist. Womöglich tritt man auf den Saum und stürzt. Glücklicherweise habe ich mich für ein paar Schuhe mit niedrigem Absatz entschieden, um das Risiko zu verringern. Da man meine Füße sowieso nicht sieht, hätte ich vielleicht am besten sogar meine alten Kugelstoßer-Schuhe anziehen sollen.

Bitte, lieber Gott, du hast mir sowieso schon ein ziemlich verwirrendes Leben gegeben.
Bitte, lieber Gott, lass mich bloß nicht stolpern.

Ich kann an nichts anderes denken, während ich darauf warte, das kleine Treppchen zur Bühne des Microsoft Theaters in Los Angeles hinaufzugehen, um dort einen der renommiertesten Preise der Sportwelt in Empfang zu nehmen.

Wenn ich stolpere, wird das Foto davon größere Bekanntheit erlangen als das von Annie Leibovitz, die mich vor eineinhalb Monaten in einem cremefarbenen Mieder für das Cover von *Vanity Fair* abgelichtet hat. So möchte ich einfach nicht in Erinnerung bleiben. Diese Genugtuung will ich den Paparazzi nicht geben. Das würde einen Wirbelsturm in den sozialen Medien auslösen.

Außerdem habe ich eine Menge zu sagen. Für mich ist es ein ganz wichtiger Augenblick, vielleicht der wichtigste in meinem Leben, sieht man von der Geburt meiner Kinder ab. Der letzte Tag des Zehnkampfs in Montreal, als sich entschied, ob ich entweder die Goldmedaille gewinnen oder als Nichts und ohne Gold nach Hause zurückkehren würde, ohne etwas für die zwölf Jahre harten Trainings vorweisen zu können, verblasst im Vergleich. Das hier ist mein Leben, kein Sportereignis.

Die Trans-Community hat mit mir bereits ihre Probleme, dabei zähle ich gerade erst seit vier Monaten dazu. Alle, die ihr angehören, sind wunderbar, aber es gibt auch sehr harte, kritische Meinungen, und das ist manchmal frustrierend und kräftezehrend. Es heißt bereits, ich wäre nicht „repräsentativ". Das würde ich sicher auch nicht bestreiten, obwohl mir ein solches Urteil sehr feindselig, ausgrenzend und kontraproduktiv vorkommt, was unser gemeinsames Ziel angeht, denn schließlich kämpfen wir ja auch darum, dass die Gesellschaft nicht mehr ständig bedeutungslose Schlagworte wie „repräsentativ" verwendet. Eigentlich wollen wir doch alle dasselbe. Jedenfalls theoretisch.

Aber man mag dazu stehen, wie man will – heute Abend bin ich für all jene, die noch nie eine Transfrau oder einen Transmann gesehen haben, das Gesicht der Transgender-Community. Und der erste Eindruck ist ja oft der entscheidende. Wenn ich mich hier blamiere, wird das der Bewegung schaden. Und ich hätte eine der seltenen Gelegenheiten verschwendet, uns alle, die wir anders sind, sichtbar zu machen und dafür zu kämpfen, dass wir in unserem Anderssein bestätigt und nicht in den Untergrund verbannt werden.

Jedenfalls hat der Streit um meine Person schon vor der Verleihung der ESPY-Awards begonnen. ESPY steht für *Excellence in Sports Performance of the Year,* also für eine herausragende Leistung im Sport, und ich soll den Arthur Ashe Courage Award bekommen, der nach dem großen, sympathischen Tennisstar benannt ist, der 1993 an AIDS starb. Das ist eine große Ehre, zumal ich Ashe sehr bewundere, ebenso wie die früheren Preisträger: Muhammad Ali, Billie Jean King, Tommie Smith, John Carlos, Nelson Mandela und Robin Roberts.

Soweit, so einfach.

Dass dies Caitlyns erster öffentlicher Auftritt überhaupt ist, das allein ist schon beängstigend genug. Und dann findet er noch vor den Augen der Sportwelt statt, aus der ich komme. Und vor vielen Millionen Zuschauern an den Fernsehschirmen. Glaube ich, diesen Preis verdient zu haben? Ganz sicher nicht. Aber eine solche Ehre würde wohl auch niemand ablehnen.

Zu alledem kursiert auch noch das Gerücht, dass ich selbst das Ganze initiiert hätte. Angeblich habe ich die Auszeichnung mit dem Arthur Ashe Award zur Bedingung gemacht, bevor ich einwilligte, Diane Sawyer von ABC ein exklusives zweistündiges Interview für die Sendung *20/20* im April 2015 zu geben, in der ich zum ersten Mal öffentlich über meine Transition sprach. ABC gehört ebenso wie der Fernsehsender ESPN, der die ESPY-Verleihung zeigt, zum Disney-Konzern, und das ist wohl der Ausgangspunkt für dieses Gerücht. Das allerdings völlig aus der Luft gegriffen ist. Es ist Quatsch. Anders kann man das nicht sagen. Das Interview fand statt, lange bevor ich von dem Preis erfuhr. Aber wie es heutzutage so oft mit Gerüchten ist, hat es sich in den Medien schnell verbreitet, und nachdem es zunächst in den Boulevardblättern stand, haben es auch renommierte Zeitungen wie die *Los Angeles Times* aufgenommen. Wenn man bedenkt, auf welch hohem moralischen Ross man dort gewöhnlich sitzt, sollte man erwarten, dass solche Geschichten in der heutigen Zeit etwas gründlicher geprüft werden.

Von daher gab es schon von Anfang an negative Stimmen. Dann kamen auch noch ein paar führende Sportjournalisten aus der Deckung und erklärten, ich hätte den Preis nicht verdient – beispielsweise Frank Deford, der als Kommentator für den Radiosender NPR gearbeitet und für *Sports Illustrated* geschrieben hat. Nach meinem Medaillengewinn im Zehnkampf verfasste Deford dort am 9. August 1976 die Titelstory über mich:

Jenner hat eine beinahe mystische Fähigkeit, seine eigenen Grenzen zu erfassen. Viele, die ihn bei Sportveranstaltungen kennengelernt haben, berichteten zudem, dass er nach der Beobachtung seiner Konkurrenten im Laufe des Wettkampfs genau vorhersagen konnte, wie gut sie sich am fraglichen Tag schlagen werden. Montreal, das wusste er, war sein „Schicksal".

Fast vierzig Jahre später ist der Ton ein ganz anderer:

> Man spricht gewöhnlich von Mut, wenn man etwas überwunden hat. Caitlyn Jenner ist offen und ehrlich, aber diese Entwicklung hat sie bewusst vorangetrieben, und sie hat etwas, worauf sie zurückfallen kann – eine Reality-Show, Ruhm und jede Menge Reichtum. So groß ist das Risiko in ihrer Position nicht, im Gegensatz vielleicht zu jemandem, der als Karosseriebauer in einer Autowerkstatt arbeitet. Bruce Jenner wusste zudem, dass er nichts verlieren würde, wenn er diesen Weg geht; seine Familie unterstützt ihn.

In einem sind Deford und ich einer Meinung – meine Transition hat keinen besonderen Mut erfordert. Und was die Überwindung angeht, so habe ich wohl auch weiter nichts überwunden als die Tatsache, dass ich fast mein ganzes Leben lang fühlte, im falschen Körper zu stecken, aber zu viel Angst hatte, mich wirklich damit auseinanderzusetzen. Ich stand im Licht der Öffentlichkeit und fürchtete mich davor, lächerlich gemacht, angefeindet und verurteilt zu werden. Eben genau davor, was jemand wie Frank Deford im allgemeinen gesellschaftlichen Klima der Achtzigerjahre darüber gedacht hätte, wenn ich bei irgendeiner Preisverleihung der Sportwelt im Rock zu einer Rede ans Mikrofon getreten und zwischendurch mal aufs Damenklo verschwunden wäre, um mich frisch zu machen (immer vorausgesetzt, dass ich das überhaupt gedurft hätte).

Was die Unterstützung meiner Familie angeht, so war sie unglaublich. Mehr als unglaublich. Aber mein Coming-Out als Caitlyn liegt erst etwas mehr als einen Monat zurück, und jeden Tag frage ich mich aufs Neue, was meine Kinder aus meinen drei Ehen wirklich denken mögen, ob sie mich wirklich akzeptieren oder ob sie mich als eine beinahe Fremde betrachten, die diese Sache in dieser späten Lebensphase aus reinem Egoismus durchzieht. Dass ich so denke, sagt nichts über meine Kinder aus, aber viel über mich – ich fürchte noch immer eine Zurückweisung, ganz egal, wie sehr sie mir gezeigt haben, dass sie hinter mir stehen. Trotzdem wache ich morgens auf und denke über Gender und all diese Entscheidungen nach, die ich getroffen habe, und wenn ich schlafen gehe, beschäftigt mich das immer noch.

Als Caitlyn bin ich im Gegensatz zu Bruce eine öffentliche Person, die sich nicht mehr ins Private zurückziehen kann. Das verändert einen schon. Ich spüre Zweifel – kein Bedauern, das ist etwas anderes, und ich bedauere auch nichts. Zweifel fühlt fast jeder Mann und jede Frau direkt nach der Transition. Wenn man es getan hat, gibt es kein Zurück mehr. Niemals. Und jede Beziehung, die man einmal hatte, wird sich verändern – entweder, weil sie das wirklich tut, oder aber, weil man das erwartet. Damit will ich sagen, dass auch bei mir jede Menge auf dem Spiel steht: die Beziehung zu meiner Familie und der Rest meines Lebens.

Der andere Kritiker, der sich lautstark zu Wort gemeldet hat, ist der NBC-Sportmoderator Bob Costas. In der *Dan Patrick Show* wünschte Costas mir „alles Glück und allen Seelenfrieden der Welt", fügte dann aber hinzu:

> Dennoch kommt es mir so vor, dass die Verleihung des Arthur Ashe Awards an Caitlyn Jenner ein abgekartetes Spiel ist, das sich die Boulevardmedien ausgedacht haben.
>
> In der großen Sportwelt hätte man doch sicherlich jemanden finden können – und das geht jetzt nicht gegen Caitlyn Jenner persönlich –, der sehr viel aktiver im Sport involviert ist und viel eher für das steht, was dieser Preis repräsentiert.

Costas ist ein großartiger Sportjournalist und Kommentator. Ich weiß, wie schwer dieser Job ist, ich habe mich ja auch schon darin versucht. Wenn er betont, dass es kein persönlicher Angriff gegen mich ist, glaube ich ihm das zwar, aber es klingt trotzdem ganz danach, und es impliziert offensichtlich, dass ich den Preis nicht verdiene. Dabei wurde er durchaus schon an Sportler verliehen, deren große Zeit noch länger zurücklag als bei mir.

Den größten Teil der Zeremonie verbringe ich in einer Suite des Ritz-Carlton-Hotels gegenüber vom Theater. Ich sehe mir die Show auch nicht im Fernsehen an, das würde mich nur noch nervöser machen. Etwa fünfzehn oder zwanzig Minuten vor meinem Auftritt verlasse ich das Hotel durch den Hinterausgang und gehe zum Theater hinüber. Die kurze Wartezeit verbringe ich allein in einem kleinen Raum und übe zum wohl millionsten Mal meine Rede, achte auf die richtigen Betonungen, den richtigen Rhythmus, die richtige Geschwindigkeit, versuche keine Wörter zu verschlucken oder zu nuscheln. Allgemein fühle ich mich gut, aber beim Gedanken an die Treppe ist mir immer noch mulmig. Ich spüre eine Unruhe wie vor meinem schwächsten Wettkampf bei den Spielen, dem 110-Meter-Hürdenlauf, bei dem ich zwar ins Ziel kam, aber Fehler machte.

Es gibt ein Zitat von Booker T. Washington, das ich in leicht abgewandelter Form gern benutze: „Erfolg wird nicht an den erreichten Höhen gemessen, sondern an den überwundenen Hindernissen." Es hat nie besser gepasst als jetzt.

Abby Wambach, die Stürmerin des Frauen-Fußballteams der USA, das gerade die Weltmeisterschaft gewonnen hat, kündigt mich an. Hinter der Bühne begegnen wir uns zum ersten Mal.

„Hi."

„Hi."

Das ist ein bisschen kurz, aber egal - mir liegt etwas auf dem Herzen.

„Wenn ich die Treppe zur Bühne hinaufgehe, musst du mir helfen. Ich darf nicht stolpern. Bitte sorg dafür, dass ich das problemlos schaffe."

„Okay, ich werde dich schon die Treppe hochbringen."

„Ich brauche Unterstützung."

Abby trägt einen Smoking, ich mein Abendkleid. Das ist eine ganz schlichte Symbolik und natürlich ein unwiderstehliches Fotomotiv – schöner könnte man nicht zeigen, wie viel Diversität es im Sport inzwischen gibt (auch wenn noch immer eine lange Strecke zurückzulegen ist).

„Wenn wir auf die Bühne kommen, immer vorausgesetzt, dass wir das ohne Panne schaffen, dann will ich, dass wir uns umdrehen, uns an die Hand nehmen und leicht verbeugen."

Ja, ich denke immer klar, auch unter Druck.

Man führt mich zum Bühnenrand. Durch einen kleinen Spalt kann ich in den Saal schauen; er ist ziemlich gut besetzt.

Jetzt geht es los …

Ich suche Augenkontakt mit einer Frau im Publikum. Sie lächelt mich breit an und hebt den Daumen.

Vielleicht werden sie alle gut reagieren.

Während der Werbepause herrscht ein Kommen und Gehen im Zuschauerraum; einige Gäste verlassen kurz den Saal und Platzhalter nehmen ihre Stelle ein. Ich mische mich unter das Publikum und entdecke Diane Sawyer. Wenn ihr Interview nicht so akkurat dargestellt hätte, wie mein Leben bis zur Transition aussah, wäre ich jetzt vermutlich in der Antarktis und würde meine Geschichte von Täuschung und Selbstzerstörung den Pinguinen erzählen.

„Das ist alles Ihre Schuld", raune ich ihr zu und fasse nach ihrer Hand.

Natürlich weiß ich, dass das alles hier eine ganz ernste Angelegenheit ist. Aber ich kann nicht ernst bleiben. Das war noch nie mein Stil. Humor ist immer die beste Ablenkung.

Etwas später sitze ich im Publikum und über die Videoleinwand flimmert ein Film über meinen Lebensweg. Ich habe ihn schon vor zwei Tagen gesehen – er ist schön und wertschätzend gemacht, und ich musste weinen, als ich ihn sah. Die Gegenüberstellung von Bruce und Caitlyn ist selbst für mich schockierend. Wie konnte der eine zur anderen werden, und der andere zu der einen? Ich weiß, dass Caitlyn seit Geburt meine Gender-Identität gewesen ist und nur auf den richtigen Moment gewartet hat, um Bruce in sich aufzunehmen. Aber manchmal bieten Antworten nicht wirklich eine Erklärung. Wie ich schon so oft zu mir selbst gesagt habe: Ich hatte ein absolut faszinierendes Leben.

Jetzt kann ich mir das nicht noch einmal ansehen. Es würde mir wieder fürchterlich nahe gehen, und dann könnte ich meine Rede nicht halten.

Abby ruft meinen Namen, ruft mich auf die Bühne. Neben mir im Publikum sitzt meine Mutter. Sie war die letzte, der ich von meiner Transition erzählt habe, weil ich wusste, dass es mir bei ihr am schwersten fallen würde. Sie ist neunundachtzig, und mir ist klar, dass es für sie nicht einfach gewesen sein kann – da glaubt man, es würde ein ganz normaler Tag in Lewiston, Idaho, und dann ruft der Sohn plötzlich an und erklärt: „Bevor ich es vergesse, Mom, ich wollte nur noch kurz Bescheid sagen, ich werde eine Frau."

Ganz so war es natürlich nicht. Aber es hatte dieselbe Wirkung. Es gibt einfach keinen vernünftigen Weg, um so ein Gespräch zu beginnen. Meine Mutter war bemerkenswert verständnisvoll und unterstützend, obwohl sie gern zugibt, dass sie die ganze Geschichte mit meiner Weiblichkeit leichter verkraften kann, wenn sie sich einen kleinen Schluck gönnt.

Ich stehe auf. Auf dem Weg zu der kleinen Treppe gehe ich rechts an den Reihen vorüber, in denen meine Kinder sitzen. Zum ersten Mal seit etwa zwanzig Jahren sind sie wieder einmal alle auf einem Fleck. Das war zum letzten Mal 1990 der Fall, als Kris und ich geheiratet haben; damals waren sie noch Kinder, die sich gegenseitig alle genauso großartig fanden, wie Kris und ich uns liebten. Es gibt viele Gründe dafür, wieso unsere Großfamilie auseinanderbrach, aber der Hauptgrund war wohl mein Versagen als Vater. Bei zu vielen Gelegenheiten habe ich meine Beziehung zu den sogenannten Jenner-Kindern aus meinen ersten beiden Ehen – Burt und Cassandra sowie Brandon und Brody – vernachlässigt. Und daher ist es jetzt einerseits wunderschön, die ganze Familie vereint zu sehen, andererseits hat das aber auch etwas Bittersüßes. Ich weiß, dass es nur ein kurzer Augenblick sein wird, der nicht einmal bis zur Afterparty hält.

Wie versprochen hilft mir Abby beim Hinaufsteigen. Ich stolpere nicht.

Die Kameras fangen es begeistert ein, als wir unsere kleine Pirouette vor der Kamera drehen.

Jetzt steht mir nur noch die Rede meines Lebens bevor.

Ich versuche, nicht ins Publikum zu gucken. Dutzende von Sportlegenden sitzen da unten. Meine Zeitgenossen. Der Basketballer LeBron James und der Footballer Brett Favre haben Plätze in der ersten Reihe; sie kann ich nicht übersehen. Was mögen sie gerade denken? Ich frage mich das immer, wenn Menschen mir gegenüber vordergründig nett sind. Wollen sie mir nur nach dem Mund reden, denken aber insgeheim etwas ganz anderes? Lügen sie? Manchmal wünschte ich mir, es gäbe jemanden, der sie privat interviewen könnte, um ihre wahren Gedanken aufzudecken, und nicht das Promi-Partygeschwätz mit Küsschen-Küsschen-Faktor. Finden sie es wirklich toll? Oder halten sie die ganze Sache einfach nur für sehr, sehr seltsam?

Ist das Kleid übertrieben, auch wenn es so perfekt geschneidert wurde? Hätte ich lieber in meinem Olympia-Trainingsanzug erscheinen sollen? LeBron legt immer viel Wert auf sein Äußeres, aber Brett Favre sieht manchmal so aus, als käme er gerade direkt aus einer Scheune. Von daher denke ich, dass ich bei LeBron bessere Chancen habe. Ich könnte mir vorstellen, dass ihm Versace gefällt, wenn auch vielleicht nicht in dieser Ausführung. Außerdem ist er sogar noch größer als ich und wesentlich muskulöser.

Zwar habe ich schon viele hundert Male vor vielen Menschen gesprochen, aber noch nie einen fertig vorbereiteten Text vorgetragen. Gewöhnlich schreibe ich höchstens ein paar Stichworte mit den wichtigsten Punkten auf. Das Ablesen einer Rede finde ich furchtbar, weil es unweigerlich auch immer wie abgelesen klingt. Aber dieses Mal ist alles anders. Für diese Ansprache habe ich mich mit einem professionellen Autor zusammengesetzt, mit Aaron Cohen. Wir haben uns mehrmals getroffen, und ich habe ihm gesagt, worüber ich gern reden möchte; er hat diese Ideen weiter ausgearbeitet. Am Schluss haben wir alles aufgeschrieben. Dieses Mal muss ich ganz genau wissen, was ich sagen werde. Ich kann nicht improvisieren wie sonst (oder vielmehr, wie meistens) und plötzlich in eine Sackgasse geraten.

Außerdem werde ich mit einem Teleprompter arbeiten. Die habe ich allerdings schon gehasst, als ich in den Siebziger- und Achtzigerjahren als Sportmoderator für ABC und NBC gearbeitet habe, weil ich so langsam im Lesen bin. So etwas muss ich üben, aber glücklicherweise habe ich eine App auf meinem iPad entdeckt, die einen Teleprompter simuliert, mit der gleichen Schriftgröße und der gleichen Geschwindigkeit. Also habe ich mir den iPad auf einem hohen Hocker an meiner Breakfast Bar gegen ein Kissen gelehnt und laut abgelesen, während die Worte automatisch herunterscrollten. Nach ein paar Dutzend Malen hatte ich es bestens drauf.

Aber jetzt, da der Augenblick gekommen ist ...

Plötzlich fühle ich mich wieder wie in der vierten Klasse in Tarrytown, als ich mit schweißnassen Handflächen dasaß, während der Lehrer den Mittelgang zwischen den Bänken entlangging wie ein Gefängniswärter und nach dem nächsten Opfer suchte, das laut vorlesen sollte. Ich höre das Kichern meiner Klassenkameraden, als ich ins Stocken geriet, und ich finde mich zunehmend mit der Tatsache ab, dass das eben Bruce war, und Bruce war doof. Wenn in meiner Grundschulzeit die Mannschaften beim Völkerball gewählt wurden, war ich immer der erste. Wenn es darum ging, wer sich beim Buchstabierwettbewerb als Erster wieder hinsetzen musste, aber auch.

Es hilft nichts, jetzt muss ich mich durchbeißen, und das tue ich. Widrige Umstände zu überwinden, das liegt mir. Das habe ich mein ganzes Leben lang getan, wenn auch noch nie in einer solchen Situation.

Inzwischen sehe ich auch LeBron James oder Brett Favre nicht mehr. Oder meine Kinder oder meine Mutter. Ich sehe gar keinen mehr, es ist, als ob jemand anderes diese Rede hält und ich nur ein interessierter Beobachter bin.

Ins Mikrofon sage ich:

Überall in diesem Land und überall auf dieser Welt gibt es jetzt, in diesem Augenblick, junge Menschen, die sich damit auseinandersetzen müssen, dass sie Transgender sind. Sie merken, dass sie anders sind, und sie versuchen damit umzugehen, neben allen anderen Problemen, die man als Teenager sowieso schon hat. Sie werden gemobbt, sie werden zusammengeschlagen, sie werden ermordet und sie begehen Selbstmord. Die Zahlen sind erschreckend hoch, aber sie zeigen die Realität dessen, was es heute bedeutet, trans zu sein.

Eines habe ich in meinem Leben gründlich kennengelernt, und das ist die Macht des Scheinwerferlichts. Manchmal ist sie auch eine Last, aber mit der Aufmerksamkeit kommt auch eine gewisse Verpflichtung. Millionen von Menschen beobachten, wie man sein Leben als Sportler führt, und vor allem Jugendliche lassen sich davon sehr beeinflussen.

Ich weiß, dass ich mit dieser Verantwortung im Reinen bin, dass ich meine Geschichte auf die richtige Weise erzählen will, dass ich weiter lernen und alles daran setzen werde, damit sich die Art und Weise ändert, wie Trans-Themen bewertet und wie Transgender-Menschen behandelt werden. Und ganz allgemein möchte ich gern dazu beitragen, dass man Menschen so nimmt, wie sie sind. Dass man akzeptiert, wie verschieden alle sind.

Die Transition war für mich schwerer als alles, was ich mir hätte vorstellen können. Und das ist für viele andere Menschen genauso. Schon allein aus diesem Grund verdienen Trans-Menschen etwas ganz Elementares. Sie verdienen Ihren Respekt. Und aus diesem Respekt kann eine zugewandtere Gemeinschaft erwachsen, eine empathischere Gesellschaft und eine bessere Welt für uns alle.

Die stehenden Ovationen, die ich bekomme, dröhnen in meinem Kopf lauter als die Beifallsrufe im Olympiastadion, als ich am Ende des 1500-Meterlaufs den Zehnkampf gewann. Auf alle Fälle haben sie viel mehr Bedeutung.

Und immerhin bin ich nicht gestolpert.

Drittes Kapitel

Stell dich nicht so an

In Des Moines sollte mich L.D. Weldon vom Flughafen abholen. Ich wusste nicht einmal, wie er aussah. Und er wusste das von mir auch nicht. Wir sollten wir uns überhaupt erkennen?

Nachdem ich aus dem Flugzeug und die Gangway hinunter gestiegen war, ging ich ins Terminal und fühlte mich nach einem ersten Blick in die Runde wie eines der Entenküken aus Robert McCloskeys Kinderbuch, die auf ihrem Weg durch die große Stadt jeden für ihre Mutter halten.

„Sind Sie vielleicht mein Trainer?"

Plötzlich winkte mir jemand aus der Menge zu.

„Jenner?"

„Ja."

„Hi, schön, Sie kennenzulernen. L.D. Weldon, Graceland College."

„Wie haben Sie mich erkannt?"

„Einen Sportler erkenne ich immer."

Das war ja schon irgendwie cool.

„Holen Sie Ihr Gepäck, Jenner."

Ich hatte nur zwei Taschen. Wir warfen sie auf den Rücksitz von Weldons Auto und fuhren los. Bis Lamoni waren es 120 Kilometer.

Weldons Alter konnte ich schwer schätzen, aber seine Tage als Chippendale waren sicher schon lange vorbei – wenn er überhaupt je einer war, was ich bezweifle. Beim Fahren hatte er einen Arm auf der Rückenlehne der Vordersitze, den anderen am Lenkrad. Außerdem sah er mich die ganze Zeit an und redete wie ein Maschinengewehr, während er mit hundertfünfzig Sachen über die Straße preschte.

Das war schon bewundernswert, es sei denn, man saß neben ihm und hoffte, nicht draufzugehen, bevor man das College überhaupt betreten hatte.

L.D. hatte in einer engen Straße in Lamoni Wohnungen für die Graceland-Sportler bauen lassen, damit sie nicht noch Geld für Miete ausgeben mussten. Natürlich freute ich mich über alles, was es umsonst gab, und daher will ich mich auch nicht beklagen. Allerdings war die Frage, ob man hier wirklich von Wohnungen sprechen konnte. Der Eingang lag an der Rückseite des Gebäudes, und die Haustür hatte so viele breite Risse, dass man buchstäblich hindurchsehen konnte. Wenn der kalte Wind durch Lamoni pfiff, fühlte es sich an, als schliefe man auf einer Schlittschuhbahn. Hinter einer zweiten Tür gab es vier oder fünf Zimmer und ein einziges Bad. Es sah aus, als hätte L.D. einen Lagerraum umbauen lassen, und mein Zimmer war kaum groß genug, um meine eins achtundachtzig der Länge nach unterzubringen. Immerhin war die Wandverkleidung neu.

Das Auspacken dauerte ungefähr zwei Sekunden – Unterwäsche, Socken, ein paar Hosen, eine dünne Jacke, von der sich schnell herausstellen sollte, dass sie dem dortigen Wetter überhaupt nicht gewachsen war.

Dann folgte mein erstes Football-Training. Zwar hatte ich in der High School als Quarterback gespielt, aber auch auf einer Reihe anderer Positionen – als Runningback oder auch mal als Receiver. In der Defense spielte ich als Safety, und das war meine Lieblingsposition – es machte viel mehr Spaß, zuzuhauen, als selbst was abzubekommen. Ich konnte den Ball ohne große Probleme fünfzig bis sechzig Meter weit werfen. Die Frage war allerdings immer ein wenig, wo er dann ankam. Receiver waren meiner Erfahrung nach höchst bewegliche Objekte, die sich gern mal in Luft auflösten.

Aber am Graceland benötigten sie einen Reserve-Quarterback, also bitte, dann mache ich das halt. Wir übten ein paar Spielzüge, und dann ließ ich mich für einen Pass zurückfallen, um einen perfekten Bullet zu werfen – direkt in die Hände von Bob Hutchins, der gleichzeitig als Runningback und als Safety fungierte und der Star des Teams war. Hutchins war an der Seitenlinie unterwegs. Ich legte auf ihn an, war schnell, bekam ein klares Schussfeld und erwischte ihn perfekt.

Ein Trainer-Assistent namens Bill Dudek rannte sofort zu uns herüber. „Oh mein Gott. Sie sind ein Verteidiger! Los, gebt ihm mal ein anderes Shirt!"

Und so wurde ich wieder als Safety eingesetzt, eine Position, die mir viel besser lag.

Ich fügte mich in Graceland schnell ein. Und ein anderes Ziel hatte ich auch nicht, ich wollte dazugehören, sonst nichts. Zwar war ich auf dem Campus einer von den großen Kerlen, blieb aber in der zweiten Reihe. Von daher gab es auch keine Verpflichtung, mich als Sexprotz zu profilieren.

Dann spielten wir gegen Tarkio. Die Gegner stellten sich zum Punt auf. Ich lauerte ein kleines Stück hinter der Linie, beinahe wie ein Linebacker. Wir bauten einen Crossblock auf, um die Mitte frei zu bekommen, und ich tauchte glatt hindurch. Die Bahn für den Wurf war frei, ich war zum Äußersten entschlossen, aber als ich aufsprang und das Knie streckte, schlug mir ein Gegner mit Wucht gegen das Gelenk. Humpelnd schlich ich vom Feld und hatte das dumpfe Gefühl, dass meine Sportlerkarriere vorbei war. Zwar versuchte ich die Verletzung auszukurieren, aber bei einem langen Catch in einem der nächsten Spiele gab das Knie wieder nach, und ich wusste, dass ich etwas tun musste.

Tatsächlich hatte ich einen Innenbandriss und wurde am 2. Januar 1969 in Danbury, Connecticut, von Dr. Robert Fornshell operiert. Er öffnete das Knie und setzte eine Drahtklammer zur Stabilisierung ein. Dann wünschte er mir viel Glück. (Nach den Olympischen Spielen 1976 erhielt ich einen wundervollen Brief von ihm, in dem er sagte, die meisten seiner Patienten seien inzwischen tot, weswegen er sich sehr freue, einen zu sehen, der am Leben und offensichtlich bester Gesundheit sei. Ich fand das auch ziemlich gut so.)

Mein Knie kam für sechs Wochen in Gips, und als ich nach Graceland zurückkehrte, hatte ich schon vier Wochen vom zweiten Semester verpasst. Laufen auf der Aschenbahn kam nicht in Frage, deswegen war ich zum Zuschauen verdammt. Überhaupt musste ich das Laufen erst wieder lernen, weil mein Bein nach der langen Zeit in Gips schrecklich steif war. L.D. übernahm den größten Teil der Reha–Massagen, kalte Anwendungen, warme Anwendungen. Dabei lag ich auf einer Pritsche, und er drückte mein Bein nach unten. Einen solchen Schmerz hatte ich noch nie gefühlt, und L.D. zeigte sein Mitleid auf seine typisch trockene Art:

„Stell dich nicht so an."

Dieses Mantra war mir wohl vertraut, und ich hatte es mir selbst oft zugeflüstert, wenn es mit meinen Gender-Problemen schlimmer wurde.

„Stell dich nicht so an."

Mein erstes Studienjahr wurde eine Katastrophe. Wenn ich keinen Sport machen konnte, fehlte mir die einzige Motivation fürs College. Das einzig Gute an der Knie-OP war, dass man mich garantiert ausmustern würde, wenn mein Einberufungsbescheid käme.

Wieder ließ ich mich treiben, hatte keinen Ehrgeiz oder Ziele, und es hatte sich inzwischen ein deutlich erkennbares Muster entwickelt: Je weniger es gab, worauf ich mein ganzes Bewusstsein konzentrieren konnte, desto stärker drängte mein Problem mit der Geschlechtszugehörigkeit an die Oberfläche. Ich kaufte mir eine Schlaghose, wie sie gerade so beliebt waren, eng am Hintern und weit an den Beinen. Tatsächlich schmiegte sie sich sehr an den Körper an, jedenfalls für Männerkleidung. Wenn ich sie trug, löste das einen Kitzel in mir aus. Es war zwar nichts weiter als eine Hose, aber inzwischen sehnte ich mich so sehr danach, überhaupt etwas zu fühlen, dass ich schon kleine Dinge wie diese richtig aufregend fand. So sehr unterdrückte ich meine Gefühle und lechzte nach jedem kleinen Stückchen dessen, was ich immer mehr als mein echtes Geschlecht ansah.

Damals spürte ich stets den Drang, ich selbst zu sein und Frauenkleider zu tragen. Aber als Student am Graceland hatte ich keine Privatsphäre. In unserem Haus herrschte ein ständiges Kommen und Gehen von Studenten und Professoren, und ich wusste auch immer noch nicht so recht, was in mir vor sich ging. Dass mit mir etwas nicht stimmte, davon war ich allerdings fest überzeugt. Vielleicht war ich ja total pervers. Bitte, lass es nur eine Phase sein, bangte ich. Denn wenn das keine Phase war, dann etwas, womit ich mich niemals auseinandersetzen wollte.

Im Anschluss an mein erstes Studienjahr arbeitete ich in den Ferien wieder für meinen Dad. Mehr und mehr kam ich zu dem Schluss, dass ich gar nicht mehr ans College zurückkehren wollte, zumal man mir einen Job bei Cypress Gardens angeboten hatte, der besten Wasserski-Show der USA, wenn nicht der ganzen Welt. Sie hatte ihr Hauptquartier in

Winter Haven in Florida. Mittlerweile war ich neunzehn, und da klang die Vorstellung, in Florida zu leben und sich sein Geld mit Wasserskifahren zu verdienen, ziemlich verlockend.

Allerdings hatte ich auch den Zehnkampf im Hinterkopf, obwohl ich noch nie an einem teilgenommen hatte. Aber L.D. stand in dem Ruf, Leichtathleten von Olympia-Format zu trainieren.

In der High School war ich als Sportler sehr vielseitig. Der Stabhochsprung war noch immer meine beste Disziplin, obwohl ich beim ersten Versuch zwar haushoch über die Latte hinwegsetzte, im Fallen dann aber mit dem Gesicht dagegen knallte und mich übel verletzte. Aber ich war bis dahin nur in Teams gewesen, die nichts taugten, und bei denen einen der Trainer dann fragte:

„Hey, kannst du Weitsprung?"

„Klar, wieso nicht?"

„Kannst du Hochsprung?"

„Klar, wieso nicht?

„Kannst du mal losrennen und mir vorm nächsten Wettkampf einen Kaffee holen, mit Milch und zwei Stück Zucker?"

„Klar, wieso nicht?"

Ich war eben immer ein sehr hilfsbereiter Mensch.

L.D. hatte schon in meinem Freshman-Jahr immer mal wieder vom Zehnkampf gesprochen. Und ich fragte mich, ob es nicht doch die beste Lösung wäre, noch ein Weilchen für meinen Vater zu arbeiten und dann im Herbst 1969 nach Graceland zurückzukehren, Florida hin oder her.

Wenig später war ich wegen eines Wasserski-Turniers in Richmond, Virginia. Anschließend ließ sich die Entscheidung nicht länger hinauszögern. Entweder Wasserski in Florida oder die Rückkehr aufs College, um für etwas zu trainieren, bei dem es keine Erfolgsgarantie gibt.

Am Abreisetag stieg ich in mein Auto, einen 1956er Ford Fairlane Cabrio (heute wünschte ich, ich hätte statt des Akkordeons lieber dieses Auto behalten!), und machte mich auf den Weg zur Interstate 95. Und dort musste ich mich spätestens entscheiden. Entweder würde ich nach Norden fahren, Richtung Heimat, oder nach Süden und nach Florida. Als ich schon fast an der Auffahrt war, wusste ich noch immer nicht, was ich machen wollte. Noch war ich auf der rechten Spur, die nach Norden führt. Hinter mir blinkte ein Wagen und zog nach links, auf die Spur nach Süden. Wenn ich das auch tun wollte, musste ich jetzt entweder scharf bremsen oder enorm Gas geben, um noch vor ihm einzuscheren. Die Auffahrt für die I-95 in nördlicher Richtung war dagegen völlig frei.

Also fuhr ich nach Norden.

Es gibt viele Augenblicke im Leben, in denen man an einer solchen Wegkreuzung steht – wenn auch meist nicht so bildlich. Oft ist einem dann die Tragweite gar nicht bewusst, aber wenn man daran zurückdenkt, fragt man sich unwillkürlich: *Oh mein Gott, was wäre wohl passiert, wenn ich damals nach links gefahren wäre?*

Mein ganzes Leben hätte anders ausgesehen.

Ich hätte nicht bei den Olympischen Spielen gewonnen. Und ich wäre kein Nationalheld geworden, wobei die Frage ist, als wie gut oder schlecht sich das erwiesen hätte. Ich hätte keine lukrativen Werbeverträge mit großen Konzernen gehabt. Ich wäre nicht berühmt geworden, sondern hätte ein weitgehend anonymes Leben gelebt. Aber natürlich hätte auch kein solcher Erwartungsdruck auf mir gelastet. Wahrscheinlich hätte ich mehr Freiheit gehabt, um mein authentisches Ich zu leben: Niemanden hätten meine Entscheidungen interessiert, außer meiner Familie und meinen engsten Freunden. Indem ich nach rechts abbog, nahm ich einen Weg, der mich zu einem sicherlich erfolgreichen Leben führte. Aber indem ich nicht nach links fuhr, konnte ich mich gerade in den Bereichen nicht entwickeln, auf die es eigentlich ankommt, und meine Unterschiedlichkeit tatsächlich leben, statt immer nur vor ihr davonzulaufen.

Nach meiner Rückkehr nach Graceland lag mir L.D. noch stärker als zuvor mit dem Zehnkampf in den Ohren. Innerlich sah ich mich immer noch als den kleinen Jungen, der als doofer Legastheniker gehänselt wurde und sich immer wieder aus dem Kleiderschrank seiner Mutter bediente. L.D. hingegen war der Auffassung, dass ich genügend athletische Fähigkeiten besaß, um richtig gut zu werden. Allerdings hat er später einmal gesagt, dass ich nicht annähernd der beste Sportler war, den er je trainiert hat; in seinem Ranking lag ich nur an fünfter Stelle. An fünfter. Wie bitte? Hätte L.D. mir das je gesagt, wäre ich vermutlich ausgestiegen. Was natürlich auch der Grund dafür ist, dass er mir das nie gesagt hat. Aber er hat später auch erklärt, wenn es um die Kombination aus Athletik und Entschlossenheit ging, hätte er nie einen Besseren erlebt als mich. Ich hätte mehr Energie als alle anderen gehabt. Außerdem musste ich mir stets mehr beweisen, wahrscheinlich, weil ich mehr zu verbergen hatte.

L.D. wurde für mich zu einer Vaterfigur. Kein Ersatz für meinen eigenen Vater, aber so etwas wie sein verlängerter Arm. Er trieb mich an, provozierte mich, ermutigte mich, drängte mich, meine Ängste zu überwinden – vor allem die ständige Befürchtung, dass ich trotz der großen Welle, die ich äußerlich als große Sportskanone machte, überhaupt nicht stark genug war und das auch gar nicht verdiente.

Nimm endlich den verdammten Ski ab …

L.D. ließ mir keine Ruhe. Ständig tauchte er bei mir auf, mit seinem Porkpie-Hut, der schwarzen Brillenfassung mit den ovalen Gläsern, seinem Mantel und seinem schmalen Schlips. Er erinnerte mich an diese Wackelfiguren fürs Armaturenbrett, und er redete und redete. Ich kannte sonst niemanden, der so viel redete wie er (außer mir selbst vielleicht).

Aber nach und nach verfingen seine Ideen bei mir. Manchmal erwischte ich mich dabei, wie ich im Kopf die Punkte zusammenrechnete, die ich im Zehnkampf erringen könnte, obwohl es dabei Disziplinen gibt, in denen ich mich noch nie versucht hatte. Ich kam auf 7000, und das wäre Schulrekord für einen Erstversuch gewesen. Vor allem gefiel mir die Anzahl der Disziplinen: Zehn. Zehn Disziplinen, für die man täglich trainiert, so lange, wie man will: Hundertmeterlauf, Weitsprung, Kugelstoßen, Hochsprung, 400-Meterlauf, 110-Meter-Hürdenlauf, Diskuswerfen, Stabhochsprung, Speerwurf, 1500-Meterlauf – in genau dieser Reihenfolge. Darin kann man richtig aufgehen. Darin kann man sich verlieren. Die Gedanken, mit denen man sich herumschlägt, gehen davon zwar nicht weg, lassen sich aber kurzzeitig betäuben. Eine Olympia-Teilnahme? Wer weiß? Indem ich die Energie aufbrachte, etwas Unvorstellbares zu tun, brachte ich gleichzeitig die Energie auf, etwas ebenso Unvorstellbares *nicht* zu tun.

Das Große Ablenkungsmanöver.

In den Wintersemesterferien fuhr ich nach Hause, aber zum ersten Mal in meinem Leben sah ich einen deutlichen Weg vor mir. Um etwas Geld zu verdienen, arbeitete ich wieder für meinen Vater, und eines Tages geschah etwas, das mich zu einem Entschluss brachte: Höchste Zeit, mit der Tagträumerei aufzuhören und in die Hände zu spucken.

Am Bantam Lake in Connecticut war die Krone eines Baumes abgebrochen. Sie hatte sich an einem Ast verkeilt und musste entfernt werden, bevor sie auf eine Hochspannungsleitung stürzen konnte, die sich direkt darunter befand. Zusammen mit einem Kollegen fuhr ich zu der Stelle raus. Es war kalt, um die null Grad, und ein beißender Wind pfiff mit 30 Stundenkilometern um den See.

Die Krone hing weit oben an nur noch einem Ast. Darunter befanden sich die Hochspannungsleitungen, solide, knapp zwei Zentimeter dicke Drähte. Wenn man in ihre Nähe kam, stellten sich einem unwillkürlich alle Haare auf. Unter dem Baum erstreckte sich nur ein Steinwall. Mein Dad stieg mit uns aus und wies uns lapidar an, die Krone abzusägen. Dann fuhr er auch schon wieder los, weil er sich noch um einige andere Aufträge kümmern musste.

Okay ...

Schon als ich den Baum hinaufkletterte, fror mir fast alles ab. Das ganze Gewicht der Krone hing an diesem einen Ast, der jeden Augenblick abbrechen konnte. Normalerweise hätte ich versucht, irgendwo oberhalb der Bruchstelle eine Gabelung zu finden, die mein Gewicht trägt, und dann nach und nach alles abzusägen. Aber da die Krone abgebrochen war, gab es kein oberhalb mehr. Vorsichtig und mit einem Geschirr gesichert, trat ich auf den Ast. Das war abartig gefährlich, das merkte ich sofort. Wieder musste ich an meinen Vater denken, wie er brüllte: *Nimm den verdammten Ski ab!* Obwohl ich Angst hatte, wollte ich ihn damals nicht enttäuschen. Jetzt allerdings ...

Ganz unvermittelt fiel mir ein, dass ich die Möglichkeit hatte, im Zehnkampf große Leistungen zu vollbringen, und ich merkte, dass ich überzeugt davon war und dass mir das auch lag. Ich wollte dafür trainieren und zum ersten Mal in meinem Leben meine natürlichen, körperlichen Grenzen überwinden. Ich hatte andere Dinge zu tun, als hier auf einem Ast herumzuklettern, der jeden Moment nachgeben konnte. Ich wollte diesen Baum nicht beschneiden. Ich mochte Bäume nicht besonders. Und schon gar nicht kletterte ich gern in ihnen herum, wenn in Connecticut sibirische Kälte herrschte.

Der Sattel war an einem Seil befestigt, und so konnte ich mich leicht wieder nach unten gleiten lassen. Dort erklärte ich meinem Kollegen, dass die ganze Sache total bescheuert sei, dass ich mich da oben totfrieren würde und dass er das doch machen solle. Er guckte mich an, als sei ich verrückt. Also setzten wir uns wieder ins Auto, drehten die Heizung auf und diskutierten weiter.

„Ich geh da oben nicht rauf."

„Also, ich auch nicht."

Wir waren uns beide wunderbar einig, als plötzlich mein Vater auftauchte. Ich kurbelte das Seitenfenster herunter.

„Was macht ihr denn da?"

„Dad, ich war da oben. Man hat keinen festen Halt, um den Ast abzusägen. Es ist saukalt, dieser Ast könnte ganz leicht abbrechen, und darunter sind Hochspannungsleitungen und ein Steinwall. Mir gefällt das nicht. Ich mache das nicht."

Mein Kollege pflichtete mir bei:

„Ich mache das auch nicht."

Mein Dad sah mich an: „Tu mir das nicht an."

„Dad, ich lasse mich nicht überreden. Das ist zu gefährlich, okay?"

„Tu mir das nicht an."

Schweigen.

Dann schnappte sich mein Vater das Seil, das noch am Baum hing, und zog sich hoch. In Schlips und Kragen. Mit zwei Händen kletterte er nach oben, so hoch es ging. Er balancierte auf dem Ast, nahm die Säge und zerlegte die Krone in einzelne Stücke, die sauber zwischen den dicken Stromleitungen auf den Boden krachten. Dann kletterte er das Seil hinunter. Alles in Schlips und Kragen. Er sagte kein Wort, sondern stieg in sein Auto und fuhr wieder davon.

Heute denke ich darüber nach, wieso mein Dad damals sagte: „Tu mir das nicht an." Vielleicht wegen der Tatsache, dass ich ihm widersprochen hatte, was er noch nie hatte leiden können. Oder weil ihm klar wurde, dass ich nie als Baumchirurg arbeiten würde, obwohl das auch nie sein Plan gewesen war. Vielleicht hielt er mich für feige. Aber genauso hatte ich zu meinem Dad gesagt: „Bitte, tu mir das nicht an." Du musst mich mein Leben leben lassen. Egal, wie es aussieht und wohin es mich führt. Ich brauche etwas, das mich völlig ausfüllt, das alles aus meinem Kopf verbannt, was mich so umtreibt. Ich habe noch nie am Zehnkampf teilgenommen. Vielleicht bin ich nicht einmal gut darin. Aber ich werde mein Bestes geben.

Viertes Kapitel

Wer bin ich?

Am Morgen nach meinem Olympiasieg stand ich im Queen-Elizabeth-Hotel in Montreal vor dem Spiegel. Abgesehen von der Goldmedaille um meinen Hals war ich nackt. Jetzt, da das alles vorbei war, fragte ich mich: Wer bin ich?

Ich versuchte herauszufinden, ob ich mich jetzt anders fühlte, nach dem Goldgewinn, nach dem Weltrekord, und nachdem man mir einen Fernsehjob bei ABC angeboten hatte.

Der größte Athlet der Welt.

Das kann niemand beantworten, außer den dreizehn anderen Goldmedaillengewinnern früherer Jahre. Jedenfalls fühlte ich mich nicht viel anders. Wenn ich in den Spiegel blickte, sah ich genau das, was ich meistens immer sah – einen Menschen, der zwar hart daran gearbeitet hatte, alles Seltsame in sich auszulöschen, der aber dabei nichts überwunden hatte. Und jetzt war *Das Große Ablenkungsmanöver* vorbei, das Training für die Olympischen Spiele war Geschichte. Aber was kam jetzt? Würde ich etwas anderes finden, das mich beschäftigt, um den Druck abzubauen? Meine Frau Chrystie schlief im Zimmer nebenan. Sie dachte, sie würde mich nach vier Jahren Ehe gut kennen. Aber sie kannte mich überhaupt nicht.

Meine Finger fühlten sich wie Klauen an, meine Schultern und Arme wie verformt und voller knotiger Muskeln. Meine Haare ... ich fand meine Haare schon immer schrecklich, egal, wie lang ich sie wachsen ließ. Dann betrachtete ich meine Augen, trat noch näher an den Spiegel und bohrte meinen Blick hinein. Was sah ich?

Immer noch Bruce Jenner. Nicht den Bruce Jenner, den jetzt die ganze Welt sah, um den sich die ganze Welt riss.

Sondern den Bruce Jenner, um den ich mich nie gerissen hatte.

Natürlich war ich stolz auf meine Leistung. 1972, am Tag der Abschlussfeier der Olympiade in München, hatte ich mit 22 Jahren an zehnter Stelle in der Wertung gelegen, und selbst ich war überrascht gewesen, so weit gekommen zu sein. Und ich hatte mich gefragt: *Was wäre, wenn ich ab sofort jede Minute der nächsten vier Jahre mit Training zubrächte? Wenn ich mich wirklich bis an die äußerste Grenze forderte, um zu sehen, wie gut ich in etwas werden kann?*

Genau das hatte ich dann auch getan. Aber jetzt, da ich gewonnen hatte, war da dieser hässliche Gedanke: Wie toll kann das alles überhaupt sein, wo es doch jemandem wie mir gelingen konnte? Ich bin ein guter Sportler, der sich auch deshalb härter fordert als alle anderen, weil er sich seine Männlichkeit viel mehr beweisen muss. Schön, ich gebe mich ziemlich selbstbewusst, aber deswegen bin ich das noch lange nicht. Und auch, wenn ich eine attraktive Selbstsicherheit ausstrahle, fühle ich mich weder selbstsicher noch attraktiv. Ich sehe immer noch Bruce Jenner.

Beim Blick in den Spiegel dachte ich auch an Chrystie.

Ihr Mädchenname war Crownover. Wir hatten uns gegen Ende unseres Freshman-Jahrs auf dem Graceland-College kennengelernt. Sie war die Tochter eines Pastors und hatte ähnlich wie ich ein behütetes, abgeschirmtes Leben geführt. Außer diesem einen Mal auf dem Rücksitz des Autos meiner Mom hatte ich keine sexuellen Erfahrungen gesammelt. Als wir im folgenden Semester anfingen, miteinander auszugehen, wusste Chrystie nichts von meinem Gender-Problem, und ich hatte auch nicht die Absicht, ihr irgendetwas darüber zu verraten.

Chrystie war klug und bestimmt, so wie auch die anderen beiden Frauen, die ich später heiratete. Sie alle kümmerten sich um mich und nahmen mir alles ab, und ich ließ das zu – nicht, weil es mir das Leben leichter machte, sondern weil meine innere Schwäche über die Jahre einfach immer mehr zunahm. Ich mag keine Auseinandersetzungen, und wenn überhaupt, dann reagiere ich mit weinerlicher Gereiztheit. Nach meinem eigenen Selbstbild hatte ich es nicht verdient, selbst Durchsetzungsvermögen zu haben. Oder stolz sein zu dürfen. All meine Ehen folgten einem bestimmten Muster: Auf eine Zeit des harmonischen gegenseitigen Ergänzens und der Liebe folgte die allmähliche Auflösung aller Bande.

Chrystie und ich hatten uns schnell ineinander verliebt. Wenn wir miteinander geschlafen hatten, war das innig und zärtlich gewesen, zwei junge Menschen, die ihre Körper gemeinsam entdeckten.

Damals hatte ich bereits an die Olympischen Spiele 1972 gedacht, ein Ziel, das alle außer L.D. und Chrystie völlig lächerlich fanden. *Das Große Ablenkungsmanöver* hatte mein Leben beherrscht. Jeden Tag nach dem Unterricht war ich rausgegangen, um von drei bis sechs zu trainieren und nur deswegen aufzuhören, damit ich noch etwas zu Abendessen bekam, bevor die Mensa schloss.

Wir waren zusammengezogen – angesichts der moralischen Werte Gracelands ein unglaublich gewagter Schritt. Erst ein Jahr zuvor hatte das College erstmals eine Tanzveranstaltung genehmigt, die dann so aussah, dass die Mädchen brav auf der einen Seite des Raumes standen, die Jungen auf der anderen, und jeder sich vor dem gefährlichen Bereich dazwischen fürchtete.

Meinen Eltern hatte ich nichts von unserer Beziehung erzählt. Sie ihren Eltern auch nicht. Wir hatten zunächst auch nicht ans Heiraten gedacht, zumal ich einen Sportler kannte, der von seiner Frau unterstützt wurde, damit er Zeit zum Training hatte, und mir erschien es nicht richtig, meine Ehefrau derartig auszunutzen. Chrystie war anderer Meinung gewesen: Wenn Mann und Frau dasselbe Ziel vor Augen hätten, dann sei es egal, wer wen finanziell unterstütze. Und so war Chrystie schließlich Flugbegleiterin bei United Airlines geworden.

Ende Dezember 1972, einige Monate nach den Olympischen Spielen von München, hatten wir dann doch geheiratet. Zwar waren wir erst Anfang zwanzig, aber wir hatten wohl beide dieselbe Einstellung: Wenn man schon in die große, böse Welt hinaus muss, dann ist es viel leichter, wenn man diesen Schritt nicht allein geht. Unsere Hochzeit hatte in der Kapelle des Colleges stattgefunden, wo ich noch an meinem Abschluss arbeitete. Es waren etwa zwanzig Gäste dabei gewesen, darunter unsere Eltern. Dann waren wir nach Des Moines gefahren, wo wir eine Suite im Holiday Inn gebucht hatten, was für uns ein unglaublicher Luxus war. Allerdings war die Suite nicht ganz das gewesen, was wir uns vorgestellt hatten, weil tatsächlich kein Bett darin stand. Also hatten wir uns ein anderes Zimmer geben lassen, und ich hatte Chrystie über die Schwelle getragen. Da war es schon zehn Uhr abends. Gegessen hatten wir noch nichts, aber als wir uns etwas beim Zimmerservice bestellen wollten, hatte der schon zu, und jeder Bringdienst erklärte, es gäbe eine mindestens zweistündige Wartezeit. Also waren wir schließlich für unser intimes Hochzeitsdinner bei McDonald's gelandet. Eigentlich hatten wir eine schicke Hochzeitsreise nach Hawaii geplant, aber dann hatte unser Auto den Geist aufgegeben, und wir hatten fast unser gesamtes Geld in die Reparatur stecken müssen, sodass wir nur noch eine Woche dorthin geflogen waren und mit zweihundert Dollar auskommen mussten.

Ein Jahr später hatte ich Chrystie von meinem Problem mit der Geschlechtsidentifikation erzählt. Nicht freiwillig allerdings: Sie hatte gerade einige Kleidungsstücke in den Schrank geräumt, als ihr aufgefallen war, dass an den Häkchen eines BHs ein Gummiband hing. Als sie mich danach gefragt hatte, tat ich erst einmal so, als hätte ich damit nichts zu tun: „Keine Ahnung, weiß ich nicht."

Das war natürlich wenig überzeugend gewesen. Gummibänder tauchen nicht einfach von selbst an BH-Häkchen auf. Es gab keinen Ausweg.

„Okay, das Gummiband ist da dran, weil ich deine Sachen angezogen habe."

Sie war völlig schockiert gewesen. Sie hatte keinen Mann gekannt, der Frauenkleider trug (ich ja auch nicht), und überhaupt keine Vorstellung von der ganzen Sache (ich ja auch nicht). Aber sie hatte sehr viel Mitgefühl gehabt und Dankbarkeit, weil ich ihr so sehr vertraute, es ihr erzählen zu können. Natürlich war sie auch erleichtert gewesen, dass ich meine Vorliebe für das Crossdressing nie vor ihr ausgelebt hatte und ihr versprach, das auch nie zu tun. Ich hatte alles damit erklärt, dass es eine Phase sei, eine Phantasie, die manche Männer nun einmal hätten, und überhaupt, Männer hatten doch alle irgendwelche Phantasien. Chrystie hatte das einfach als Information hingenommen, und dann war es wieder an der Zeit gewesen, mich in einen echten Mann zu verwandeln.

Wir waren nach San Jose gezogen, damit ich mich voll und ganz der Vorbereitung für die Sommerspiele in Montreal widmen konnte. Acht Stunden Training jeden Tag. Wir hatten uns eine Wohnung genommen, die keine zwanzig Meter vom Sportgelände des San Jose City Colleges lag, also hatte ich nur über den Zaun klettern müssen, um mit dem Training anzufangen. An einem guten Tag schleuderte ich den Diskus vom Balkon unserer kleinen Wohnung im dritten Stock bis zur Feldmitte.

Gemeinsam hatten wir eine echte eheliche Gemeinschaft aufgebaut. Ihre bestimmte Art war der perfekte Ausgleich zu meiner Zurückhaltung gewesen. Sie war zudem die Hauptverdienerin, während ich fanatisch trainierte, und sie fungierte als Puffer und Beschützerin, da ich dazu neigte, zu allem Ja zu sagen. Chrystie war dann oft dazwischen gegangen und hatte Nein gesagt.

Als die Olympischen Spiele in Montreal näherrückten, hatten die Medien begonnen, sich für mich zu interessieren, und auch unsere Partnerschaft unter die Lupe genommen. Hin und wieder waren Storys über uns erschienen, und dann hatte Roone Arledge von ABC zum großen Wurf ausgeholt.

Der Präsident von ABC Sports verwandelte die Olympischen Spiele von einem Spartenereignis in eine Fernsehsensation. Hatten die Rechte an den Winterspielen 1964 noch 597.000 Dollar gekostet, waren für Montreal 25 Millionen fällig. Arledge ließ den Sender 76,5 Stunden über die Spiele berichten. Das war noch nie da gewesen. Er prägte das Muster für die klassische große Geschichte des Athleten, der für den Sieg alle Widerstände überwindet, samt dramatischer Geigenuntermalung, pathetischen Gedichten oder eben Berichten, die beim Sender in die Rubrik „Sportler hautnah" fielen. Für Arledge lagen darin hervorragende Möglichkeiten zum Steigern der Quote, und vor allem Chrystie und mich sah er als die großen Stars seiner Sendung.

Ohne Chrystie wäre ich nie bei den Olympischen Spielen angetreten. Dann stünde ich gar nicht hier vor dem Spiegel, mit der Goldmedaille um den Hals. Aber ich frage mich, ob die Frau, die in mir steckt, jetzt weiterhin ruhig bleiben wird, obwohl *Das Große Ablenkungsmanöver* vorüber ist, oder ob sie sich zeigen will? Und falls das so sein sollte, falls sich meine Probleme mit der Geschlechtsidentifikation noch verstärken, was wird dann aus Chrystie und mir?

Wieder sehe ich in den Spiegel. Die ganze Sache hat etwas Irreales. Bruce hat das getan. Er hat es tatsächlich geschafft. Er hat den amtierenden Weltmeister, Mykola Awilow aus der Sowjetunion, geschlagen. Und das war mehr als nur ein Sieg über Awilow. Damit schlug Amerika auf dem Höhepunkt des Kalten Krieges die Rote Bedrohung der Sowjetunion. Eineinhalb Jahre zuvor, im April 1975, war Südvietnam an die kommunistischen Kräfte gefallen. Die Sowjets waren fest entschlossen, ihren Einflussbereich auf militärischem Wege auszudehnen, wie der Einmarsch in Afghanistan dreieinhalb Jahre später bewies.

Von daher waren die Olympischen Spiele längst viel mehr als ein Wettstreit nationaler Stärke. Noch nie war der Medaillenspiegel so wichtig gewesen; er galt als Barometer, nach dem Länder stark oder schwach eingeschätzt wurden.

Die Sowjets gewannen bei diesen Spielen am Ende 49 Goldmedaillen, die DDR 40 und die USA 34. Diese magere Ausbeute war eine schreckliche Enttäuschung, vor allem in der Leichtathletik, wo die Teams der amerikanischen Damen und Herren jeweils nur eine einzige Goldmedaille holten. Die Tage in Montreal verstrichen, und die einzigen großen Disziplinen, die noch übrig blieben, waren Basketball der Herren und der Zehnkampf. Ich galt als Favorit. Bei der Olympiaqualifikation im Juni in Eugene hatte ich einen neuen Weltrekord aufgestellt. In den letzten drei Jahren hatte ich nur einen Zehnkampf verloren, weil mir langweilig gewesen war, und das war tatsächlich gut, weil mich diese Niederlage wieder richtig motivierte.

Da die Leistungen des US-Teams bisher alle enttäuscht hatten, war es mir zu gefallen, die Ehre meines Landes zu retten. Wir mussten uns nicht nur gegen die Sowjets behaupten. Unser Land stand nach den Enthüllungen von Watergate, dem Rücktritt Richard Nixons und dem Debakel des Vietnamkriegs unter Schock. Unser politisches System hatte uns im Stich gelassen. Unsere einst so heiligen Werte hatten uns nicht geholfen. Wir fühlten uns schwach und verwirrt, ein Land in der Schwebe. Da konnte der Sport helfen – die Kraft, die darin steckte, war riesengroß. Und als ob das nicht schon gereicht hätte, hatte unser Land einige Wochen zuvor sein zweihundertjähriges Bestehen gefeiert. Der Patriotismus befand sich auf seinem Höhepunkt. Helden waren gefragt.

Mir war das alles erst richtig aufgegangen, als ich meinen Mannschaftskollegen Dave Roberts, den überragenden Favoriten im Stabhochsprung, verlieren sah, weil es während des Wettkampfs heftig regnete. Aber was konnte ich dagegen tun? Wie konnte ich das Wetter beeinflussen, wenn in drei Tagen der Zehnkampf begann?

Oh, Chrystie, ich trage die ganzen USA auf meinen Schultern ...

Meine Knie knickten ein. Mein ganzer Körper fühlte sich schwach, wie zerschlagen. Zum ersten Mal fragte ich mich, ob ich dem Druck wirklich würde standhalten können. Schließlich brach ich in Tränen aus, als Chrystie mich in den Arm nahm. Sie versuchte mir Mut zu machen. Dann kamen wir beide zu der Erkenntnis: Wenn es regnet, dann regnet es. Und wenn es schneit, dann schneit es. Und wenn es hagelt, dann hagelt es. Wenn sich unter uns der Boden auftut, dann ist das eben so.

Es gab nichts, was ich daran ändern konnte. Ich musste nur antreten und es durchziehen

Wie immer war die Wartezeit vor dem Start das Schlimmste. Ich kam ins Stadion, wärmte mich ein wenig auf und machte noch ein paar Übungen, bis mir klar wurde, dass mir das alles rein gar nicht mehr helfen würde. Entweder, man hat genug trainiert oder nicht. Entweder man lässt sich von dem Druck befeuern oder geht daran zugrunde.

Zunächst musste ich aber noch die endlosen Kontrollen des Internationalen Olympischen Komitees über mich ergehen lassen – sie checkten die Länge der Stollen, die Sohlendicke meiner Schuhe für den Weitsprung und prüften, ob die Nummer, die ich bekommen hatte, mit der auf der Liste übereinstimmte. Das alles war nicht gerade förderlich für meine Konzentration.

Beim Hundertmeterlauf sah ich mir die erste Gruppe auf einer Überwachungskamera an. Awilow mit seinem Walrossschnurrbart war dabei. Ich hoffte, dass ihn die vielen Haare bremsten. Ich hätte mir das verdammte Ding abrasiert.

Fehlstart.

Fehlstart.

Fehlstart.

Das war gut, sehr gut sogar. Da war jemand nervös.

Der vierte Start war sauber. Awilow, der einen der Fehlstarts verursacht hatte, war langsam und bewegte sich nicht geschmeidig. Nach zehn Metern lag er schon einen Schritt zurück, danach vergrößerte sich der Abstand weiter. Er lief die Strecke in 11,23 Sekunden, beträchtlich schlechter als in München, wo er nur 11 gebraucht hatte. Beim Zehnkampf zählen die persönlichen Bestleistungen, und Awilow hatte seine nicht annähernd erreicht.

Dann kam die zweite Gruppe. Ich benötigte 10,94 Sekunden – die beste Zeit, die ich unter diesen Bedingungen in meinem ganzen Leben gelaufen war, und die mir 70 Punkte mehr einbrachte als Awilow.

Ich hatte ihn. Das wusste ich jetzt schon, obwohl noch neun Wettkämpfe vor uns lagen. Seine Konzentration war gestört. Meine hingegen summte wie ein straff gespannter Draht. In diesem Augenblick war mir klar, dass ich gewinnen würde. Ein wilder, herrlicher Schwung erfasste mich, der goldene Moment der Allmacht, in dem man als Sportler glaubt, man könnte vor dem Abendessen noch mal schnell zum Mond laufen und dabei noch einen kleinen Abstecher über die Sonne machen.

Ich blicke in den Spiegel und denke daran, was geschah, nachdem ich tatsächlich gewonnen hatte. Ein Besucher rannte von der Tribüne aufs Feld und reichte mir eine kleine amerikanische Flagge. Die Geste überraschte mich. Ich hatte eine Ehrenrunde drehen wollen, und nun hatte ich meine Nationalflagge in der Hand. Natürlich konnte ich sie nicht einfach jemand anderem reichen oder sie ablegen, das wäre sehr respektlos gewesen, also lief ich einfach los. Ich war der erste amerikanische Olympiasieger in der Geschichte, der mit einer Flagge die große Runde drehte. Aber dieses Bild, ungeplant und ein winziger Fleck auf der Leinwand meines Lebens, ist heute das, was den Leuten einfällt, wenn sie an mich denken. Die Flagge verwandelte mich in eine Figur, die über mich selbst weit hinausreichte, und der Patriotismus und der Stolz, den ich fühlte, als ich um die Bahn herumrannte, wurden zu dem Patriotismus und Stolz, den alle Amerikaner empfinden konnten. Wir hatten gerade alle gewonnen.

Ich blickte in den Spiegel, und ich sah noch immer die Tränen in den Augen meiner Eltern, nachdem ich sie auf der Tribüne entdeckt hatte und zu ihnen gelaufen war. Aber da war noch etwas anderes als nur reine Freude in den Augen meiner Mom gewesen, die im Gegensatz zu meinem Vater, der sich manchmal verstellte, immer offen und ehrlich war: keine Euphorie, sondern eine winzige Sekunde Angst.

Angst, dass mich der Ruhm verändert, egal, wie sehr ich mich dagegen sperrte. Angst, dass ich süchtig nach Ruhm werden könnte, egal, wie sehr ich das zu verhindern suchte. Angst, dass meine ohnehin schon sehr eingeschränkten Fähigkeiten, emotionale Kontakte zu knüpfen und auf andere zuzugehen, ganz verschwinden würden, wenn die Öffentlichkeit mich vereinnahmte. Angst, dass ich trotz allem Widerstreben nicht mehr ohne diese Aufmerksamkeit existieren könnte.

Vielleicht bildete ich mir das ein. Aber vielleicht auch nicht, wenn ich mir in Erinnerung rufe, was meine Mutter viele Jahre später sagte:

> Als er sich endlich entschieden hatte, nach Graceland zu gehen, stellte ich mir vor, er würde vielleicht einmal Trainer werden an einem College, wahrscheinlich für Leichtathletik. Und wissen Sie was, manchmal wünsche ich mir, es wäre auch so gekommen.
> Ruhm und Reichtum reißen eine Familie auseinander. Manchmal denke ich, wenn er in Montreal Zweiter geworden wäre, dann wüsste niemand mehr seinen Namen. Und wäre es nicht herrlich, wenn er ein viel normaleres Leben hätte führen können, wenn er geheiratet und seine Kinder und eine viel engere Beziehung hätte haben können?
> Wenn unsere Kinder erwachsen werden, dann wünschen wir ihnen Ruhm und Reichtum und Erfolg, und meistens denken wir dabei zuerst an das Finanzielle, weil wir meinen, dass Geld glücklich macht. Aber heute sage ich mir: Man sollte vorsichtig sein mit dem, was man sich wünscht, sonst bekommt man es vielleicht.

Aber darüber dachte ich nicht nach, als ich mit der Medaille um den Hals vor dem Spiegel stand. All das lag erst noch vor mir.

Ich wusste nur eins – ich war nackt und stand kurz davor, zum amerikanischen Nationalhelden zu werden.

14. Oktober 2015

Eine Schachtel mit falschen Brüsten

Ich telefoniere mit meiner Stieftochter Kim. Sie erkundigt sich, was ich so mache, und ich erzähle ihr, dass ich gleich den begehbaren Schrank im Erdgeschoss meines Hauses in Malibu durchforsten will, um all die Sachen rauszuwerfen, die Bruce früher getragen hat. Daraufhin schlägt sie mir vor, zu warten, sie käme gleich vorbei. Weshalb, das weiß ich nicht genau, aber bestimmt nicht, weil sie noch etwas zum Anziehen braucht.

Etwas später ist sie da. Sie möchte ein paar Sachen für sich und ihre Schwestern aufbewahren, zur Erinnerung daran, wer ich einmal war – ein bisschen klingt das so, als hätten wir einen Todesfall in der Familie. Bei den Stücken, die sie auswählt, handelt es sich größtenteils um Alltagskleidung und ein paar der Anzüge, die ich bei meinen Vorträgen getragen habe. Als ihr Vater Robert starb, hat sie auch ein paar Tüten mit seiner Kleidung mitgenommen, um sich besser an ihn erinnern zu können.

Ich habe keine Ahnung, was sie letztlich damit machen wird, ob der ganze Kram nicht in irgendeiner Ecke verschwindet. Wahrscheinlich vergisst sie ihn irgendwann, wie das mit solchen Erinnerungsstücken immer so ist.

Tatsächlich fällt es mir schwerer als erwartet, mich von meiner Kleidung zu trennen. Eigentlich hatte ich gedacht, es würde toll oder aufregend sein: *Großartig, endlich kann ich den ganzen Kram wegschmeißen, den Bruce immer angezogen hat, weil ich ihn nicht mehr brauche!* Aber stattdessen fühlt es sich an wie ein Verlust. Vielleicht gab es ja wirklich einen Todesfall in der Familie.

Es ist interessant zu sehen, wie gut Journalisten und Transgender-Spezialisten darüber Bescheid wissen, wie es in mir aussieht, und das auch ihren Lesern in epischer Breite mitteilen, ohne je mit mir gesprochen zu haben. Gleich nach meiner Transition schrieb Meredith Ramirez Talusan auf Fusion.net, Bruce sei ein sogenannter „dead name", ein abgelegter oder „toter" Name, der nie wieder verwendet werden sollte. „Das ist eine Frage der Höflichkeit", schrieb Talusan. „Jenner hat nicht nur ganz klar ihr wahres Geschlecht offenbart, sondern sich auch von einer männlichen Identität verabschiedet, mit der sie schon in früher Jugend keine Übereinstimmung fühlte. Wenn sie ihr Leben in ihrer männlichen Rolle als Lüge betrachtet, dann ist ihr früherer Name, der ja für dieses Leben steht, ebenfalls eine Lüge."

Bruce war keine Lüge. Bruce hat existiert. Gelogen oder zumindest vertuscht habe ich vielmehr Caitlyns Existenz. Talusan regte an, die Schlagzeile hätte eigentlich lauten müssen: „Transgender-Olympiasiegerin gibt ihren Namen bekannt: Sie heißt Caitlyn". Das ist nicht nur eine ziemlich plakative Aussage, sondern auch eine, die nicht stimmt, denn ich war nicht transgender, als ich meine Medaille gewann, sondern Bruce Jenner. Wäre ich eine Transfrau gewesen, hätte man mir die Auszeichnung sofort aberkannt, weil ich als Frau unberechtigterweise in einem Wettkampf der Männer angetreten wäre.

Bei den Olympischen Spielen hat Bruce gesiegt. Bevor ich mein Geschlecht wechselte, habe ich als Mann gelebt. Ich hatte als Bruce ein Leben, und je mehr ich mich in Caitlyn zu Hause fühle, desto mehr kann ich Bruce als wertvollen Teil dieses Lebens annehmen. Natürlich möchte ich heute nicht mehr Bruce genannt werden, aber ich werde ihn ganz sicher nicht begraben und ihn auf den Haufen mit den „toten" Namen werfen. Man kann seine Vergangenheit, seine Überzeugungen, seine Interessen nicht einfach auslöschen. Das Leben, das man als Vater und Ehemann geführt hat, das, was man erreicht, und das, woran man gescheitert ist, schiebt man nicht mit einem Mausklick in den Papierkorb.

Als ich meine neue Geburtsurkunde vom Staat New York bekam, in der stand, dass ich weiblich bin und mein Name Caitlyn Marie Jenner lautet, habe ich geweint. Es waren Freudentränen darüber, endlich das richtige Geschlecht auf einem so wichtigen Dokument zu sehen. Aber es waren auch echte Tränen dabei, die Bruce betrauerten, der mit dieser Geburtsurkunde endgültig verschwunden war.

Nach dem Interview mit Diane Sawyer auf ABC und der Titelstory in *Vanity Fair* bekam ich einen Brief von einer Transfrau namens Jody aus Los Angeles. Sie lebt seit fünfzehn Jahren als Frau. Von Jody hörte ich die vielleicht lehrreichste Geschichte, die mir je ein Transmann oder eine Transfrau erzählt hat. Als wir über das Thema Gender sprachen, erzählte Jody davon, wie sie sich drei oder vier Jahre nach ihrer Transition abends schlafen legte und dabei etwas enorm Großes geschah – gerade, weil es eine Nacht wie jede andere war. Ihr wurde plötzlich bewusst, dass ein ganzer Tag vergangen war, ohne dass sie auch nur einmal an die Geschlechterfrage gedacht hatte.

An diesem Punkt bin ich noch lange nicht. Jetzt will ich zwar auch nicht den Eindruck erwecken, als ob ich mich dauernd fragte, *bin ich das wirklich?* Aber ich denke noch darüber nach. Zwar stehe ich inzwischen ganz klar auf der weiblichen Seite. Aber ich bin keine Frau. Und das werde ich auch nie sein.

Ich bin eine Transfrau. Das ist ein Unterschied.

Ich habe nie meine Tage gehabt und ich war auch nie in den Wechseljahren. Es ist klar, dass ich keine Kinder gebären kann. Der noch immer herrschende Sexismus hat mich beruflich nie behindert.

Ist mein Geschlecht weiblich? Ja. War das immer so? Ja. Ich gehe aufs Damenklo, weil ich eine Frau bin. Ich habe das Geschlecht auf meiner Geburtsurkunde ändern lassen, weil ich eine Frau bin. Aber es ist eine andere Art des Frauseins. Das wird sich auch nie ändern. Für mich geht das in Ordnung. Es macht Caitlyn nicht kleiner.

Ich bin froh, als Kim mit einigen Tüten voller Kleidung davonfährt. Ich brauche Platz im Kleiderschrank. Die besten Sachen, die Sportkleidung, die ich in meiner Zeit als Bruce trug, habe ich behalten.

Ich habe Kim nie von der Schublade mit den falschen Brüsten und Hüftpolstern erzählt. Sie sind im Schlafzimmerschrank, wo jetzt auch Caitlyns Kleider hängen. Heute brauche ich sie nicht mehr, deswegen weiß ich eigentlich gar nicht, warum ich sie überhaupt behalten habe. Aber dann wird mir klar: Sie symbolisieren den Kampf, den ich ausfocht, als ich noch Bruce war, und sie gehören außerdem zu meinem Lebensweg. Ich kann sie nicht ignorieren. Das will ich auch gar nicht.

Schließlich verpacke ich sie in einer Schachtel. Und ich weiß auch schon, wo ich die aufbewahren werde: In der Garage, gleich neben dem Akkordeon.

Mein Dad, Bill Jenner, als Soldat bei den Army Rangers 1944. Er kämpfte bei der Landung der Alliierten in der Normandie und war der härteste Kerl, der mir je begegnet ist. Ihm machte nichts Angst.
(Originalfoto mit freundlicher Genehmigung der Familie Jenner)

Auch mit zwei Jahren hatte ich schon schöne Beine. In den 1950er Jahren, als ich aufwuchs, erlebte Amerika einen enormen Wirtschaftsboom. Aber es war keine besonders tolerante Zeit.
(Originalfoto mit freundlicher Genehmigung der Familie Jenner)

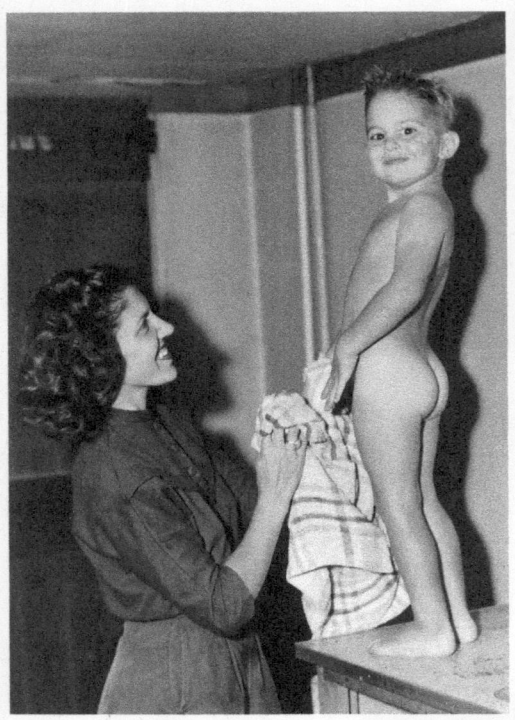

Als Dreijähriger zusammen mit meiner Mutter, die mich seit meiner Transition so wundervoll unterstützt hat. Wie man sieht, war ich noch nie camerascheu.
(Originalfoto mit freundlicher Genehmigung der Familie Jenner)

Mit meiner älteren Schwester Pam, 1954. Schon in unserer Kindheit habe ich sie bewundert und beneidet und wollte sein wie sie. Ihr Kleiderschrank übte eine magische Anziehungskraft auf mich aus, ebenso wie der meiner Mom, aber ich wusste damals nicht, warum.
(Originalfoto mit freundlicher Genehmigung der Familie Jenner)

Mit 15 vor dem Auto meines Vaters, einem Austin-Healey Sprite von 1960, der wegen seiner Scheinwerfer auch „Glubschauge" genannt wurde. Dieses Auto liebte ich so sehr, dass ich mir das Modell später selbst zulegte, nachdem ich zu Caitlyn geworden war.
(Originalfoto mit freundlicher Genehmigung der Familie Jenner)

Mit 16 wusste ich, welchen Status man als Sportskanone an der High School einnimmt. Im Wettkampf fand ich ein Ventil für die inneren Konflikte, die mir als Kind zu schaffen machten – ich überwand meine Minderwertigkeitskomplexe mit kämpferischer Überlegenheit.
(Originalfoto mit freundlicher Genehmigung der Familie Jenner)

Auf dem Siegertreppchen beim NAIA-Leichtathletik-Wettbewerb 1971, zwei Jahre nach meiner Knieoperation. Mein Trainer an der Graceland University, L. D. Weldon, sagte mir immer, ich sollte „einfach drauflos gehen", im Wettkampf wie im Leben, und das wurde in vieler Hinsicht mein Mantra.
(Originalfoto mit freundlicher Genehmigung der Familie Jenner)

Stabhochsprung bei den Olympischen Spielen 1976 – stets meine liebste Disziplin. Das Gefühl von Freiheit und die einsame Aufwärtsspirale beim Sprung waren einfach herrlich.
(Foto: Heinz Kluetmeier/Getty Images)

Direkt nach meinem Sieg im Zehnkampf. Es war ein großer Augenblick für mich, für meine Familie und mein Land. Aber gleichzeitig wusste ich, dass sich mein Leben für immer ändern würde. Das Große Ablenkungsmanöver war vorbei, und ich wurde über Nacht zum archetypischen amerikanischen Athleten.
(Foto: Ed Lacey/Popperfoto/ Getty Images)

Mit Chrystie, nach dem Sieg. Ohne sie hätte ich es gar nicht bis zu den Olympischen Spielen geschafft. Wir wurden schnell zum „goldenen Traumpaar".
(Foto: Neil Leifer/Getty Images)

Mit der Goldmedaille um den Hals. Am Morgen nach dem Wettkampf stand ich vorm Spiegel und fragte mich: „Jetzt, da alles vorbei ist, wer bin ich?"
(Foto: Bettmann/ Getty Images)

Das Schulabschlussfoto meines Bruders Burt. Eigentlich sollte er kurz danach zu mir und Chrystie nach Kalifornien ziehen. Wir lernten uns gerade erst richtig kennen.
(Originalfoto mit freundlicher Genehmigung der Familie Jenner)

Bei einer Fotosession in meinem Haus in Malibu mit meiner Hündin Bertha, 1980. Nachdem ich durch den Olympiasieg ein Medienstar geworden war, gab es Hunderte solcher Sessions.
(Foto: John G. Zimmerman/Getty Images)

Mit Linda bei der Filmpremiere von *Can't Stop The Music* – ganz am Anfang unserer Beziehung, bevor unsere beiden Kinder geboren wurden oder ich ihr von meiner Genderdysphorie erzählt hatte.
(Foto: Images Press/Getty Images)

1981 am Set der Fernsehserie *CHiPS* mit Erik Estrada (links) und Larry Wilcox (rechts). In sechs Folgen spielte ich Officer Steve McLeish. Mein Ausflug ins Schauspielfach führte allerdings zu nichts. Heute frage ich mich, ob mein Karriereknick die Probleme mit meiner Genderidentität wieder aufflackern ließ, oder ob es gerade diese Probleme waren, die zu meinem Karriereknick führten.
(Foto: NBC/NBCU Photo Bank via Getty Images)

1981 bei einem Sketch mit Bob Hope und Merlin Olsen als „The Melody Maids" in Bobs Comedy-Show. Zwar war der Auftritt in Frauenkleidern als Gag gedacht, aber für mich war er ein Geschenk des Himmels. Ich gab mir alle Mühe, nicht zu deutlich zu zeigen, wie wohl ich mich fühlte, sondern gab mich cool. Der Sketch an sich war schnell vergessen, aber ich nahm mir ein Paar hochhackige Schuhe mit, die zur Abwechslung sogar richtig passten.
(Foto: NBC/NBCU Photo Bank via Getty Images)

Fünftes Kapitel

Der Goldjunge

Es dauerte keinen Tag, da klapperten die Schreibmaschinen der Sportjournalisten schon um die Wette. Sie waren wie besessen auf der Jagd nach einer guten Olympia-Geschichte. Sie brauchten ein Happy End. Amerika brauchte ein Happy End. Die Aura männlicher Unbesiegbarkeit, die sie mir zuschrieben, trieb schon enorme Blüten: Ich sei ein Athlet, wie es ihn nur alle tausend Jahre einmal gebe. Das behaupteten sie zumindest.

Bruce Jenner sollte sich als nächstes einen gepanzerten Geldtransporter mieten. Prinz Eisenherz mit Muskeln … Stellt euch nur mal vor. Ein Film. Unser Held sieht unvergleichlich gut aus. Er ist verheiratet mit einer wunderschönen Blondine, die ein gelbes T-Shirt mit dem Slogan „Go Jenner Go" trägt. Unser Held gewinnt den Zehnkampf, jene Disziplin, die seit den Tagen Jim Thorpes als Maß des weltgrößten Athleten gilt.
   David Kindrad,
   The Courier-Journal of Louisville

Bruce Jenner, der Goldjunge aus San José, Kalifornien.
   Robert Facet, *Washington Post*

Bruce Jenner aus San José, Kalifornien, möchte Film- oder Fernsehstar sein. Nach seinem Rekordsieg heute beim olympischen Zehnkampf kann er vermutlich alles werden, was er will.
   Frank Litsky, *New York Times*

Attraktiv wie ein Hollywood-Star.
Associated Press

Bruce Jenner sagt stets im richtigen Augenblick das Richtige, ganz egal, an welcher Stelle ... es ist alles Bruce Jenner, was glänzt.
Phil Hersh, *Chicago Daily News*

Ein Paar, das Amerika nie vergessen darf ...
Kenneth Denlinger, *Washington Post*

Jenner wirbelt die Nation herum wie eine Stafette – er und seine Frau Chrystie stehen so hoch auf dem Podest amerikanischer Helden, dass es einen Kran bräuchte, um sie da herunterzuholen.
Tony Kornheiser, *New York Times*

Nur eine Sache erwähnte niemand: Dass es da diese Frau gab, die in mir lebte. Das, was ich beim Anziehen sah, gefiel mir überhaupt nicht – breite Arme, lange, aber viel zu muskulöse Beine, und keine Kleidung, die mir wirklich passte. Für den Zehnkampf mag das ja alles gut und schön sein, nur nicht, wenn man abends in der Stadt ausgehen will. Aber meine körperliche Erscheinung irgendwie zu verändern, kam überhaupt nicht in Frage. Die Sportjournalisten hätten das nie akzeptiert. Und Amerika auch nicht.

Also spielte ich weiter Bruce, auf dem noch nie so große Erwartungen lasteten wie jetzt. Das war einerseits gut, weil es mich beschäftigte. Andererseits war es wieder nur eine Ablenkung, keine Lösung.

Ansonsten haben die Schreiberlinge es genau auf den Punkt gebracht.

An dem ganzen Medienrummel war ich natürlich auch nicht ganz unschuldig. Ich wusste, dass ich fotogen, telegen und attraktiv war, genau wie meine Frau. Unsere Partnerschaft war eine wahre Geschichte, und die Medien waren voll und ganz darauf eingestiegen. Wir spielten mit, obwohl wir allmählich erste Probleme miteinander hatten. Dennoch gaben wir zusammen Interviews, erschienen Seite an Seite zu Terminen und präsentierten uns als das ultimative, adrette, nette Paar von nebenan.

Schon bald kursierte in den Medien die Vermutung, ich hätte im Voraus geplant, wie ich meinen Sieg bei den Olympischen Spielen am besten ausnutzen könnte, falls es denn wirklich dazu käme. Hatte ich mir dadurch neue Chancen erhofft? Natürlich. Wobei man nicht vergessen sollte, dass Sportler damals überwiegend Amateure waren und es noch keine großen finanziellen Sponsorendeals gab. Aber ich hatte mir überhaupt keine Gedanken darüber gemacht, welche Türen eventuell für mich aufgehen könnten. Mein einziges Ziel war der Sieg gewesen. Bei Chrystie war es genauso. Wenn ich nach den Spielen keinen einzigen Werbevertrag bekommen hätte, wäre das für mich auch völlig in Ordnung gewesen.

Aber jetzt ergaben sich tatsächlich neue Möglichkeiten. Manche Vorschläge waren mehr als albern – der Lebensmittelkonzern General Mills wollte beispielsweise, dass ich für eine billige Werbeaktion aus einem Riesenpaket Frühstücksflocken sprang. Aber ich hatte ein intuitives Verständnis für das Medienspiel, das Promispiel und das Werbespiel und kannte die Regeln. Schließlich war mir nur zu gut in Erinnerung, wie es für Mark Spitz gelaufen war, den Schwimmer, der 1972 sieben Goldmedaillen für die USA geholt und bei jedem Wettkampf einen neuen Weltrekord aufgestellt hatte. Man hatte gehofft, dass Spitz der erste amerikanische Olympionike sein würde, der es dank seiner Leistung zu echtem Reichtum brächte. Berechnungen zufolge hätte Spitz fünf Millionen Dollar für Werbeverträge kassieren können, und alle Welt redete schon von seiner großen Filmkarriere in Hollywood. Aber er hatte einfach nicht die richtige Persönlichkeit dafür. Zwei Monate nach den Spielen blamierte er sich fürchterlich bei einem Sketch in einer Show von Bob Hope und bewies der Filmindustrie damit eindrücklich, dass er nicht nur kein Talent zum Schauspielern hatte, sondern auch keinen Spaß an der Arbeit vor der Kamera.

Zudem hatte er es sich schnell mit den Unternehmen verdorben, für die er Werbung machte. Der Schattentanz mit den Medien und den Sponsoren, bei dem man sich immer wieder demütig und endlos dankbar zeigen muss, hatte ihm nie gelegen. Ich habe ihn einmal sagen hören, er hätte sich fünfzehn Jahre lang auf seine Leistung als Schwimmer vorbereitet, aber wenn er irgendwo eine Rede halten sollte, hätten ihm fünfzehn Minuten gereicht. Er schien für dieses Leben einfach nicht gemacht.

Ich versuchte, nicht dieselben Fehler zu machen wie er. Obwohl ich noch nie wirklich vor einer Kamera gestanden hatte, war ich mir doch ziemlich sicher, dass ein guter Schauspieler in mir steckte. Wenn es mir gelungen war, mein wahres Ich vor der ganzen Welt zu verbergen, dann konnte es doch wohl nicht so schwer sein, in Film oder Fernsehen eine andere Rolle zu spielen? Zumindest wusste ich, dass ich keine Probleme hatte, mich als Frau anzuziehen.

Das stellte ich unter Beweis, als ich nach den Spielen in der Show von Bob Hope auftrat. Bob, der Footballer und Schauspieler Merlin Olsen und ich spielten die „Melody Maids", und der Witz war natürlich, dass wir alle in Frauenkleidern auftraten. Was für mich kein Witz war, sondern ein Geschenk der Götter. Vorsichtig achtete ich darauf, nicht zu begeistert zu erscheinen, und machte auf cool. Markige Kerle, die sich als Frauen verkleiden, bäh.

Bob sah von uns dreien am besten aus. Merlin wirkte schon wegen seines Barts nicht besonders überzeugend. Unsere Perücken und Kleider waren absichtlich überzogen. Aber die roten Pumps standen mir nicht nur ausgezeichnet, wie ich fand, sie passten sogar, und deswegen steckte ich sie nach der Sendung heimlich ein.

Vierzig Jahre später bin ich bereit, sie zurückzugeben.

Es ist ein unglaubliches Hochgefühl, die Welt körperlich zu erobern. Ich fühle mich wie der Gladiator in der Arena, der als letzter noch aufrecht steht. Aber ohne die Olympischen Spiele klein reden zu wollen: Sie haben mich nur körperlich stark gemacht, nicht emotional. Und deswegen habe ich jetzt auch überhaupt nicht das Gefühl, die Dinge im Griff zu haben oder zu wissen, wo mein Platz im Leben ist. Ich fühle mich noch immer schwach und unwürdig.

Aber mach einfach mit, kleiner Brucie. Tu, was man dir sagt. Spiele mit in dem großen Spiel. Du warst doch schon immer gut bei den Spielen. Also streng dich an, kleiner Brucie. Streng dich an. Ach, und sag bitte dieser Frau in dir, sie soll die Klappe halten.

Nach Montreal war ich ein gern gesehener Gast in allen möglichen Talkshows, oft gemeinsam mit Chrystie. Zum Beispiel in *Good Morning America* mit dem Moderator David Hartman und Billy Carter als weiterem Gast. Oder in der *Tonight Show with Johnny Carson* neben den Gästen John Davidson (ja, ich erinnere mich), Madlyn Rhue (keine Ahnung) und Steven Landesberg (ach ja, der war in der Sitcom *Barney Miller*, oder?). Dann folgten ein einwöchiges Engagement bei der *Michael Douglas Show* mit Chrystie als Co-Moderatorin und ein Auftritt bei *Dinah!* im Nachmittagsprogramm, während auf anderen Kanälen eine Wiederholung von *Marcus Welby*, *The Edge Of Night* und die *Bugs Bunny Show* liefen.

Der renommierte Fotograf Francesco Scavullo machte Porträtaufnahmen von mir für ein Buch, und ich zeigte spontan einen Handstand. In New York wurde ich auf der Straße von Autogrammjägern umlagert, und an jedem größeren amerikanischen Flughafen umgab mich das ehrfürchtige Raunen: „Bruce Jenner!" Ich redete mit jedem. Aber der Small Talk wurde immer kleiner und kleiner, und Chrystie und ich fragten uns, wie viel die Erschöpfung, die dieser Belagerungszustand verursachte, noch von uns übrig lassen würde.

Mein Manager George Wallach gönnte mir kaum eine Ruhepause. Vor der Presse erklärte er, ich hätte das Filmpotenzial eines Robert Redford, und mein Empfang in New York sei ähnlich gewesen wie nach Charles Lindberghs historischem Flug über den Atlantik. Ein paar Werbeangebote, die gleich nach den Spielen eintrudelten, lehnte ich ab, ebenso wie einige andere Geschäfte. Ich wollte, dass mich diese Welle langfristig trug, und deswegen wollte ich auf keinen Fall geldgierig wirken. Aber durch Georges Großmäuligkeit bestand das Risiko, dass die Leute mich bald ebenso schnell satt haben würden wie Spitz. Ich musste es langsam angehen lassen.

Allerdings war es gar nicht so einfach, einen klaren Kopf zu behalten, wenn schon kurz nach den Spielen die Filmproduzenten von *Superman* anklopften und mich für die Hauptrolle vorsprechen lassen wollten. Das war jetzt allerdings schon eine ziemlich große Nummer – um nicht zu sagen, es war völlig absurd. Ich hatte noch nie einen Vorsprechtermin gehabt. Aber ich reagierte ganz geschäftsmäßig: „Mit der Rolle kann ich mich schon identifizieren, aber ich muss natürlich erst einmal das Drehbuch sehen." Schließlich liebe ich neue Herausforderungen, und ich hoffe wirklich, eines Tages Schauspieler zu werden. Also flogen Chrystie und ich nach Rom. Als erstes sollte ich eine Kampfszene mit einem Double spielen, das den Schurken Lex Luthor mimt. Dann bekam ich einige Zeilen des Dialogs. Abschließend hieß es, ich sei „super" gewesen, und ich hatte das Gefühl, dass das auch ehrlich gemeint war.

Allerdings gab es schon von Anfang an ein Problem.

Die Produzenten wollten, dass ich mir für die Rolle die Haare schnitt, und dazu war ich nicht bereit. Meine halblangen Haare zählten zu dem wenigen an mir, das mich meine Weiblichkeit zumindest ein bisschen wahrnehmen ließ. Diese Tentakel gaben mir Kraft, weil sie ein kleines Stück meines eigentlichen Ichs repräsentierten.

Ungefähr ein Jahr lang hörte ich nichts mehr von den Produzenten, dann erfuhr ich, dass Christopher Reeve die Rolle bekommen hatte – wobei es mir zu diesem Zeitpunkt ziemlich egal war, ob ich in dem Film mitspielte oder nicht. Mir war ohnehin ziemlich viel egal. Genau das kennzeichnete mein Leben nach Montreal.

Ich lebte einen Traum, und manchmal fühlte es sich auch so an. Zumindest bot es genug Ablenkung, um mein Gender-Problem weiter zu unterdrücken. Mir fehlte *Das Große Ablenkungsmanöver* sehr – dieses Gefühl, morgens aufzuwachen und sofort zu wissen, was man an diesem Tag tun wird. Noch hatte ich aber keine Ahnung, womit ich es ersetzen konnte, obwohl ich schon oft darüber nachgedacht hatte.

Ich hatte von Anfang an nach Montreal mit dem Sport aufhören wollen. Deswegen hatte ich auch meinen Hochsprungstab demonstrativ im Stadion zurückgelassen. Es ist immer besser, eine Sportlerkarriere auf dem Höhepunkt zu beenden, als wenn man später ausgemustert wird und jedem anderen klar ist, dass man es nicht mehr bringt, nur einem selbst nicht. Ich wollte den Zeitpunkt, an dem meine Karriere vorbei ist, lieber selbst bestimmen und darauf vorbereitet sein. Wie verzweifelt die Betroffenen oft waren, wenn es anders lief, hatte ich viel zu oft hautnah mitbekommen. Der Gedanke, etwas anderes machen zu müssen, löst dann oft echte Panik aus. Schließlich ist man für einen großen Teil seines Lebens so von allen abgeschirmt und verwöhnt worden, dass man gar nicht mehr weiß, wie man das alles allein auf die Reihe bekommen soll. Davon abgesehen ist ein Leichtathlet abseits der Olympischen Spiele nirgendwo besonders gefragt. Er ist auf Wettkämpfe spezialisiert, die zwei Tage dauern, es gibt zehn Disziplinen, und jeder, der behauptet, dass er wüsste, wie die Punkte berechnet werden, lügt. Ich wollte deshalb versuchen, meine sportlichen Erfolge als Sprungbrett zu verwenden, aber nicht ausschließlich vom Sport abhängig sein.

Im Oktober 1976 unterschrieb ich einen Vertrag bei ABC, wo ich mich schnell zu einer Art Allround-Dilettant entwickelte. Es machte mir Spaß, etwas über das Fernsehen und Live-Berichte zu lernen. Aber trotzdem ging ich nicht ganz und gar darin auf. Beim Fernsehen geht es ja auch nicht darum, dass sich einer als der Beste erweist. Ich hatte meinen enormen Ehrgeiz verloren – ziemlich erstaunlich für jemanden, der einmal richtig für den Wettkampf gebrannt hatte.

So sehr ich *Das Große Ablenkungsmanöver* auch geliebt hatte, inzwischen war mir klar geworden, dass es gefährlich sein kann, so besessen von Wettbewerben und Siegen zu sein. Es behindert die Entwicklung der Persönlichkeit. Schließlich ist man nur deswegen auf der Welt, um zu trainieren, Punkte zu holen und zu gewinnen. Das war jedenfalls alles gewesen, was für mich zählte, als ich mich auf den Zehnkampf in Montreal vorbereitet hatte, und ich wusste, dass es für Chrystie und meine Eltern enorm frustrierend war. Selbst wenn ich mit ihnen zusammen gesessen hatte, war ich doch nie ganz bei ihnen gewesen, sondern im Geiste damit beschäftigt, schneller zu laufen, höher zu springen und weiter zu werfen. Diese einseitige Konzentration war zwar auf gewisse Weise großartig gewesen, aber ich wollte nicht mehr so sein, ich wollte endlich wieder richtig leben. Andererseits musste ich mich wieder so verbissen auf etwas stürzen, um mein Gender-Problem unter Kontrolle zu halten. Ein komplizierter Widerspruch in sich.

Von Anfang an war mir klar, dass ich für die Arbeit beim Fernsehen eine große Einschränkung mitbrächte. Der alte Dämon Legasthenie lauerte noch immer darauf, mich zu erniedrigen, und ständig wiederholte sich die Vergangenheit. ABC überlegte, mich dauerhaft neben Frank Gifford als Co-Moderator bei *Wide World Of Sports* einzusetzen und wollte eine Testsendung drehen; Gifford sollte in Los Angeles und ich in New York vor der Kamera stehen. Schon beim Probelauf wurde klar, dass ich mit dem Teleprompter nicht zurechtkam, weil ich so langsam las. Die Worte liefen viel zu schnell über den Monitor, ich kam da nicht mit.

Aber ich versuchte, diese Hürde anderweitig zu überwinden, lernte das Skript auswendig und machte gute Fortschritte. Trotzdem wurde ich von Anfang an ausgegrenzt.

Meine erste Verpflichtung war die Sendung *Battle Of The Network Stars*, in der ich als Reporter auf dem Feld Kommentare abgab und die Sportler fragte, wie sie sich fühlten, wenn sie vom Staffellauf, Schwimmen, Sprint und Tauziehen kamen oder gerade mit viel Akkuratesse einen

Golfball im Loch versenkt hatten. Die Sendung wurde erstmals am 13. November 1976 ausgestrahlt. Sie war ein bisschen schräg, aber auf ihre eigene Art auch großartig – am Anfang steht ein berühmter Olympionike zwischen animiertem Feuerwerk vor der Kamera, und dann fahren die Gäste in Limousinen vor. Es gab keinen Teleprompter, und das war schon mal gut. Wenn man bedenkt, dass ich ein völliger Neuling war, schlug ich mich ganz passabel. Die Leute mochten meine freundliche, natürliche Art. Ich war mit mir zufrieden, und wie immer, wenn das der Fall ist, fühlte ich mich so mit mir im Einklang wie nur möglich.

Dieser wonnevolle Zustand dauerte nach der Ausstrahlung der ersten Sendung ganze siebzehn Tage.

Mein Bruder Burt und ich waren uns nie besonders nah gewesen. Das lag natürlich ein wenig daran, dass er acht Jahre jünger war als ich. Außerdem hatte er das Pech, dass er bei allem, was er tat, an mir gemessen wurde, obwohl er selbst ein sehr guter Sportler war. Aber die ständigen Vergleiche im Football und Basketball und in der Leichtathletik gingen ihm ziemlich auf die Nerven. Meine Mutter erinnert sich am besten daran:

> Für Burt war es sehr schwer. Meiner Meinung nach lag das an diesen verdammten Lehrern und Trainern, und dass Burt so viel jünger war als Bruce, der schon in der High School ein Star war, als Burt erst mit dem Sport anfing. Wenn die Trainer Burt in der Schule begegneten, sagten sie zum Beispiel: „Hey, kleiner Jenner, wir warten schon auf dich!" Da wurde schon verdammt viel Druck auf so einen kleinen Kerl ausgeübt, noch bevor er überhaupt richtig mit dem Training begonnen hatte.
>
> Er war ein sehr guter Sportler, aber er wollte in keiner Sportart antreten, in der Bruce sich etabliert hatte. Auf diesen Wettbewerb wollte er sich nicht einlassen. Er war beim internen College-Sport der schnellste Läufer, wollte aber kein Leichtathlet werden. Die Trainer haben ihn sehr bedrängt, aber er gab nicht nach. Er war genauso gebaut wie Bruce. Ich würde sogar sagen, er sah noch besser aus.

Burt zog sich darauf zurück, alles anders zu machen als ich. Ich hatte Football gespielt, er entschied sich für Fußball. Ich fuhr Wasserski, er lief richtig Ski im Schnee. Ich war im Unterricht eher mittelmäßig gewesen, er war ein sehr guter Schüler und Student.

Dass er sich dem sportlichen Wettbewerb so entzog, ärgerte mich ein bisschen, weil ich wusste, wie gut er sein konnte. Zwischen uns herrschte eine gewisse Spannung, und unsere emotionale Distanz vergrößerte sich noch, als ich mit achtzehn nach Graceland ging; er war damals erst zehn. Wir beide hatten eine lebendige Erinnerung an das einzige Mal in meinem Leben, dass ich mich in der Oberstufe so betrank, dass ich mit ihm in einem Bett schlief, weil ich es nicht mehr ins obere Stockbett geschafft hatte. Er war ziemlich sauer auf mich gewesen, und ich auf ihn, weil er sich nicht nach oben verkrümelt hatte, als ich ihn darum bat. Seitdem sah ich ihn nur, wenn ich mal wieder nach Hause fuhr.

Etwa ein Dreivierteljahr vor den Spielen in Montreal verbesserte sich unsere Beziehung; inzwischen war ich auch etwas reifer. Er stand kurz vor seinem Abschluss an der High School, als er mich eines Tages beiseite nahm und erzählte, er würde gern mit uns nach Kalifornien gehen und bei uns leben, falls Chrystie und ich uns nach den Spielen dort dauerhaft niederlassen sollten. Zunächst wollte er dort ein Jahr lang arbeiten, um später an einer der dortigen Universitäten einen günstigen Studienplatz zu bekommen, weil er in diesem Bundesstaat schon länger seinen Wohnsitz hatte. Mir gefiel diese Idee. Vor allem, weil ich darin die Möglichkeit sah, wieder einander näher zu kommen.

In Montreal war er ebenfalls dabei, zusammen mit meinen Eltern, Chrystie und etwa sechzig anderen Freunden und Verwandten. Kürzlich habe ich mir das Foto in *Sports Illustrated* noch einmal angesehen, das nach meinem Sieg von meiner Entourage gemacht wurde. Die Jenner-Fans sind alle leicht zu erkennen, weil sie gelbe T-Shirts trugen, auf deren Rücken der Slogan „Go Jenner Go" prangte. Wie stolze Kanarienvögel. Ich konnte jeden auf dem Foto identifizieren, nur Burt nicht. Er war nicht da. Ich konnte ihn nicht finden. Wo hatte er gesteckt? Wieso war er nicht dabei? Wohin war er verschwunden?

Am 30. November 1976 waren Burts Taschen gepackt. Sie standen ordentlich aufgereiht in seinem Zimmer wie Soldaten bei einer Parade, bereit zum Abmarsch. Ich war ebenfalls in der Stadt, weil ich einen Vortrag in Canton, Connecticut, hielt, wo er und meine Eltern inzwischen wohnten. Wir hatten Flugtickets für die Maschine, die am Nachmittag von Hartford nach Los Angeles ging. Chrystie und ich hatten uns gerade erst ein Haus in Malibu gekauft, und Burt sollte im Erdgeschoss einziehen.

Da ich einige Tage in Canton war, hatte mir ein Autohändler aus der Gegend, der von meiner Leidenschaft für Porsches wusste, einen 911er geliehen. Ich ließ Burt ein wenig damit fahren. Für einen Achtzehnjährigen, der gerade erst seinen Schulabschluss gemacht hatte, gab es schließlich nur wenige Dinge, die aufregender waren, als in einem Porsche 911 durch die Stadt zu düsen. Außerdem war Burt vernünftig. Er würde schon keine Dummheiten machen.

Der Vortrag begann morgens um neun. Ein paar Stunden später mussten wir zum Flughafen, also schlug Burt vor, das Auto wieder aufzutanken, bevor der Wagen an den Händler zurückging.

Die Tankstelle war nur eineinhalb Kilometer entfernt, und die Canton High School lag auf dem Weg. Burt konnte der Versuchung nicht widerstehen, vor dem Eingang vorbeizufahren. Dabei sah er eine Freundin, die er gut kannte.

„Hey, spring rein. Wir fahren kurz zur Tankstelle, dann setze ich dich hier wieder ab."

Das Mädchen hieß Judith Hutchings und war sechzehn. Sie stieg ein, und sie fuhren einen Schleichweg, den er schon hundertmal genommen hatte.

Ich beendete währenddessen meinen Vortrag. Mein Dad war mit im Saal und hatte mir zugehört. Er hatte den hinteren Teil des Raumes nicht im Blick, aber ich wunderte mich gleich, als ich drei Polizisten hereinkommen sah. Sie baten uns in einen Klassenraum für ein privates Gespräch. Wir wussten noch immer nicht, was passiert war, bis einer von ihnen sagte: „Ihr Sohn hatte einen schweren Unfall. Sie sollten sofort ins Krankenhaus kommen."

Ich fuhr. Mein Dad saß neben mir und schlug so heftig gegen das Armaturenbrett, dass ich befürchtete, er könnte sich die Hand brechen. Dabei sagte er immer wieder:

„Verdammt! Verdammt! Verdammt! Das bringt deine Mutter um!"

Burt hatte einen besonderen Platz im Herzen meiner Mutter. Meinem Vater hätten zwei Kinder gereicht, aber sie hatte ihn überredet, noch ein drittes zu bekommen. Burt hatte etwas Sanftes an sich, das sie sehr an ihm liebte, eine Zartheit und Weichheit, die ich, ihr ältester Sohn, nie hatte. Er tat, was man ihm sagte. Er gab keine Widerworte. Und er war sogar richtig gut in Mathe.

Meine Mutter war zu Hause, als das Telefon klingelte. Die Polizei war dran und sagte, dass einer ihrer Söhne einen Unfall gehabt hätte und ins Krankenhaus gebracht worden sei. Dabei nannten sie keinen Namen, sodass sie nicht wusste, ob es um Burt ging oder um mich. Blass und zitternd lief sie aus der Wohnung. Eine junge Mutter aus der Nachbarschaft sah sie und erkundigte sich, was mit ihr los war, und meine Mutter berichtete, dass einer ihrer Söhne einen Unfall hatte. Die junge Frau merkte, wie durcheinander Mom war: „Sie setzen sich auf keinen Fall ans Steuer."

Sie fuhren zum nächstgelegenen Krankenhaus in Farmington. Dort erfuhr meine Mutter, dass es Burt war, der den Unfall hatte. Aber er war nicht dort, man hatte ihn bereits in eine größere Klinik nach Hartford gebracht.

Niemand sagte ihr allerdings, dass er auf der Koma-Station lag.

Burt war mit dem Porsche über die Old Canton Road gefahren, die tatsächlich alt ist – und daher auch eng und kurvenreich. Als es über einen kleinen Buckel ging, war Burt zu schnell, der Porsche hob ab und kam ins Schleudern. Dann krachte der Wagen gegen einen Baum und prallte von dort gegen eine Steinmauer aus dicken Findlingen. Judith Hutchings wurde aus dem Auto geschleudert und war sofort tot. Burt trug schwere Verletzungen davon.

Mein Vater war stoisch wie immer, als wir zur Klinik fuhren, und zeigte seine übliche Härte. Er sagte kaum etwas. Im Krieg hatte er so viel Schreckliches erlebt, und ich fragte mich, was er jetzt dachte, und ob er sich für das, was ihm jetzt bevorstand, zu wappnen versuchte. Aber ich wusste natürlich auch, dass all die früheren Schrecken nie etwas mit einem Sohn, seinem eigenen Fleisch und Blut, zu tun gehabt hatten.

Meine Mutter war bereits im Wartezimmer, als wir dort ankamen. Man hatte ihr ein Beruhigungsmittel geben wollen, aber sie hatte das abgelehnt, weil sie sich mit der Situation einfach nicht abfinden wollte.

Einer der Neurochirurgen kam herein. Meine Mutter erinnert sich noch ganz lebendig daran:

Da kommt man ins Krankenhaus, und der Arzt stellt sich vor einen hin und sagt: „Es tut mir ganz furchtbar leid, Ihnen das sagen zu müssen, aber Ihr Sohn wird das nicht überstehen." Oh Gott. Und dann saßen wir stundenlang herum, Bill und ich haben geredet, und die Ärzte haben gesagt: „Er hängt jetzt an lebenserhaltenden Maschinen. Natürlich können wir sein Herz und seine Lungen für wer weiß wie lange weiterarbeiten lassen, weil er so jung und so stark ist, aber wir messen keinerlei Gehirnströme mehr." Bill und ich haben stundenlang diskutiert, sind immer wieder in seinem Zimmer auf und ab gelaufen. Er lag einfach so da, sie hatten seine Wunde gesäubert, und die Verletzungen waren am Hinterkopf, sodass man sie nicht sah. Er lag einfach so auf dem Bett, und ich dachte immer nur: „Mein Gott, ihm fehlt doch nichts! Er kann doch nicht sterben."

Dad und Mom trafen ihre Entscheidung: „Schalten Sie die lebenserhaltenden Maschinen ab."
Meine Mom legte ihre Wange an die ihres jüngsten Sohnes, bevor er starb. Ein letztes Mal flüsterte sie ihm zu:
„Ich liebe dich, wo immer du jetzt bist."
Es war genau so, wie meine Mom es beschrieben hat. Er sah noch immer wunderschön aus, als die Maschinen abgestellt wurden. Einfach nur wie Burt, mein achtzehnjähriger kleiner Bruder, der so viele Pläne für den nächsten Schritt in seinem Leben hatte. Burt, den ich gerade erst richtig kennenlernte. Burt, der im Jahrbuch seiner Klasse, das ich am Tag nach einem Tod zufällig in die Hände bekam, eine Zeile aus Cat Stevens' „Peace Train" als seine Inspiration angegeben hat:

Now I've been smiling lately, thinking about the good things to come
And I believe it could be, something good has begun.

Noch am selben Tag gingen mein Dad und ich zu einem Beerdigungsinstitut und suchten einen Sarg aus. Ich war noch nie zuvor in einem Bestattungsinstitut gewesen. Ich hatte noch nie zuvor einen Sarg ausgesucht. Aber jetzt tat ich das für meinen Bruder.
Nach Burts Tod schlug ich mich lange mit Schuldgefühlen herum. Hätte ich doch nie das Auto von dem Händler geliehen. Hätte ich es

Burt doch nie überlassen. Warum hat er ein junges Mädchen mitgenommen, das noch das ganze Leben vor sich hatte? Wieso ist er so rücksichtslos gefahren? Aber ich ließ mich davon nicht unterkriegen. Es ist ein Schutzmechanismus, das weiß ich, aber ich bin zu dem Schluss gekommen, dass es Burts Tag zum Sterben war, so wie umgekehrt mein Vater noch nicht mit dem Sterben an der Reihe war, als die Alliierten in der Normandie landeten. So war das nun einmal. So was passiert eben. Der Unfall hatte sein eigenes Schicksal und seinen eigenen Willen: Zwei Menschen verloren auf tragische Weise ihr Leben, und mein Bruder war dafür verantwortlich. Aber ich musste nach vorn schauen, denn das war das wiederkehrende Motiv in meinem Leben – komm drüber weg, stell dich nicht so an, zeige äußerlich keine Gefühle, weil es sonst innerlich ebenfalls welche weckt, und die musst du unter Kontrolle halten. Wenn die Schleusen sich erst einmal geöffnet hätten, wäre ich erledigt gewesen. Deswegen ertrug ich auch den Anblick des Sarges nicht und verließ die Stadt noch vor der Beerdigung.

Meine Mutter war noch viele Monate nach seinem Tod nicht in der Lage, sein Zimmer zu betreten. Daher blieb dort alles unverändert. Seine Reisetaschen standen aufgereiht da wie Soldaten bei einer Parade, abmarschbereit für einen Nachmittagsflug nach Kalifornien, den er nie antreten sollte.

Sechstes Kapitel

Nach dem Aufstieg

Keine Geschichte währt ewig. Und die von Gott und Vaterland und Bruce, der die Spiele gewinnt und zum Goldjungen wird, ein großer Held wie Prinz Eisenherz, dessen Gesicht von jeder Cornflakes-Schachtel guckt und der diese wunderschöne Stewardess zur Frau hat, die mit ihm durch dick und dünn geht – diese Geschichte war einfach zu gut, um ewig zu dauern. Die Medien vergöttern dich solange, bis sie dich verteufeln. Erst bauen sie dich auf, dann machen sich dich fertig. Eine Zeitlang berichten sie dauernd über dich, dann finden sie es langweilig und fangen an, diese Figur, für deren überlebensgroßes Format sie selbst verantwortlich sind, wieder klein zu machen. Jeder, der in der Öffentlichkeit steht, kennt diese Prominenten-Guillotine. Man kann aber zumindest versuchen, die eigene Regentschaft noch etwas zu verlängern, bevor einem der Kopf abgeschlagen wird.

Ich wollte ich es ihnen aber nicht auch noch leicht machen. Dabei hatte es in den späten Siebzigern und frühen Achtzigern reichlich Munition gegeben, die sie perfekt hätten verwenden können, wenn sie nur das geheime Lager gefunden hätten. Es kursierten schon Gerüchte über Bruce, den Playboy, und Bruce, das Arschloch, und deshalb war ich auf den Rückschlag gefasst, aber letzlich ist man doch nie wirklich darauf vorbereitet. Der einzige Trost war, dass die Medien sich spätestens nach einem halben Jahr auf etwas anderes einschießen würden (so war das damals, in der Zeit vor dem Internet. Heute liegt die Aufmerksamkeitsspanne eher bei sechs Minuten, aber in dieser Zeit ist eine Geschichte auch schon zweimal um die ganze Welt gegangen).

Wie diese ganze Sache läuft, wusste ich, als ich mich darauf eingelassen hatte. Niemand kann den Eigenschaften gerecht werden, die man mir zugeschrieben hat, diesen ganzen Mega-Übertreibungen. Zwar hatte ich versucht, ein möglichst beispielhaftes Leben zu führen, aber so ganz und gar gelingt das wohl niemandem. Noch immer glaube ich selbst jedes Wort meines Vortrags „Finde den Sieger in dir": dass die eigene Größe nicht davon abhängt, ob man etwas Großartiges tut, und dass Entschlossenheit, harte Arbeit und ein festes Ziel vor Augen genügen, um alles zu erreichen, was man will. Die Damenschlüpfer und BHs, die ich dabei unter meiner Kleidung trug, blieben mein kleines Geheimnis.

Aber zwischen Chrystie und mir kriselte es: Wir hatten keine perfekte Partnerschaft, weil es keine perfekte Partnerschaft gibt. Als ich noch für die Olympischen Spiele trainiert hatte, war alles ganz einfach gewesen. Wir hatten nur sehr wenig Geld und keine allzu großen Bedürfnisse. Unsere Wohnung kostete uns 145 Dollar Miete im Monat. Niemand wusste, wer wir waren. Das war so einfach und unschuldig, verglichen mit dem Druck, der entsteht, wenn man versucht, einem Image gerecht zu werden, von dem man weiß, dass man ihm nicht entspricht. Das ist schon unter normalen Umständen schwer. Aber für mich ...

Manchmal wäre ich am liebsten weggelaufen oder einfach verschwunden. Aber wohin?

1978 bekamen Chrystie und ich unser erstes Kind, Burt, benannt nach meinem Bruder. Er war ein süßes Baby und wuchs zu einem wunderbaren Sohn heran: zäh, unglaublich unabhängig, loyal. Heute führt er eine boomende Vermittlungsagentur für Hunde-Sitter, die er selbst gegründet hat.

Es war ein überwältigendes Glück, das allerdings nicht lange währte. Chrystie hielt mich für distanziert und frustriert, und das war ich auch. Auf der anderen Seite fand ich, dass sie viel zu schnell zickig wurde und sich dauernd über Nebensächlichkeiten ärgerte. Ich war verletzt, sie war verletzt. Manchmal machte ich mir Sorgen darüber, dass mein Leben so sehr unter Beobachtung stand, dass gar nichts Privates mehr übrig blieb. Ständig haderte ich mit meinem Promistatus – er war mein Leben, aber er machte auch süchtig, und er saugte mich aus. Einerseits liebte ich es, berühmt zu sein, andererseits hasste ich es.

Außerdem war mein Problem mit meiner Geschlechtszugehörigkeit noch da – solche Probleme gehen niemals wirklich weg. Das war aber nicht der Grund für unsere Spannungen. Chrystie und ich hatten uns einfach auseinandergelebt. Die Zeiten, in denen wir noch nicht viel gehabt hatten, waren die besten gewesen. Zwar glaubte ich nicht, dass ich mich seit den Olympischen Spielen verändert hatte, aber die ganze Welt um mich herum war anders geworden, buchstäblich über Nacht. Eine Raumkapsel war in den Ozean gestürzt, und eine Million Menschen versuchten nun, sie als erste zu erreichen, sie anzufassen und sich ein kleines Stück davon mit nach Hause zu nehmen.

Chrystie verließ mich ohne Ankündigung. Eines Tages kam ich nach Hause, und sie war weg, genau wie unser Kind und ein paar von ihren Sachen. Ich hatte keine Ahnung, wohin sie verschwunden war, ging aber davon aus, dass sie sich bei ihrer Mutter aufhielt; wie ich später erfuhr, stimmte das auch. Vielleicht war sie es leid, ständig in meinem Schatten zu stehen, vielleicht hatte sie auch das Gefühl, dass ich zu eindimensional geworden war. Sie hat es so in Erinnerung, dass ich gelangweilt wirkte und mir unsere Ehe offenbar egal war. So hat jeder seine Wahrheit. Wie jeder weiß, der einmal um eine enge Beziehung kämpfen musste, treffen vermutlich beide Interpretationen zu.

Einige Monate verbrachten wir getrennt. Zwar versuchten wir, wieder zusammenzufinden, aber in einer angeknacksten Ehe, in der beide Partner ihre Verletzungen davongetragen haben, reicht ein guter Wille allein oft nicht aus. Ich war durcheinander, gelangweilt, einsam. Das brachte mich schließlich dazu, einmal auszuprobieren, ob ich nicht doch einmal Kapital aus Bruce Jenners Ruhm schlagen könnte. Und damit kam Hugh Hefner ins Spiel.

Schon vor einiger Zeit hatte der *Playboy*-Gründer Chrystie und mich zu einer seiner Donnerstags-Filmpartys in die Playboy Mansion nach Los Angeles eingeladen, aber bisher waren wir nie hingegangen. Doch jetzt, da wir getrennt waren, reizte es mich irgendwie.

Um den Leuten den Eindruck zu vermitteln, man sei ein testosteronstrotzender Kerl, gibt es wohl nichts Besseres als eine Stippvisite bei Hefner. Nun war es ja nicht so, dass ich mich plötzlich wie ein Macho fühlte. Tatsächlich fiel es mir eher schwer, Freundschaften mit Männern zu schließen. Ich fühlte mich viel mehr zu Frauen hingezogen – mit ihnen konnte ich mich eher identifizieren, und in ihrer Gesellschaft war ich locker und entspannt. Sie waren lustiger, empathischer, interessanter. Das Problem war allerdings, dass ich spürte, mit ihnen viel mehr gemeinsam zu haben, was auch stimmte, Frauen in mir aber nur den supersportlichen Kerl sahen, von dem sie natürlich glaubten, dass er völlig anders sei als sie. Somit waren viele Unterhaltungen nur kurz und verkrampft. Außerdem konnte ich ohnehin nicht zu viel preisgeben – wenn ich offen über Augenbrauenzupfen geredet hätte, wäre meine Tarnung schnell dahin gewesen.

Ich war immer und überall auf der Hut und befürchtete auch ständig, es mit dem Kontakt zu Frauen zu übertreiben. Daher suchte ich bewusst männliche Gesellschaft für männliche, markige Späße. Die Olympischen Spiele waren inzwischen etwa drei Jahre her, und jetzt, mit fast dreißig, steckte ich noch mehr in Bruces Rolle fest als zuvor. Mit den Werbeverträgen lief es noch immer gut; neben Wheaties arbeitete ich auch noch für den Kamerahersteller Minolta und den Getränkekonzern Tropicana. Als Fernsehmoderator war ich nach wie vor gefragt, und als Schauspieler bekam ich allmählich erste Angebote.

Hätte ich mich mit dem, was da in mir schlummerte, wirklich beschäftigt, hätte nicht nur meine ganze Karriere auf dem Spiel gestanden, auch mein bisheriges Leben wäre dann vorbei gewesen. Das war mein Alptraum, der mich immer wieder heimsuchte, sobald ich über meine Möglichkeiten und meine Zukunft nachdachte. Ich konnte das bisher Erreichte nicht einfach wegwerfen. Also beschloss ich, jetzt, da Chrystie und ich uns getrennt hatten, ganz bewusst, mich mit anderen Frauen zu treffen. Ohnehin fühle ich mich durchaus von Frauen körperlich angezogen. Und ich sage das hier noch einmal in aller Deutlichkeit: Gender hat nichts mit der sexuellen Präferenz zu tun. Bei mir kam noch dazu, dass ich dazu neige, Frauen, mit denen ich eine ernsthafte Beziehung eingehe, auch sofort zu heiraten.

In dieser Hinsicht bin ich völlig verklemmt.

Am 1. Mai 1979 nahm ich in der Playboy Mansion an einem Tennisturnier teil, das zugunsten der John Tracy Clinic für Gehörlose stattfand. Die zweitausend Quadratmeter große Mansion in den Hollywood Hills verfügt über 29 Zimmer, einen Pool, einen Zoo und die berüchtigte Grotte, die nachts von lilafarbenen, goldenen und grünen Lichtpaneelen erhellt wird. Ich stellte ihn mir wie einen Stripclub unter freiem Himmel vor, wobei ich bis zu diesem Zeitpunkt noch nie einen Stripclub von innen gesehen hatte.

Ich gewann das Turnier und eine Frau namens Linda Thompson überreichte mir die Siegestrophäe und ein T-Shirt. Sie war 28 Jahre alt und hatte eine Rolle in der Fernsehshow *Hee Haw*, aber sie war vor allem deswegen berühmt geworden, weil sie vier Jahre lang mit Elvis Presley zusammen gewesen war (Presley starb im August 1977, acht Monate, nachdem sie sich getrennt hatten). Von all dem wusste ich aber nichts. Mit Popkultur hatte ich nichts am Hut (was sich inzwischen gründlich geändert hat). Als mein Presseagent sich erkundigte, ob ich in Howard Sterns Radiosendung auftreten wolle, fragte ich spontan: „Wer zum Teufel ist Howard Stern?" Ich hatte wirklich keine Ahnung, wer das war.

Eins wusste ich aber – Linda und ich verstanden uns spontan sehr gut. Sie war lustig und sexy und hatte diesen süßen Südstaaten-Charme. Ich war fest entschlossen, sie zu fragen, ob sie vielleicht einmal mit mir ausgehen möchte, und so blieb ich noch lange in der Mansion, immer noch in meinen verschwitzten Tennis-Klamotten, und wartete in ihrer Nähe, bis George Peppard (der später den zigarrenrauchenden Boss vom *A-Team* geben sollte) seine Annäherungsversuche aufgab und sich verzog.

Anschließend sahen wir uns öfter. Es war nichts Ernstes. Wir tanzten beide gern, und ich musste dabei an meine Eltern denken, wie die sich in den Vierzigerjahren zu Tanzveranstaltungen trafen. Linda wusste, dass ich von Chrystie getrennt lebte; das hatte ich ihr gleich zu Beginn erzählt.

„Und wie groß sind die Chancen, dass du wieder mit deiner Frau zusammenkommst?"

„Fifty-fifty."

„Dann will ich gern eine gute Freundin sein, aber mehr kommt für mich nicht in Frage."

Also trafen wir uns immer wieder zu gemeinsamen Unternehmungen. Chrystie, die zu der Zeit in einem gemieteten Strandhaus lebte, erfuhr schließlich auch davon und sprach mich verständlicherweise auf das Thema an. Ganz offen gab ich zu, dass ich jemanden kennengelernt hatte, den ich mochte. Das war natürlich ein ziemlich kniffliger Moment. Wir lebten zwar getrennt, waren aber noch immer verheiratet. Zusammen hatten wir magere und fette Jahre durchlebt, und dadurch verband uns eine gemeinsame Geschichte, wie ich sie mit niemand anderem je wieder haben werde. Wir hatten ein Kind, das wir beide sehr liebten – kurz und gut, am Ende kamen wir zu dem Schluss, es noch einmal miteinander zu versuchen. Also rief ich Linda an und sagte ihr, dass wir uns nicht mehr sehen könnten. Sie wünschte mir aufrichtig, dass es mit meiner Ehe klappte und schickte mir sogar Selbsthilfebücher darüber, wie man eine Beziehung rettet.

Die hätte ich wohl besser mal lesen sollen.

Der Neuanfang führte zunächst einmal dazu, dass Chrystie und ich uns körperlich wieder sehr nahe kamen. Ich war 29 und fand das wunderschön. Wir waren beide fest entschlossen, alles daran zu setzen, dass es dieses Mal klappt. Außerdem mussten wir in der Küche nur zu dem Hochstuhl hinüberschauen, in dem Burt saß, um zu begreifen, welche Verantwortung wir auch ihm gegenüber hatten. In solchen Augenblicken war ich tatsächlich selbst davon überzeugt, mein Gender-Problem endgültig in den Griff zu bekommen. Wenn ich hin und wieder einmal Frauenkleider anziehen könnte, würde es schon gehen. Ich würde das schaffen und sogar glücklich sein können. Chrystie wusste ja bereits, dass ich gerne ihre BHs trug.

Das Ganze hielt drei Monate. Wir hatten unsere Probleme, aber ich hielt zumindest unsere neu aufgeflammte körperliche Intimität für ein gutes Zeichen. Dann aber packte Chrystie ein zweites Mal ihre Sachen – wieder, ohne mir etwas zu sagen – und zog zurück nach San Jose zu ihrer Mutter. Als ich eines Tages von einer Vortragsreise zurückkam, war sie ausgezogen. Die Kleiderschränke waren leer. Soweit ich mich erinnere, hinterließ sie weder einen Brief noch irgendeine Erklärung.

Damit war unsere Ehe endgültig vorbei.

Wenn ich rückblickend darüber nachdenke, ab welchem Punkt es in meinem Leben allmählich abwärts ging, dann war das der Augenblick, als meine erste Ehe scheiterte. An die genaue Reihenfolge der Ereignisse erinnere ich mich zugegebenermaßen inzwischen etwas verschwommen. Ohnehin berichte ich natürlich nur aus meiner Perspektive, und so sehr ich die Abgründe meiner Seele auch durchleuchte, es wird immer ein subjektiver Blick bleiben. Und ich weiß auch, dass ich Dinge getan habe, die mir sehr leid tun.

Ein oder zwei Monate nach Chrysties Auszug meldete ich mich wieder bei Linda, und jetzt vertiefte sich unsere Beziehung. Nun war es aber ja so: Wenn der bisher immer als blitzsauber bekannte Bruce Jenner plötzlich in der Playboy Mansion herumhing und eine Affäre mit der früheren Freundin von Elvis hatte, dann mag das zwar an sich seine Privatangelegenheit sein, aber es sprach sich trotzdem ganz schnell herum. Prompt erschienen die ersten Meldungen in der Presse, mit Schlagzeilen vom Kaliber „Adonis verlässt Ehefrau für Elvis' Ex-Prinzessin".

Jeder Sturm geht irgendwann vorüber. Davon war ich überzeugt. Doch dann rief Chrystie bei mir an und eröffnete mir, sie sei schwanger. Diese Nachricht haute mich um. Über diese Möglichkeit hatten wir überhaupt nie gesprochen, wobei man natürlich immer mit dem Feuer spielt, wenn man nicht verhütet. Was wir nicht getan hatten.

Angesichts unserer bevorstehenden Scheidung sagte ich zu Chrystie, dass sie das Kind nicht bekommen müsste – eine Abtreibung wäre doch vielleicht auch eine Möglichkeit. Mir ging es dabei vor allem darum, was für ein Leben einem Kind bevorsteht, das in eine zerrüttete Ehe hineingeboren wird. Und ja, ich dachte auch an mein Image und daran, wie sich so etwas auf meine zukünftige Karriere auswirken könnte.

Chrystie rastete völlig aus. Sie machte mir klar, dass es ihr Kind sei, nicht meins, und dass sie nicht wolle, dass ich irgendetwas mit der Erziehung zu tun habe. Daraufhin fragte ich, wie es mit den finanziellen Verpflichtungen aussähe, und wieso ich für ein Kind bezahlen sollte, dessen Mutter mir zu verstehen gegeben hat, ich dürfe mich ihm nicht nähern. Das mag für jemanden vielleicht herzlos klingen, der noch nie selbst in einer Scheidung gesteckt hat. Da findet nichts mehr im eigentlich üblichen Rahmen statt. Die eigenen Gefühle machen einen blind, und man sieht alles nur noch aus dem eigenen Blickwinkel.

Jetzt, da unsere Ehe gescheitert war, war ich jedenfalls noch nicht bereit für ein zweites Kind. Rein emotional konnte ich damit nicht umgehen. Schon allein die Vorstellung, Burt unter diesen Umständen großzuziehen, überforderte mich.

All diese Entwicklungen waren sehr privat und sehr schmerzhaft. Aber ich stand im Licht der Öffentlichkeit, und das bedeutete, dass es so etwas wie ein Privatleben nicht gab. Ich war Mr. Saubermann, aber jetzt hatte die weiße Weste große Flecken. So würden es die Medien zumindest darstellen. Ich konnte mir die neu aufgelegte Schlagzeile prima vorstellen: „Bruce Jenner verlässt schwangere Ehefrau für Elvis' Ex." Wenigstens wussten die Journalisten nicht, dass ich Chrystie eine Abtreibung nahe gelegt hatte.

Linda und ich sahen uns weiterhin. Chrystie zog währenddessen wieder in unser Haus in Malibu. Als ich eines Tages nach Hause kam, standen meine ganzen Sachen in der Garage. Ich mietete mir daraufhin ein Haus in der Nähe, am Las Flores Beach. Es war schäbig und klein, aber es war ja nur für den Übergang.

Ich war fest entschlossen, den Mediensturm zu überstehen. Vielleicht war es ja sogar besser, nicht mehr Bruce, der Goldjunge, zu sein. Vielleicht würde man mich nun als Mensch wahrnehmen, obwohl auch das natürlich nur eine Illusion war.

Am 10. Juni 1980 kam Cassandra zur Welt. Der Anruf ihrer Mutter erreichte mich unterwegs, in einem Hotelzimmer in Kansas City, und ich heulte wie ein Schlosshund. Weil ich mich schuldig fühlte. Weil ich wusste, dass ich hätte dort sein sollen. Und weil ich wusste, dass Chrystie mich dort gar nicht wollte. Eigentlich war ich immer davon ausgegangen, hohe moralische Werte zu haben. Ich hatte immer versucht, richtig zu handeln. Aber jetzt war das alles völlig schief gegangen. Immerhin, tröste ich mich, konnte es nicht noch komplizierter werden …

Einige Monate später, im Herbst 1980, waren Linda und ich in meinem Haus am Las Flores Beach, als sie mir eine Karte in die Hand drückte. „Herzlichen Glückwunsch" stand darauf. Ich war ein wenig verwirrt und wusste nicht, wozu mir da gratuliert wurde – bis Linda mir sagte, dass sie schwanger sei. Prompt stand mir schon die nächste Schlagzeile vor Augen: „Prinz Eisenherz schwingt sein Schwert gleich mehrfach."

Wir müssen heiraten, war mein erster Gedanke. Es sollte nicht noch mehr Schmerz oder Verletzungen geben, weder in meinem Leben noch in dem anderer Menschen. Diesmal wollte ich meiner Vaterrolle gerecht werden. Und so beschlossen wir zu heiraten, sobald meine Scheidung durch sei. Die Trauung fand am 5. Januar 1981 auf Hawaii statt. Mein Sohn Burt war als Trauzeuge dabei. Es war eine stille, schöne Feier.

Eine Woche später erhielt ich ein völlig unerwartetes Hochzeitsgeschenk. Im *People*-Magazin berichtete Chrystie aus ihrer Sicht vom Auseinanderbrechen unserer Ehe:

Eines Abends war ich mit einem Freund essen, und er fragte mich, warum ich abtreiben wollte. „Ich will die Abtreibung gar nicht", sagte ich. „Wieso lässt du es dann machen?" Und ich antwortete: „Weil Bruce es will." Daraufhin fragte er: „Du willst abtreiben, weil der Mann, mit dem du gar nicht mehr zusammen bist, das möchte?" Und in dem Augenblick dachte ich, was bin ich blöd.

Ich war mir nicht sicher, was Chrystie dazu trieb, das auszuplaudern. Natürlich beschädigte es meinen Ruf nur noch weiter. Davon abgesehen fand Cassandra später heraus, dass ich das vorgeschlagen hatte, und das war eine zusätzliche Belastung für unsere ohnehin schon angespannte Beziehung, die sich niemals richtig reparieren lassen wird. Ich war kein aufmerksamer Vater gewesen, als sie noch klein war; angesichts der Umstände hatte ich mich bei ihr und ihrer Mutter nie wohlgefühlt. Heute ist Casey intelligent und großartig, eine wunderbare Mutter von drei Kindern mit einem ebenfalls wunderbaren Ehemann. Ich weiß, dass ich als Vater eine schreckliche Enttäuschung für sie war. Und nicht nur für sie.

Meine Ehe mit Linda hielt nicht lange. Viereinhalb Jahre später trennten wir uns schon wieder. Aus heutiger Sicht war das unvermeidlich. Zwar hatte ich damals, Anfang der Achtziger, noch keine Ahnung, was der Begriff Transgender eigentlich bedeutet, aber ich war es. Dass ich Linda vor unserer Hochzeit nichts davon gesagt hatte, war gewissenlos von mir, aber es geschah nicht aus Bosheit: Ich fürchtete lediglich, dass ich mit einem solchen Bekenntnis jede Frau verschrecken würde, die über eine Ehe mit mir nachdachte. Und ich wollte eine Ehe, Familie, mein Leben mit einem Partner teilen. Wenn ich das alles hätte, so glaubte ich, dann würde ich das, was da in mir lebte, auch aus mir vertreiben können.

Dass inzwischen hässliche Details über die Ehe mit Chrystie an die Öffentlichkeit gelangt waren, beeinflusste meine Beziehung mit Linda natürlich auch. Davon abgesehen beschädigten sie meine Karriere: Der Frühstücksflockenhersteller General Mills, der nach den Olympischen Spielen einen Fünfjahresvertrag über eine Million Dollar mit mir abgeschlossen hatte, beschloss, ihn nicht zu verlängern. Ich war immer noch als Fernsehmoderator tätig; 1978 war ich von ABC zu NBC gewechselt und hatte dort einen sehr lukrativen Vertrag unterschrieben. Bei der Berichterstattung von den Olympischen Spielen in Moskau sollte ich 1980 eine Schlüsselrolle spielen. Das hätte mir sicher eine gute Möglichkeit geboten, einmal richtig zu brillieren. Aber dann beschloss Präsident Carter, die Spiele wegen des sowjetischen Einmarsches in Afghanistan zu boykottieren.

Wieder stellte sich die Frage, wo ich wirklich hineinpasste, da mich Sportarten wie Football und Basketball nicht wirklich reizten. Mir gefielen die weniger traditionellen Sportarten, und schließlich entwickelte ich mich zum Experten für die sogenannten Superstar Competitions, die Ende der Siebziger und Anfang der Achtziger sehr beliebt waren. Aber ob das reichen würde, damit NBC meinen ursprünglichen Vertrag noch einmal verlängert?

Aus meiner kurzen Ehe mit Linda gingen zwei großartige Söhne hervor, Brandon und Brody. Sie waren schon als Jungs phantastisch, heute sind sie phantastische Männer. Brandon ist ein außergewöhnlicher Songwriter und Musiker, dem alles leicht von der Hand geht – egal, ob er einen Hubschrauber fliegt, mit dem Motorrad querfeldein fährt, auf den berühmten Wellen von Malibu surft oder ein Haus baut. Er hat mir eine der härtesten Niederlagen meiner Sportlerkarriere beigebracht, als er mich bei einem Tischtennisturnier richtiggehend von der Platte putzte. (Ich hatte insgeheim eine Maschine ausgeliehen, die mir die Bälle entgegenschleuderte, um zu trainieren, und er hatte heimlich einen Profitrainer angeheuert. Mit anderen Worten, er lederte mich ab.) Aber ich erkenne in ihm auch Eigenschaften wie Toleranz und Offenheit, die er von seiner Mutter und seinem Stiefvater David mitbekommen hat.

Glücklicherweise ist meine Beziehung zu Brandon, auch wenn ich eine unentschuldbar lange Zeit nicht für ihn da war, heute wieder sehr intensiv geworden. Er ist nicht nur mein Sohn. Er und Burt sind meine engsten Freunde in einem Leben, in dem es nicht viele lang andauernde Beziehungen gegeben hat.

Brody ist auf eine ungezähmte Art gut aussehend. Er hat immer eine Million Ideen, geht ohne Angst vor dem Risiko an all seine verschiedenen Unternehmungen heran, hat sich in der Reality-Show *The Hills* einen Namen gemacht und ist ein gefragter DJ.

Sie haben beide ihre festen Ansichten (Brandon sehr, Brody nicht ganz so sehr), und sie vertreten sie mit einer Direktheit und Unverblümtheit, die nur Burt noch übertrifft. Sie sind stur, manchmal so sehr, dass es einen wütend macht. Du meine Güte, woher sie das wohl haben ...

Aber sie haben auch etwas, was ihr Vater nie hatte: Sie wissen, wer sie sind, sie ruhen in sich, und sie haben nicht drei Viertel ihres Lebens verstreichen lassen, bevor sie ansatzweise damit begonnen haben, sich selbst zu mögen. Gott sei Dank.

Mein Debüt als Schauspieler gab ich 1980 in dem Film *Can't Stop The Music*, der von dem verrückten, exzentrischen Allan Carr produziert wurde. Die Stars an meiner Seite waren Steve Guttenberg, Valerie Perrine und die Village People. Ich spielte einen trotteligen, nerdigen Anwalt, der aufgrund verschiedener Verwicklungen Manager einer Band wird, die sehr an die echten Village People erinnert. Zwischendrin gibt es immer wieder Szenen, in denen Guttenberg singt oder tanzt, ohne dass sich aus der Handlung ein zwingender Grund dafür ergibt.

Carr hatte zuvor das sehr erfolgreiche Filmmusical *Grease* mit John Travolta und Olivia Newton-John produziert. Er hatte enorm viel Ahnung und natürlich auch schon einiges vorzuweisen, und dann veranstaltete er auch noch wilde Partys, die mit Hefners durchaus mithalten konnten; Carr selbst, der über hundertdreißig Kilo wog, gab dabei den Zeremonienmeister. Er wollte auf der Discowelle reiten, die gerade in vollem Gange war, als es mit dem Film losging – als schließlich die Post-Produktion für *Can't Stop The Music* begann, war sie allerdings schon wieder völlig abgeebbt. Etwa ein Jahr vor der Filmpremiere kam es zur legendären Disco Demolition Night im Comiskey Park von Chicago, bei dem die Zuschauer eines Baseball-Spiels zwischen den Chicago White Sox und den Detroit Tigers aufgefordert worden waren, Disco-Schallplatten mitzubringen, die in eine Kiste mit Sprengstoff gepackt und in der Spielpause in die Luft gesprengt werden sollten. Viele Platten wurden allerdings gar nicht erst eingesammelt, und als es nach der Sprengung zu einem Aufruhr kam, flogen die übrigen Vinylscheiben wie Frisbees durch das ganze Stadion. Mindestens sechs Personen wurden verletzt und 39 festgenommen.

Als Musiktrend war Disco anschließend so gut wie erledigt, wobei sicher auch eine kaum verhohlene Homophobie zum Tragen kam, die sich unter anderem gegen Vorreiter wie die Village People richtete. Der ursprüngliche Filmtitel, *Discoland – Where The Music Never Ends!*, galt daher auch nicht mehr als zugkräftig und wurde kurzfristig geändert, was den Film an sich aber auch nicht mehr retten konnte. Als der Streifen am 20. Juni 1980 in den USA anlief, wollte ihn niemand sehen, während er heute als kleiner Kultklassiker gehandelt wird und gerade in jenen US-Bundesstaaten sehenswert ist, in denen man sich ganz legal dazu eine Tüte anzünden kann.

Der Film gewann sogar einen Preis – die erste Goldene Himbeere aller Zeiten für den schlechtesten Film des Jahres; er ging also nicht komplett unter. Ich war zudem als schlechtester Schauspieler nominiert, diese „Auszeichnung" schnappte mir aber Neil Diamond weg, der mit *The Jazz Singer* offenbar noch mehr Kritiker vergrätzt hatte. Das Urteil über mich war vorhersehbar – noch so ein ehemaliges Sport-As, das vergebens und talentfrei versucht, Schauspieler zu werden.

Nach diesem Filmdesaster gab es dennoch neue Angebote. Für seine Mitwirkung an *CHiPs*, einer Polizeiserie über die Abenteuer der California Highway Patrol, hatte der bisherige Star, Erik Estrada, mehr Geld gefordert und mit seinem Ausstieg gedroht, die Produzenten boten davon völlig unbeeindruckt aber mir die Rolle an. Mir gefiel das Spiel mit der Macht in dieser Sendung: In einer Szene sollte ich den Verkehr regeln, und die Fahrer, die ganz normal unterwegs waren, hielten mich tatsächlich für echt. Außerdem gehörte zur Requisite eine körperbetonte Uniform, und so etwas finde ich immer gut. Für die Serie drehte ich 1981 sechs Folgen, bevor Estrada beim Sender Abbitte leistete und wiederkam.

Eine weitere Rolle hatte ich in dem NBC-Fernsehfilm *Der Kampf der weißen Tiger*, der auf der wahren Geschichte eines weißen Quarterbacks basiert, der zum legendären schwarzen Football-Team der Grambling University stieß. Der Film, in dem auch Harry Belafonte als Trainer Eddie Robinson mitspielte, hatte hervorragende Einschaltquoten, und meine Kritiken waren gut. Von einigen Kurzauftritten einmal abgesehen, kam meine Filmkarriere aber nicht in Gang. Mitte der Achtziger ließ NBC meinen Vertrag auslaufen.

Ich werde wohl nie herausfinden, ob es mein Karriereknick war, der das Problem mit meiner Geschlechtszugehörigkeit wieder richtig anfachte, oder ob umgekehrt meine Gender-Probleme für den Karriereknick gesorgt haben. Jedenfalls hatte ich Anfang der Achtziger sehr mit meiner Identität zu kämpfen, und das führte dazu, dass ich ungewöhnlich unvorsichtig wurde. Als ich mir zum Beispiel an einem Zeitungskiosk im Rockefeller Center, in dem das NBC-Büro liegt, eine Ausgabe der *Cosmopolitan* kaufte, sah mich dabei einer der Senderverantwortlichen. Ich ignorierte ihn und ging einfach an ihm vorbei. Wer weiß, vielleicht wollte er ja gerade genau dasselbe tun.

Der Nachhall der Olympischen Spiele, der meinem Leben bis Anfang der Achtziger noch eine gewisse Struktur gegeben und mich beschäftigt hatte, war allmählich verklungen und hatte mich völlig ausgehöhlt zurückgelassen. Zwar hielt ich immer noch Vorträge und fuhr berufsmäßig Autorennen, aber es gab nichts, was mich richtig packte. Ich hatte keinerlei Motivation. Eigentlich hätte es mich ja ausfüllen müssen, Burt, Casey, Brandon und Brody ein guter Vater zu sein, doch da wiederum hatte ich das Gefühl, meine Kinder gar nicht verdient zu haben und gar nicht gut genug zu sein, um eine größere Rolle im Leben anderer Menschen zu spielen.

Meine Identitätsprobleme durchdrangen schließlich jede Minute meines Alltags, und sie bestimmten ihn schließlich so sehr wie zuvor das Training für die Olympischen Spiele, ohne ein echtes Ziel zu haben. Sie führten nirgendwo hin. Die ganze Grübelei war reiner Selbstzweck und führte nur dazu, dass ich mich immer schlechter, unsicherer und verwirrter fühlte. Was letztlich unvermeidlich ist, wenn man ein falsches Leben führt. Man ist nie mit sich im Einklang. Man fühlt sich wie ein Betrüger, ein Schwindler, und es ist unmöglich, ein positives Bild von sich selbst zu gewinnen.

Dazu kam der zunehmende Eindruck, dass die Öffentlichkeit, angefeuert von den Medien, mich zwar erst auf den Olymp gehoben hatte, jetzt aber froh war, mich nur noch von hinten zu sehen. Man hatte mich gründlich satt und suchte bereits nach jemand anderem, der zum Helden gesalbt werden konnte.

Heute Promi, morgen vergessen. Es sei denn, man ist ein Kardashian.

Trotz unserer beiden süßen Jungs gab es in meiner Ehe mit Linda ständig Spannungen. Mich frustrierte nicht nur die Beziehung, ich war auch mit mir selbst nicht im Reinen und oft deprimiert, und ich schämte mich wegen des Durcheinanders, das ich angerichtet hatte. Eine Ehe war gescheitert, die nächste stand schon kurz vor dem Ende. Und ich hatte vier Kinder unter acht Jahren, an deren Erziehung ich mich zwar beteiligen wollte, wobei ich allerdings keine gute Figur abgab.

Wir stritten uns. Ich war oft schlecht gelaunt, wie man es eben ist, wenn man sich danach sehnt, jemand anders zu sein, und dieses Feuer in sich spürt, das immer heißer und heißer brennt und dem man nie völlig entkommen kann.

Jede Möglichkeit, mich wieder einmal als Frau anzuziehen, nutzte ich. Das half zumindest kurzfristig, wenn es auch grundsätzlich nichts änderte. Erst kam ein herrlicher Adrenalinstoß, und danach fühlte ich mich so traurig und leer wie immer. Ich tat ja nur so als ob, dabei wollte ich nicht nur spielen, sondern wirklich so sein. Aber es war immerhin besser als nichts.

Auf Umwegen besorgte ich mir ein paar Perücken, eine brünette zum Beispiel, von der ich glaubte, dass sie mir ganz gut stand. Wie würde ich damit wohl vor einer Kamera aussehen? Das brachte mich auf eine Idee. Ich schraubte eine kleine Videokamera auf ein Stativ, baute sie im Schlafzimmer auf und richtete sie so auf den Spiegel, dass ich mich selbst sehen konnte. Das Licht fiel schöner auf mein Gesicht, wenn ich einen bestimmten Winkel verwendete. Außerdem wollte ich prüfen, wie es aussieht, wenn ich gehe – ob ich mich tatsächlich einigermaßen fließend bewege – und nicht in diesem typischen, o-beinigen Macho-Sportlergang herumlatsche. Ich machte verschiedene Aufnahmen und hatte so viel Spaß wie schon seit langer Zeit nicht mehr. Dann sah ich mir das Video an. Es war das erste Mal, dass ich mich nicht nur im Spiegel sah. In gewisser Hinsicht wirkte ich natürlich wie ein Mann, der sich mal ein Kleid angezogen hat, als Frau und Kinder nicht zu Hause waren. Schließlich *war* ich ein Mann, der sich mal ein Kleid angezogen hat, als Frau und Kinder nicht zu Hause waren. Aber das sah ich nicht. Ich sah nicht Bruce Jenner in einem Kleid. Ich sah mich.

Natürlich hätte ich das Band löschen sollen. Das Risiko war viel zu groß, dass Linda es fand, egal, wie gut ich es versteckte: Ehefrauen finden immer alles. Aber ich konnte es nicht. Dieser kleine Ausblick auf mein Ich war zu bedeutsam, zu wichtig, um ihn wieder zu vernichten.

Jetzt weiß ich es wenigstens.

Einen Augenblick lang dachte ich, dass vielleicht alles besser würde, wenn ich Linda davon erzählte. Wenn die Lügen und das Versteckspiel aufhören könnten, wenn sie sähe, dass Bruce nur eine Fassade ist. Dann hätte ich mich vielleicht nicht so eingesperrt gefühlt und wäre nicht wie ein Tier im Käfig hin und her getigert.

Bruce hatte zu dieser Zeit auch nicht besonders viel zu lachen. Es gab immer weniger Höhepunkte in seinem Leben und seiner Karriere. Beziehungsweise, es gab bald gar keine mehr.

Also sag es Linda doch. Sie ist deine Frau. Sie hat zwei deiner Kinder zur Welt gebracht. Hat sie nicht ein Recht darauf, das zu wissen? Zu begreifen, warum du ständig so wütend bist, als ob alles nur ihre Schuld wäre?

Ich sagte es ihr. Aber sie verstand es nicht. Wie hätte sie es auch verstehen können im gesellschaftlichen Kontext der frühen 1980er Jahre, als Gender-Identität noch ein völlig fremdartiges Konzept war, über das in der Öffentlichkeit niemand sprach? Und dann war es ja auch noch Bruce Jenner, der da vor ihr stand. Der Mann, den sie für den Supertypen schlechthin gehalten hatte, als sie mit Elvis im Bett gelegen und den Zehnkampf im Fernsehen geguckt hatte (Elvis soll übrigens dasselbe gedacht haben). Der Mann, der für sie der absolute Macho war und immer noch ist.

Und jetzt sollte sie begreifen, dass er sich insgeheim als Frau sah? Dass er sie auf die unvorstellbar übelste Art hintergangen hatte, indem er seine Identität verschleierte?

Man muss Linda jedoch zugutehalten, dass sie es zumindest verstehen wollte. Wir gingen gemeinsam zu einem Therapeuten, und sie setzte sich mit dem ganzen Transgender-Konzept auseinander. Sie fragte, ob das eine Phase sei, die irgendwann vorbei wäre. Der Therapeut antwortete mitfühlend: Nein. Man könne nur auf unterschiedliche Weise damit umgehen.

Linda und ich kämpften weiter um unsere Ehe. Dabei war es nicht so, dass ich sie nicht mehr geliebt hätte. Das Problem lag viel tiefer begraben: Ich konnte mich selbst nicht lieben. Wir waren uns beide bewusst, dass unsere Beziehung höchstwahrscheinlich am Ende war. Trotzdem schlug ich ihr vor, als ich in New York einen Auftritt hatte, uns dort noch einmal zu treffen und etwas Zeit miteinander zu verbringen. Linda schöpfte neue Hoffnung – vielleicht war ja doch noch nicht alles zu spät. Da war immer noch Liebe. Und natürlich gab es auch noch unsere beiden kleinen Jungs.

Sie klopfte an die Tür meines Hotelzimmers.

Ich öffnete.

In einem Kleid, mit Perücke und Make-up.

Linda sagte kein Wort.

Keine Ahnung, was ich mir damals dabei gedacht hatte. Das kann ich auch heute, dreißig Jahre später, nicht sagen. Ich weiß, dass ich furchtbar gereizt und frustriert war. Vielleicht hatte ich Linda unbewusst die Schuld daran gegeben, dass ich mein Leben nicht so leben konnte, wie ich wollte, obwohl ich ihr davon überhaupt erst erzählt hatte, als wir schon einige Jahre verheiratet waren. Vielleicht wollte ich das Ende unserer Ehe herbeiführen und ahnte, dass es so hundertprozentig dazu kommen würde. Oder vielleicht hatte ich auch gedacht, nachdem ich Linda alles erzählt hatte, dass sie die Frau in mir nun auch tatsächlich kennenlernen sollte.

Ich musste es zumindest versuchen.

Später wurde mir klar, dass es schrecklich von mir war, sie in diese Situation zu bringen. Ihr schockiertes, verletztes Gesicht werde ich nicht vergessen. Ich hatte ihr wehgetan, und das hatte sie nicht verdient.

„Oh verdammt, das war wohl keine gute Idee."

Das war vermutlich die Untertreibung des Jahrhunderts. Hastig rannte ich ins Bad und zog mich um, dann ging ich wieder zu ihr.

„Es tut mir so leid."

Das meinte ich ehrlich. Aber mir war klar, dass diese Worte nichts bedeuteten, weil in dieser Phase meines Lebens überhaupt nichts eine Bedeutung hatte.

Linda schwieg. Und ich war erledigt.

So blieb mir nur, gerade so viel zu arbeiten, wie es unbedingt sein musste, und mich für den Rest der Zeit unsichtbar zu machen. Umbringen wollte ich mich jedenfalls nicht, dafür war ich nicht der Typ. Aber vielleicht hätte ich das tun sollen. Vielleicht wäre das besser für alle gewesen, vor allem für mich. Keine zehn Jahre nach den Olympischen Spielen, nach all dem Ruhm und der Ehre, nach meiner Siegerrunde mit der Landesfahne, als ich noch hundertmal hätte ums Stadion laufen können, war ich an einem Punkt angekommen, mit dem ich nie gerechnet hatte.

Ich war allein.

12. November 2015

„Ich habe hier studiert. Ich habe hier meinen Abschluss gemacht. Aber ich habe hier nie hochhackige Schuhe getragen."

Ich bin unterwegs nach Lamoni. Jede Begegnung, jeder Event, alles erscheint mir neu und unvorhersehbar zu dieser Zeit, acht Monate nach meiner Transition. Mit meiner inneren Befindlichkeit hat das nichts zu tun, denn ich ruhe jetzt in mir. Es hat eine Rollenumkehr stattgefunden, Caitlyn ist draußen und Bruce ist drinnen, wo er bis ans Ende meiner Tage glücklich ausharren wird.

Die Auseinandersetzung mit der eigenen Gender-Identität erlebt jeder unterschiedlich intensiv. Manche Menschen wissen schon in jungen Jahren, dass das Geschlecht, das sie aktuell leben, nicht ihr echtes ist. Andere wiederum brauchen länger, um das für sich zu herauszufinden. Für manche wird es nie eindeutig klar, und deswegen werden Schubladen wie *weiblich* und *männlich* eines Tages aufgehoben sein. Denn mehr sind sie nicht, nur Schubladen, die Erfahrungen einengen, statt eine Erweiterung zuzulassen. Dasselbe trifft auf den Begriff *trans* zu. Momentan werden wir entweder als Transfrau oder Transmann bezeichnet. Aber ich bin mir sicher, dass solche Kriterien für die nächste Generation gar keine Rolle mehr spielen werden, dass wir Frauen und Männer sein werden oder eben das, was wir sein wollen. Wir werden ein Teil der Gesellschaft sein, anstatt ausgegrenzt als exotische Trans-Spezies am Rand zu stehen. Wenn wir irgendwann nicht mehr auffallen, sondern nur noch gesehen wird, dass wir so lustig oder interessant oder eben auch „normal" sind wie alle anderen auch, desto eher werden wir das Gefühl haben, wirklich akzeptiert zu sein.

Momentan sind wir noch viel zu besessen von den Kategorien männlich und weiblich, um diesen Punkt zu erreichen. Ich habe mich nie eins mit mir gefühlt, sondern eher so, als sei ich zwei verschiedene Menschen. Zwar konnte ich in der Männerwelt leben und habe das ja auch getan, aber von Geburt an fühlte ich diese Frau in mir. Sie ist niemals verschwunden, obwohl ich aufgrund der Verhältnisse zur damaligen Zeit und wegen dem, was ich symbolisierte, so lange nicht zulassen konnte, dass sie wirklich zum Leben erwacht.

Bis jetzt.

Die Rückkehr nach Graceland, fast 45 Jahre nach meinem Abschluss 1973, wird eine ganz neue Erfahrung sein.

Ich habe dort studiert. Ich habe dort meinen Abschluss gemacht. Aber ich habe dort nie hochhackige Schuhe getragen.

Es werden einige meiner alten Trainer da sein. Wird das Bild, das sie einmal von mir hatten, jetzt ganz und gar ausradiert? Werden sie mich als das erkennen, was ich bin, oder werden sie mich als billiges Abziehbild sehen – nicht Caitlyn Jenner in einem weißen Hosenanzug, sondern Bruce Jenner in einem weißen Hosenanzug?

Das könnte ich sogar verstehen. Es wäre schrecklich für mich, aber trotzdem. Die Vorstellung, dass jeder sofort gut mit Caitlyn zurechtkommt, ist absurd. Vielleicht dauert es einen Tag. Vielleicht dauert es auch eine Woche oder ein Jahr, vielleicht passiert es gar nicht. Mich aufzuregen, weil jemand das falsche Pronomen benutzt und „er" statt „sie" sagt, wenn er mich zum ersten Mal trifft, wäre albern. Als ich mit der Transition begann, habe selbst ich meine Schecks noch fast mit „Bruce" unterschrieben. Es ist verwirrend, vor allem für jene, die mich als Bruce kennengelernt haben, und das sind Millionen von Menschen. Außerdem ist es etwas ganz anderes, Caitlyn im Fernsehen oder in einer Zeitschrift zu sehen als in der Realität. Da gibt es keine Distanz, keinen Filter mehr, da kann man nicht einfach flüchten, angeekelt ausspucken oder sich denken, das ist doch schon wieder so ein Kardashian-Ding für mehr Publicity.

In den letzten Monaten habe ich mit vielen Transfrauen und Transmännern gesprochen und dabei festgestellt: Unsere Umwelt geht davon aus, dass sich alles, was uns betrifft, durch die Transition radikal über Nacht verändert. Natürlich *haben* wir uns radikal verändert, aber wir halten trotzdem immer noch an vielen Überzeugungen fest, die wir früher auch hatten; jedenfalls geht mir das so. Ja, ich *bin* anders als früher. Ich fühle mich anders und ich sehe anders aus, aber meine Persönlichkeit hat sich nicht so dramatisch gewandelt, wie man vielleicht glauben möchte. Es ist oft schwer, andere Menschen davon zu überzeugen, und deswegen sind sie vor einem Wiedersehen ebenso nervös wie ich (wobei ich mir auch immer noch große Gedanken darüber mache, ob ich die richtige Kleidung gewählt habe).

Bevor es nach Graceland geht, müssen wir erst einmal nach Chicago. Wir, das sind die sechs anderen Transfrauen, die regelmäßig in der zweiten Staffel von *I Am Cait* zu sehen sind, und ich. Ich halte eine Rede zugunsten von Chicago House, einem Dienstleister, der die LGBTQ-Community sehr unterstützt und Menschen mit HIV/AIDS den Zugang zu Wohnungen, Jobs und Rechtsberatung erleichtert. Anschließend werden wir mit einem Bus durchs ländliche Iowa reisen und anschließend bis New Orleans hinunterfahren.

Als ich fertig bin, ertönt ein Megaphon vor dem Chicago Hilton Hotel. Es sind scharfe, zornige Worte:

„Wir bekommen keine Jobs. Wir bekommen auch kein Geld. Es ist nicht überall nur Sport und Spiel. Dir sind doch die echten Transfrauen in Amerika egal. Du kriegst diese Preise und hast deine tollen Klamotten, aber du weißt doch gar nicht, wie es wirklich ist.

Wir brauchen dich nicht, wir wollen dich nicht. Du sprichst nicht für uns. Wir haben nicht um deine Hilfe gebeten. Hast du überhaupt eine Ahnung, was hier draußen läuft?

Du hast kein Recht, uns zu repräsentieren. Du bist eine Beleidigung. Du bist eine Beleidigung für alle Transmenschen.

Eine reiche weiße Frau ohne Durchblick.

Wir werden von der Polizei drangsaliert. Wir werden von Hetero-Freiern angegriffen. Wir werden Opfer von Gewalt. Wir sind Opfer des Systems.

Wie viele 65-jährige weiße Frauen werden umgebracht?"

Argumente wie diese habe ich auch früher schon in verschiedenen Fassungen gehört, aber inzwischen ist es fast ein Mantra geworden: Ich bin nicht repräsentativ für die Trans-Community. Ich bin eine Beleidigung für die Trans-Community. Ich bin eine reiche weiße Frau ohne Durchblick.

Ich kann dazu nur immer und immer wieder sagen:

Ich habe hart gearbeitet. Ich hatte Erfolg. Ja, ich bin weiß und privilegiert. Und ja, ich bin eine Transfrau.

Ich will nicht so tun, als sei ich die Mutter Teresa der Transgender-Gemeinde. Aber ich versuche, so viel und so schnell zu lernen, wie ich kann. Ich treffe mich mit anderen Transfrauen, mit Transmännern und den Eltern von Trans-Teenagern, die gnadenlos gemobbt wurden, mit Töchtern, deren Väter Angst hatten, ihr eigenes Ich zu zeigen, und ich rede mit ihnen und nutze meine Show als weltweite Plattform.

Klar, es ist natürlich immer einfach, große Reden zu schwingen, aber ich betreibe auch aktiv Fundraising für die Trans-Community; durch meine Zusammenarbeit mit weltweit aktiven Firmen habe ich dazu sehr viele Möglichkeiten. Derzeit gibt es eine Kooperation mit dem Kosmetik-Hersteller MAC, der online einen Lippenstift mit der Bezeichnung *Finally Free* (endlich frei) unter meinem Namen anbietet. Die Einnahmen daraus gehen ohne Abzüge an die Initiative MAC Aids Fund Transgender. Bisher haben wir 1,3 Mio. Dollar zusammenbekommen und an verschiedene Organisationen weltweit ausgeschüttet, die sich für Transmenschen einsetzen. Dafür muss mir niemand auf die Schulter klopfen. Wir alle können etwas tun, kleine oder große Dinge. Um einen Wandel zu bewirken, müssen wir aber zusammenhalten.

Ich glaube zu wissen, woher der Protest kommt, und ich weiß auch, für wen diese zornigen Stimmen zumindest teilweise sprechen: Es sind vor allem afroamerikanische Transfrauen, die bei der Arbeitssuche auf sehr viele Vorurteile stoßen, die oft gezwungen sind, sich ihr Geld als Sexarbeiterinnen zu verdienen und dabei ihr Leben aufs Spiel setzen. Ich kenne auch das tragische Syndrom, das es viel zu oft gibt, über das aber kaum gesprochen wird: Eine Transfrau hat Sex mit einem Hetero, es spricht sich herum, dass der Hetero gerade mit einem Mann geschlafen hat, den er für eine Frau hielt. Weil aber diese Frau noch einen Penis hat, gilt das Ganze plötzlich als homosexueller Akt. Der Freier wird lächerlich gemacht und damit aufgezogen, und schließlich tötet er die Transfrau, um sein Gesicht zu wahren, weitere Erniedrigungen zu vermeiden und um sich zu beweisen, dass er immer noch das ist, was er für einen echten Kerl hält. Das Leben vieler Transfrauen gilt in unserer Gesellschaft tatsächlich alarmierend wenig. Wenn die Polizei solche

Morde untersucht, führt das vielfach zu keinem Ergebnis. Kommt ein solcher Fall doch einmal vor Gericht, kommt der Mörder oft zu billig davon, und nur selten wird die Tat als Hassverbrechen eingestuft.

Mir ist bewusst, dass im November 2015, als ich meine Rede halte, seit Jahresanfang bereits eine Rekordzahl von 23 Morden an Transgender- oder gender-nonkonformen Menschen verübt worden ist. Davon waren nur drei – drei! – nicht afroamerikanischer Herkunft oder Latinos. (2016 wird dieser traurige Rekord noch einmal übertroffen.) Ich weiß, wie viel Angst in städtischen Problembezirken herrscht, zum Beispiel in den Vierteln um die Six Mile Road und Woodward Avenue in Detroit oder zwischen dem Santa Monica Boulevard und der Vine Street in Los Angeles. Ich weiß, dass Kiesha Jenkins am 6. Oktober 2015 in Philadelphia von einer Gruppe junger Männer überfallen und erschossen wurde. Ich weiß, dass man Tamara Dominguez in Kansas City mehrmals mit einem Lastwagen überfahren hat.

Kann ich mich mit diesen Opfern oder überhaupt mit den Opfern von Gewalttaten identifizieren? Natürlich nicht. Kann mir ihr Schicksal schrecklich nahe gehen? Natürlich. Habe ich mit Menschen gesprochen, die so etwas erlebt haben? Ja. Bin ich der Meinung, dass mehr dafür getan werden muss, damit solche Taten als Hassverbrechen eingestuft werden? Ja. Fürchte ich, dass die Polizei Vorurteile gegen Transfrauen hat, die als Prostituierte arbeiten? Ja. Müssen wir gegen Vorurteile kämpfen, damit Transfrauen leichter Jobs finden? Ja. Sollten wir aufhören, ständig um den heißen Brei herumzureden und in jedem Bundesstaat dafür sorgen, dass Transfrauen und Transmänner ihren Personenstand auf Dokumenten wie Geburtsurkunden oder Führerscheinen problemlos ändern können, damit überhaupt keine Frage nach ihrem Geschlecht aufkommt, wenn sie sich bewerben? Ja, ja und nochmal ja.

Ich nehme der Demonstrantin mit dem Megaphon ihre Worte nicht übel. Im Gegenteil, ich würde gern mit ihr reden, ihre Geschichte hören. Ich möchte wissen, was ich tun könnte oder sollte. Aber als ich versuche, mich ihr zu nähern, schreit jemand anders:

„Fass sie ja nicht an! Versuch ja nicht, sie anzufassen!"

Ich möchte immer noch mit ihr reden. Damit sie auch mich ein wenig kennenlernt, hört, was ich zu sagen habe und in meine Augen sieht, auch wenn sie ein Tuch vorm Gesicht trägt, sodass ich ihre nicht sehen kann.

Dass ich sie nicht habe erreichen können, geht mir noch immer durch den Kopf, als unser Bus schon längst von Chicago auf dem Weg nach Lamoni ist. Zwar versuche ich noch herauszubekommen, wie sie heißt, aber das erweist sich als unmöglich. Schließlich muss ich mich davon lösen, denn jetzt wartet Graceland.

Der Bus biegt in die College Avenue ein, und ich gucke aus dem Fenster. Wir fahren an der Patroness Hall vorbei, am Floyd McDowell Commons, am Helene Center For The Visual Arts und am Shaw Center. Kurz halten wir am Bruce Jenner Sports Complex, der nach meinem Olympiasieg nach mir benannt wurde. In der Lobby hängt noch immer eine kleine Tafel, die mich in einer roten Trainingsjacke mit schwarzen Streifen an der Seite zeigt, die Goldmedaille um den Hals. Meine Leistungen sind in schwarzer Schrift auf passenderweise goldenem Hintergrund vermerkt. Zwar lächele ich auf dem Foto, aber es ist ein dünnes, unsicheres oder zumindest zögerndes Lächeln. Es reicht nicht bis in die Tiefe, wahrscheinlich, weil ich dieses Lächeln schon so oft gezeigt habe, wenn irgendetwas nach mir benannt wurde. Zwar fühlte ich mich dann natürlich immer sehr geehrt, aber je öfter das geschah, desto weniger hat es mir bedeutet. Auch frage ich mich, ob dieses Lächeln zu einer durchsichtigen Maske für die verborgene Schuld und die peinliche Überzeugung geworden ist, dass ich weder die Goldmedaille verdient habe, noch, dass irgendein Gebäude nach mir benannt wird oder sonst etwas.

Also habe ich gelächelt. Mehr konnte ich nicht tun.
Versuch einfach zu lächeln.
Manche der Gebäude sehen noch genauso aus wie früher. Andere sind inzwischen modernisiert worden. Wieder andere sind ganz neu. Aber der Eindruck ist immer noch derselbe, ein kleines, bescheidenes College aus Mörtel und Steinen, ganz seinen Studenten verpflichtet – und als kirchennahes College natürlich auch einer moralischen Lebensführung. Aber wessen Moral ist das, und wessen Standards? Jene, die Transmänner und -frauen verdammen, schwingen gern die Religion als Keule. Ihr Gott ist nicht gütig, sondern grausam und rachsüchtig und gnadenlos in seinem Urteil. Sie erkennen in der Bibel keine Schönheit, sondern nur Blasphemie.

Und das ist noch ein Grund für meine Nervosität: Welches Gottesbild wird zutage treten, wenn wir auf die Bühne gehen, der gnädige, freundliche Gott oder jener, der fest entschlossen ist, mich und meine Transschwestern zu zerstören?

Wenige Minuten, bevor ich auf die Bühne komme, entdecke ich einen meiner alten Football-Trainer in der Menge, Jerry Hampton. Er ist seit fast siebzig Jahren eng mit Graceland verbunden und war hier erst selbst Student, dann Trainer und Lehrer. Er steht sinnbildlich für die Wurzeln des Colleges und für den Schutzraum, den es einem Jungen von der Ostküste bot, als der etwas brauchte, wo er sich heimisch fühlen konnte. Hampton war 25 Jahre lang Football-Coach, 33 Jahre Tennislehrer und 22 Jahre Wrestling-Trainer, und seine Teams wurden bei collegeinternen Turnieren nie geschlagen.

In unserer gemeinsamen Graceland-Zeit zwischen 1968 und 1973 haben wir eine sehr freundliche Verbundenheit gepflegt, an die ich jetzt gerne wieder anknüpfen würde. Aber plötzlich bin ich unsicher. Ist meine Frisur okay? Habe ich zu viel Make-up aufgelegt? Ist ein weißer Hosenanzug zu konservativ? Hätte ich lieber etwas schlicht Schwarzes anziehen sollen? Oder einfach nur Jeans und T-Shirt, damit ich nicht zu geschniegelt daherkomme?

Vielleicht sind Coach Hampton die Klamotten aber auch völlig egal. Vielleicht werde ich ihm seine Enttäuschung anmerken, wenn er mich sieht, auch wenn er sie zu verstecken versucht, wenn er mich anhand der Fotos erkennt, ohne mich wirklich wiederzuerkennen. Er war mein Trainer, und es passiert natürlich nicht jeden Tag, dass männliche Sportler ausziehen, um bei Olympischen Spielen Siege davonzutragen, und dann als Frau zurückkehren. Aber Jerry lacht mich breit an, als er mich sieht, und begrüßt mich wie den verlorenen Sohn, der zumindest für ein paar Stunden nach Hause zurückgekehrt ist, auch wenn man inzwischen natürlich von einer verlorenen Tochter sprechen sollte. Sein Lächeln sagt alles: Er hat völlig verstanden, was ich getan habe, und es macht für ihn keinen Unterschied. Die Verbindung zwischen dem früheren Spieler und dem früheren Trainer ist immer noch stark; die Zeit hat ihr nichts anhaben können.

„Sie sind ja noch hier!", sage ich als erstes, als wir uns gegenüberstehen. Das könnte man natürlich fälschlicherweise als Überraschung und Schreck darüber interpretieren, dass er überhaupt noch lebt. Aber so habe ich es nicht gemeint. Ich bin einfach nur verwundert, dass er nach all den langen Jahren immer noch in Graceland ist. Takt ist nicht gerade meine starke Seite.

„Wir haben gerade in meinem Büro mit Ihnen angegeben", sagt der College-Präsident John Sellars zu mir. „Wir haben von Ihrer Studentenzeit geredet und darüber, wie stolz alle auf Sie sind."

Auf meine Leistungen als Student?

Das nenne ich mal echten Revisionismus.

Nun geht es in den voll besetzten Saal. Der Applaus ist laut, das ist schon mal ein gutes Zeichen. „Heute bietet sich den Studenten von Graceland eine großartige Gelegenheit für eine Diskussion über Gender-Identität", erklärt die Juniorprofessorin Raquel Moreira, als sie uns vorstellt. „Falsche Fragen gibt es nicht. Fragen Sie einfach, was Sie gern wissen möchten."

„Wie ist es Ihnen gelungen, die Geschlechtsumwandlung durchzuziehen und immer noch ein Leben mit Gott zu führen?"

Eine ehrliche, gut gestellte Frage. In meinem Fall waren es tatsächlich ein Gespräch mit meinem Pastor über Gott und die eingehende Beschäftigung mit der Überlegung, ob Er oder Sie mich immer noch anerkennen würde, die mir den Mut gegeben haben, die Transition wirklich in Angriff zu nehmen.

„Das kann ich erklären", sagt jedoch die einmalige Chandi und sorgt mit ihrem wohlerprobten *Leg-dich-ja-nicht-mit-mir-an*-Blick dafür, dass sie das Mikrofon sofort bekommt. Ich sehe sie an. Sie erwidert meinen Blick nicht, ihre Augen sind wie Stahl und gerade nach vorn gerichtet. Chandi, die in *I Am Cait* zu einer meiner Schwestern und eine wunderbare Freundin wurde, ist stark. Chandi lässt sich nichts gefallen. Chandi ist witzig. Chandi ist liebevoll. Chandi ist eine Aktivistin. Chandi ist offen und direkt, *sehr* direkt. Sie kämpft schon seit Jahren für die Trans-Community. Sie lebt diesen Kampf, jeden einzelnen Tag.

Hinter der Frage des Studenten, so harmlos sie zunächst auch scheinen mag, steckt das Problem, wie man als Transmann oder Transfrau ein Leben im Einklang mit Gott führen kann, obwohl das, was man getan hat, als widerwärtig, unanständig und beschämend angesehen wird.

Chandi, bitte denk daran, dass wir in meinem alten College stehen.

Die Demonstranten, die mich in Chicago angeschrien haben, waren schon schlimm genug.

„Tja, das war wirklich ziemlich schwer. Ich stamme aus einer sehr religiösen Familie. Jahrelang hat man mir gesagt, dass mein Leben abartig und abscheulich wäre, und tatsächlich hatte ich mich jahrelang von Gott abgewandt. Ich musste erst erkennen, dass Gott wusste, wer ich war, bevor mir das selbst klar wurde, und da sagte ich mir: Wie kann ich dann den Kontakt zu Gott verlieren? Er wusste Bescheid, lange, bevor ich es wusste. Seit ich erkannt habe, dass er sich nie von mir abgewandt hat, werde auch ich diese Verbindung nie wieder loslassen."

Es folgt lautstarker Beifall. Chandi hat wunderschön formuliert, was ich fühle, und was vielleicht auch viele andere Transfrauen und Transmänner erlebt haben: den Kreislauf aus Ablehnung und Schande, aus dem man irgendwann ausbricht, um schließlich Akzeptanz zu erfahren. Chandi ist es so ergangen. Mir auch. Aber für andere war das nicht so leicht, egal, ob es die Religion, Freunde oder Familie betrifft.

Die Worte von Kate Bornstein, die als nächstes ans Mikrofon tritt, machen mir deutlich, wie viel Glück ich dabei hatte, dass ich auf so viel Offenheit und Zugewandtheit stoßen durfte, und wie sehr das tatsächlich auch daran liegt, dass ich ein privilegierter Promi bin.

Wie 99,9 Prozent aller Transmänner und Transfrauen hat Kate bei ihrer Transition keinen PR-Berater gehabt, der ihr Tipps für die richtige Vorgehensweise geben konnte. Sie ist ihren Weg gegangen, obwohl sie wusste, dass ihre Familie dadurch möglicherweise einen irreparablen Schaden davontragen würde.

Kate, die ebenfalls zu den Schwestern in meiner Sendung zählt, ist eineinhalb Jahre älter als ich. Sie agiert ein wenig wie die Gruppenleiterin in einem Pfadfinderlager und hat mir mit ihrer Weisheit und Reife viel für meinen weiteren Weg mitgegeben, während ich oft aus einer isolierten Position heraus agiere, die stark von den Privilegien der Welt weißer Männer beeinflusst ist.

Wir haben eine tiefe, emotionale Verbindung – vielleicht, weil auch sie ihre Auseinandersetzungen mit der Trans-Community gehabt hat und sich davon nicht unterkriegen lässt. Sie hat 1986 die geschlechtsangleichende Operation durchführen lassen und ist Kate geworden. Aber sie weigert sich standhaft, sich als Frau zu bezeichnen, und hält Geschlechterzuordnungen für ein lediglich gesellschaftliches und medizinisches Konstrukt. Ihr Buch *Gender Outlaw* ist witzig, klug und provokativ, ohne dabei platt zu provozieren. Vor allem ein Absatz daraus ist es wert, hier zitiert zu werden. Darin setzt sie sich in ihrer klaren Ehrlichkeit damit auseinander, wie es aussieht, wenn ein Mann eine Frau wird und eine Frau ein Mann, und ob das überhaupt wirklich geht:

> Ich weiß, dass ich kein Mann bin – darüber bin ich mir tatsächlich ganz und gar im Klaren, und ich bin zu dem Schluss gekommen, dass ich wahrscheinlich auch keine Frau bin, jedenfalls nicht nach den Vorstellungen der meisten Menschen. Das Problem ist, dass wir in einer Welt leben, die verlangt, dass wir entweder das Eine oder das Andere sind – eine Welt, die sich allerdings keine Mühe gibt, uns genau zu sagen, was das Eine oder Andere ist.

Sie bezeichnet sich und andere Transfrauen als „Trannys". Das hat zu zornigen Reaktionen jener geführt, die glauben, dieser Ausdruck verstärke den Irrglauben, dass wir hier nur Verkleiden spielen, dass wir Männer sind, die gerne mal einen Fummel tragen, oder Frauen, die sich Männerkleider kaufen. Sie meint es aber liebevoll. Es ist ein Wort, keine Verurteilung. Damit versucht sie, etwas von der Schwere aufzulösen, die sich in der Trans-Community breit gemacht hat, und klarzustellen, dass man nicht die Ungleichbehandlung und die schlimmen Tragödien kleinredet, nur weil man mit etwas Humor an die ganze Sache herangeht.

Aber unter all dem spürt man ihren Schmerz, und es gibt immer wieder Augenblicke, in denen die Erinnerung an alte Verletzungen sichtbar wird.

Kate wurde in eine perfekte Kleinfamilie hineingeboren und wuchs in den 1950er-Jahren in New Jersey auf. Der Vater war Arzt, die Mutter hatte als Lehrerin gearbeitet, die Familie hatte zwei Söhne. Auf der Jungenschule, die sie besuchte, wurde sie schnell zur Zielscheibe des Spotts, weil sie zum einen übergewichtig, zum anderen jüdischen Glaubens war. Später ging sie auf die Boston University und entdeckte dort ihr Talent für Performance Art. Dabei kämpfte sie nicht nur mit ihrer Geschlechtszugehörigkeit, sondern auch mit spirituellen Fragen und suchte intensiv nach einer Religion, der sie sich zugehörig fühlen konnte. Sie versuchte es bei den Amish People, mit der Kabbala und schließlich mit Scientology.

Angesichts ihrer Gender-Probleme erscheint gerade Scientology eine phänomenal unglückliche Wahl, und ich verstehe nicht, wieso sie das tat. Sie vielleicht auch nicht. Aber wenn man mit seinem Geschlecht nicht im Reinen ist und beispielsweise weiß, dass man kein Mann ist, aber auch nicht davon überzeugt ist, eine Frau zu sein, dann ist man für jedes Ablenkungsmanöver dankbar, je intensiver, desto besser. Aber in ihrem Fall wurde daraus die Hölle.

Bevor Kate die Sekte endgültig verließ, wurde sie sechs Stunden lang an einen Lügendetektor angeschlossen, wie sie später berichtete, und immer wieder zu ihrer Geschlechtszugehörigkeit befragt. Schließlich wurde sie exkommuniziert, musste dabei aber ihre Tochter zurücklassen, die sie nun seit über dreißig Jahren nicht mehr gesehen hat. Dem Publikum erzählt sie: „Meine Tochter ist heute eine hochrangige Führungskraft bei Scientology. Für Scientologen ist mein Transsein Beweis dafür, dass ich ein böser Mensch bin, mit dem man nicht reden darf. Als ich sie zum letzten Mal sah, war sie neun. Jetzt ist sie 42 oder 43 Jahre alt."

Ihr steigen Tränen in die Augen, und man spürt einen Schmerz, der niemals vergehen wird. Es ist nicht nur so, dass Kate ihre Tochter vermisst. Auch für ihre Tochter ist es ein Verlust, diese gütige und bemerkenswerte Frau nicht zu kennen – eine Performerin, eine undogmatische Aktivistin, die allen und jedem Toleranz entgegenbringt, eine sanfte Seele, die sich jetzt damit auseinandersetzen muss, dass die Krebserkrankung, die sie überwunden glaubte, doch wieder zurückgekehrt ist.

Sie sagt dem Publikum, dass sie die Hoffnung nicht aufgegeben hat, ihre Tochter doch noch einmal wiederzusehen. Aber ich denke, das stimmt nicht. In ihrem Herzen weiß sie, dass sie sich nie wieder treffen werden. Das ist so oft der Preis, den Transmänner und Transfrauen zahlen – der Verlust von etwas so Kostbarem und Heiligem, um etwas ebenso Kostbares und Heiliges für sich zu gewinnen.

Kate gibt den Studenten eine schlichte und gleichzeitig komplizierte Weisheit mit auf den Weg:

„Seht bis auf den Grund der Doktrin, der ihr folgt. Wenn da auch nur ein Funken Gemeinheit zu erkennen ist, dann denkt lieber zweimal darüber nach, ob das wirklich euer Weg sein soll."

Siebtes Kapitel

Zapp-zapp-zapp

> Elektrolyse, die (Substantiv, feminin)
> Plural: Elektrolysen
> 1a: Zerstörung von Haarwurzeln mittels einer nadelförmigen Elektrode, die Strom in den Haarfollikel leitet
> b: Etwas, das unvorstellbar weh tut
> c: Etwas, das ich absolut verdient habe

Soweit die klinische und persönliche Beschreibung meiner Barthaarentfernung, die ich Mitte der Achtziger in Angriff nahm, nachdem ich mein selbstgewähltes Exil in einem winzigen Haus in Malibu bezogen hatte.

Das Ganze geht praktisch so vor sich: Der Elektrologe, der die Enthaarung durchführt, schiebt eine Metallsonde mit einem Durchmesser zwischen 0,05 und 0,15 Millimeter in den Follikel, in dem das Haar gebildet wird. Dann fließt Strom durch diese Sonde. Die zunächst sehr geringe Stärke wird dann zunehmend erhöht, je nachdem, wie leicht oder aufwändig es ist, die Wachstumszellen permanent zu schädigen.

Dabei gibt es verschiedene Methoden. Bei der galvanischen Elektrolyse wird durch die Verwendung von Gleichstrom zwischen 0 und 3 Milliampere eine Natronlauge im Haarfollikel erzeugt, die alle germinativen Zellen zerstört. Bei der Thermolyse werden die Wachstumszellen auf 47 bis 50°C erhitzt, um sie abzutöten. Und in der Blendmethode wendet man beides gleichzeitig an.

Mit anderen Worten, es tut saumäßig weh.

Jetzt muss man bedenken, dass der durchschnittliche Mann ungefähr 30.000 Barthaare hat. Und dass viele dieser Haarwurzeln sehr tief sitzen. Und dann kommt noch dazu, dass so eine Epilation etwa drei Stunden dauert und man mindestens zwei Jahre lang jede Woche eine solche Behandlung hat – wobei jedes entfernte Barthaar mit einem schmerzhaften Stich, Brennen und Pochen einhergeht.

Das war mir als Strafe aber noch nicht genug.

Zwar gab es orale oder lokal anwendbare Schmerzmittel, die für Linderung gesorgt hätten, aber davon hielt ich generell nichts. Auch beim Training für den Zehnkampf hatte ich so etwas nie genomen, auch keine anderen Medikamente, da ich das Gefühl nicht mochte, die Kontrolle über meinen Körper zu verlieren.

Von daher nahm ich diese Tortur ganz willentlich und bewusst auf mich. Ich hasste den Schmerz, aber ich hatte ihn auch verdient. Weil ich das war, was ich nun einmal war – eine Abartigkeit ohne ein Zuhause, gefangen zwischen der männlichen und weiblichen Welt, eine Geisel des Ruhms und Reichtums, den ich ausgerechnet durch meine Männlichkeit erworben hatte. Wenn mein Körper anders ausgesehen hätte, als ich die Goldmedaille gewann, wenn er nicht so muskulös gewesen wäre, wenn mein Gesicht nicht so markant geschnitten gewesen wäre, wenn mein Name anders gelautet hätte, ohne diesen perfekten Klang aus erst einer und dann zwei Silben, wenn ich in einer anderen Disziplin gewonnen hätte als ausgerechnet im Zehnkampf, dann wäre das alles nicht passiert. Es ist bizarr, wenn man darüber nachdenkt, wie viele verschiedene Attribute zusammenkamen und dann diese Entwicklung in Gang setzten. Millionen Menschen blickten zu mir auf, schätzten mich und beneideten mich vielleicht auch. Für mich war das kaum vorstellbar: Ich hasse mich mit jedem Tag mehr, und ich nahm diesen Schmerz nicht nur deswegen hin, weil ich glaubte, ihn verdient zu haben, sondern auch, damit ich überhaupt noch irgendetwas spürte.

Mit Mitte dreißig war ich bereits zweimal geschieden. Zu meinen vier Kindern hatte ich nicht mehr viel Kontakt, weil mich meine Genderdysphorie so sehr beschäftigte, dass ich kaum noch etwas anderes wahrnahm. Immer deutlicher war mir inzwischen klar geworden, dass die Transition unausweichlich war. Manchmal hätte ich mir am liebsten buchstäblich die Haut abgezogen. Raus aus diesem albernen Kostüm aus Fleisch und Knochen. Daher hatte ich auch stets das Gefühl, dass mir nicht mehr viel Zeit mit meinen Kindern blieb – schließlich stand ich kurz davor, mich in jemanden zu verwandeln, den sie nicht wiedererkennen würden.

Nun saß ich da und sah fern, bekam aber eigentlich kaum mit, was in der Mattscheibe lief. Wohl auch, weil ich generell kaum in der Lage war, mich auf irgendetwas zu konzentrieren. Geistesabwesend zappte ich durch die Kanäle, aber dann blieb ich plötzlich bei einer Sendung hängen. Der Leiter einer Organisation in Orange County berichtete von Beratungsangeboten für Transmänner und Transfrauen. Bisher hatte ich nicht einmal gewusst, dass es eine solche Organisation gab. Spontan rief ich die Auskunft an und ließ mir die Nummer geben. Und dann sprach ich mit dem Mann, den ich eben noch im Fernsehen gesehen hatte. Ich erzählte ihm von meinen Problemen mit meiner Geschlechtsidentität und fragte ihn, ob es Therapeuten in Los Angeles gab, die er mir empfehlen konnte. Ganz offensichtlich hatte er keine Ahnung, mit wem er sprach, und es wäre ihm wohl auch völlig egal gewesen.

„Natürlich, da kann ich Ihnen helfen."

Er nannte mir die Namen von zwei Männern und einer Frau. Da ich mich mit Männern nie so richtig wohl fühlte, entschied ich mich für die Frau. Sie hieß Gertrude Hill und bot Sitzungen bei sich zu Hause im Valley an, in der Nähe von Encino. Mit Trudy vereinbarte ich einen Termin und ging schließlich in den nächsten fünf Jahren, bis 1990, regelmäßig zu ihr. Sie half mir durch die dunkelste Zeit meines Lebens.

Auf der Fahrt dorthin hatte ich fürchterliche Angst. Gleichzeitig war ich aber auch richtig aufgeregt angesichts der Vorstellung, endlich einmal alles rauszulassen, die ganzen jahrelang aufgestauten Gefühle, die jetzt endlich aus mir hervorbrechen durften. Dann standen wir uns gegenüber. Sie war einen guten Kopf kleiner als ich, wenn nicht sogar mehr. Sie hatte einen dicken jüdischen Akzent und war Anfang fünfzig, und sie strahlte eine überwältigende Empfindsamkeit aus. Ich spürte sofort, dass diese Empathie durch ein einschneidendes Erlebnis geprägt worden war. Darüber fand ich später tatsächlich mehr heraus.

Gertrude Hill stammte ursprünglich aus Ungarn und wurde 1944 im Alter von elf Jahren zusammen mit ihrer Mutter nach Auschwitz gebracht.

Ihr Vater war schon zwei Wochen zuvor abgeholt worden und umgekommen. Als man sie vom Zugwaggon zum Konzentrationslager trieb, trat ein jüdischer Offizier neben Trudy. Er wusste, dass Mütter und Töchter sofort in die Gaskammern kamen, und er raunte ihr zu: „Sag niemandem, dass das deine Mutter ist. Halte dich von ihr fern. Du bist kein Kind mehr."

Trudy blieb zwar stets in der Nähe ihrer Mutter, aber nie direkt an ihrer Seite. In den fünf Monaten, die sie im Lager zubrachte, tötete eine der Frauen ihr Neugeborenes, damit sie nicht angezeigt wurde. Trudy wurde ausersehen, das tote Kind beiseite zu schaffen.

„Jemand drückte mir ein dreckiges, weiches, nässendes Bündel in die Hand und sagte: Begrab das irgendwo."

Sie und ihre Mutter wurden später in zwei verschiedene Lager gebracht, nach Salzwedel und Bergen-Belsen, bevor sie im April 1945 von den Alliierten befreit wurden.

Doch trotz dieser schrecklichen Erlebnisse hatte Trudy nie ihren Glauben an Gott verloren, und das war für mich sehr tröstlich. Wie oft hatte ich gedacht, dass Gott seinen Glauben an mich verloren hatte! Aber je öfter ich zu Trudy ging und je besser ich sie kennenlernte, desto mehr erkannte ich, dass sie sich für das Spezialgebiet Genderdysphorie entschieden hatte, um das Leid von Menschen zu lindern, die das Gefühl hatten, sich niemandem anvertrauen zu können. Sie hatte sich trotz der Unmenschlichkeit der Konzentrationslager ihre eigene Menschlichkeit bewahrt und gefestigt.

Gleich zu Beginn half mir Trudy, meine Situation neu zu bewerten, und das hatte ich bitter nötig. Sie machte mir klar, dass meine Gefühle nicht abnormal waren, sondern dass es vielen Menschen so ging wie mir. Sie wollte aber genau herausfinden, wie stark ich unter diesen Problemen litt, ließ mich seitenweise Fragebögen ausfüllen und machte eine ganze Reihe psychologischer Tests mit mir. Der einzige, an den ich mich erinnere, war der Rorschach-Test, bei dem alles wie ein Schmetterling aussieht. Ihre Untersuchungen erbrachten eine eindeutige Diagnose: Ich war transgender, äußerlich ein Mann und innerlich eine Frau.

„So sind Sie nun einmal. Das wird sich nie ändern."

„Gibt es dafür eine Therapie?"

„Nein. Das einzige, was man daran ändern kann, ist die Art, wie man damit umgeht."

Wie aber geht man damit um? Indem man es verleugnet? Danke, das hatte ich schon getan. Ich war unglaublich einsam. Ich passte nirgendwo hinein. Es gab für mich kein Zuhause. Inzwischen hatte ich mich von ungefähr jedem Menschen distanziert, den ich je gekannt hatte. Selbst von meiner Mutter hatte ich mich immer mehr zurückgezogen: Nachdem ich mit angesehen hatte, wie sehr sie unter Burts Tod litt, konnte ich ihr nicht auch noch das mit mir zumuten.

Irgendwann in dieser Zeit erzählte ich es aber Pam. Ihre Reaktion werde ich nie vergessen. Zwar versuchte sie mich zu verstehen, aber ich konnte den Schock an ihren Augen ablesen – sie starrte mich an, als ob plötzlich ein Fremder vor ihr stand. Auch sie erinnert sich noch sehr lebhaft:

Bruce war damals noch Bruce. Er rief mich an und sagte, er sei in Miami, wo ich damals lebte, und wollte mit mir Essen gehen. Ich sagte, toll, gute Idee, ich frage gleich mal Bill, meinen damaligen Ehemann, ob er mitgehen will. Aber Bruce wehrte ab: „Nein, nein, nein, ich will mit dir über eine Familienangelegenheit sprechen."

Das war zwar sehr ungewöhnlich, ließ bei mir aber noch nicht die Alarmglocken schrillen. Ich dachte, es hätte vielleicht mit seiner Ehe zu tun. Als wir dann im Restaurant saßen, machten wir eine Weile Smalltalk, dann sagte er: „Ich muss dir etwas anvertrauen. Ich habe mich immer schon als Frau gefühlt."

Damals verstand ich nicht einmal, was er damit sagen wollte. Er fuhr fort: „Früher, noch zu Hause, habe ich ganz oft deine Sachen anprobiert, manchmal auch Moms." Ich saß da wie vom Donner gerührt und konnte nicht fassen, was ich da hörte. Und dann sagte er: „Ich glaube, ich muss deswegen wirklich etwas unternehmen." Wie ich reagiert habe, weiß ich heute nicht mehr.

Aber ich erinnere mich an die Fahrt nach Hause. Ich weinte so heftig, dass ich kaum noch die Straße vor mir sah. Ich habe geheult und geschluchzt. Aus mehreren Gründen. Einer war ganz egoistisch: „Mein berühmter Bruder, den ich anbete, denkt darüber nach, eine Frau zu werden?" Dann erst dämmerte mir, welches Leid er über all die Jahre sicherlich erduldet hatte. Vor mir stand ein ganz anderer Mensch. Ich fand es sehr schwer, anderen davon zu erzählen. Nicht einmal meinem Mann vertraute ich mich an. Es war unser Geheimnis.

Vor allem aber entfremdete ich mich durch diese Entwicklung von meinem Vater. Ich spielte das große Gespräch immer wieder durch, und jedes Mal endete es anders. Er akzeptierte es. Er konnte es nicht akzeptieren. Er wollte es nicht akzeptieren.
„Ich bin nicht Bruce, Dad."
„Wer zur Hölle bist du dann?
Ich musste an seine Freudentränen denken, die ihm über die Wangen rannen, als ich nach meinem Olympiasieg zu der Tribüne lief, wo er saß. Es war, als ob ich sie auf meinem eigenen Gesicht fühlte.
Was würde er jetzt wohl von mir denken?
„Du bist keine gottverdammte Frau! Du bist mein Sohn! Du bist Bruce. Reiß dich mal zusammen, verdammt noch mal! Du redest Blödsinn."
In dieser Zeit verkroch ich mich in selbstgewählter Isolation in meiner Bruchbude in Malibu – einem kleinen Haus mit einer Pantry-Küche und offenem Wohnzimmer im ersten Stock und zwei Schlafzimmern im Erdgeschoss. Das eigentliche Hauptschlafzimmer war beklemmend eng, daher verlegte ich mein Bett ins Wohnzimmer, das Schiebetüren hatte und eine schöne Aussicht bot. Eines der beiden unteren Zimmer nutzte ich stattdessen für meine wachsende Damengarderobe. Als mich meine Mutter einmal besuchte und die Sachen sah, freute sie sich darüber, dass ich eine Freundin hatte.
Viele davon hatte Wendy Roth gekauft, eine der Koordinatorinnen der Sendung *Good Morning America*, für die ich als Sportreporter tätig war. Sie war meine engste Vertraute; ihr hatte ich schon sehr viel erzählt, noch bevor ich mit der Therapie begonnen hatte. Sie war, soweit ich weiß, auch die einzige, die gemerkt hatte, dass etwas nicht stimmte:

Ich wusste, dass da etwas war. Er war nicht der typische Macho, der hinter jedem Rock her gewesen wäre. Insgesamt war er nicht sehr gesellig, und er lebte auch nicht das privilegierte Promi-Leben, das er hätte führen können. Selbstmitleid lag ihm nicht, jedenfalls war das nie mein Eindruck. Ich hatte das Gefühl, dass er jemand anders sein wollte. Wir haben oft darüber gesprochen, und ich habe ihn gefragt, wieso er nicht einfach irgendwo untertauchte. Aber dann war da natürlich immer die Frage, wovon er dann hätte leben sollen, und wie man es überhaupt schaffen könnte, zu verschwinden, wenn man so bekannt war wie er.

Damals gab es Phasen, in denen ich fast jeden Tag mit Wendy redete. Manchmal stundenlang. Sie hörte zu, sie hörte mir wirklich zu.

Wendy nahm in mir viele gute Eigenschaften wahr, die ich aufgrund meines Selbsthasses völlig ausgeblendet hatte: Freundlichkeit, Großzügigkeit, Humor, ein angenehmes Wesen. Sie wusste, dass ich große, teure Spielzeuge wie Porsches und Flugzeuge mochte. Aber sie wusste auch, dass mir Geld im Grunde nicht wichtig war. Gemessen an dem sonst üblichen Standard in Malibu entsprach mein Haus eher einer Gartenlaube. Aber mir reichte das völlig: Es gab fließend Wasser, eine Toilette mit Spülung, und es regnete nirgendwo rein.

Wendy wohnte eigentlich in New York, kam aber regelmäßig nach Los Angeles. Wenn wir uns trafen, gingen wir shoppen – mal ein Kleid, mal Unterwäsche. Wenn eine Verkäuferin uns beraten wollte, sagten wir immer, dass wir für Wendy einkauften und sie mich mitgeschleppt hatte. Dass das Quatsch war, dürfte jede Verkäuferin mit einem Blick erkannt haben: Wendy hätte in meine hintere Hosentasche gepasst, und in einem Kleid in Größe XL wäre sie versunken. Aber so ließ man uns wenigstens in Ruhe. Später verlegten wir uns darauf, dass wir für eine Freundin einkauften, damit die Geschichte plausibler klang. Manchmal zog Wendy auch allein los und kaufte mir Perücken, weil die Dinger, die ich in Katalogen bestellte, ihrer Meinung nach billig und schlecht verarbeitet waren und keine gute Passform hatten, was auch stimmte. 2013, als meine Ehe mit Kris kurz vor dem Aus stand und ich ausziehen wollte, eröffnete ich ein Bankkonto auf Wendys Namen, damit sie online für mich Kleidung bestellen konnte, ohne dass die Rechnungen auf mich verwiesen.

Damals, Mitte der Achtziger, gab es Phasen, in denen ich mich eine ganze Woche lang in der Bruchbude einigelte und nur mal rausging, um etwas zu essen zu besorgen. Auf der Spüle stapelte sich das Geschirr.

Und für Staubwischen und Staubsaugen hätte ich garantiert auch keinen Preis bekommen. Das ganze Haus war eine Schande für jemanden, der einen Millionenvertrag mit General Mills und einen weiteren sehr großzügigen Deal mit NBC abgeschlossen hatte und noch immer Motivationsvorträge vor den Mitarbeitern großer Firmen hielt. Aber das Motto, das ich für mich selbst ständig wiederholte, das ich wohl tausend Mal in meinem Leben sagte, lautete: Ist mir echt egal.

An Selbstmord dachte ich zwar nicht, aber manchmal fragte ich mich schon, worin der Unterschied zum Tod bestand, wenn man innerlich völlig leer war, wenn nichts zu einem durchdrang und man zu keinem Menschen eine Verbindung aufbauen konnte. Nie hatte ich das Gefühl, mich auf sicherem Terrain zu befinden. Sobald ich glaubte, emotional einigermaßen gefestigt zu sein, tauchten schon wieder unüberwindbare Hürden auf. Mal fühlte ich mich mutig genug, die Transition anzugehen, dann wieder wurde ich von Angst gepackt. Mal begierig darauf, endlich authentisch zu sein, dann nicht mehr in der Lage dazu. Ich wusste, was ich eigentlich hätte tun sollen, und tat es doch nicht.

Wisst ihr noch?

Er ist die fleischgewordene Version des amerikanischen Traums, strotzt geradezu vor ehrlicher Vitalität, ansteckender Gesundheit und guter Laune. Ist es seine Schuld, dass er offen, selbstbewusst und ehrlich ist? Genau so, wie wir alle sein wollten, wenn wir mal groß sind?

Kenneth Turan, *Washington Post*

Vielleicht schuldete ich der Welt eine Richtigstellung.

Nachdem ich eine Weile regelmäßig bei Trudy erschienen war, war ihr klar, wie unglücklich ich war. Wieder wies sie mich darauf hin, dass ich nicht der einzige Mensch war, der sich mit solchen Konflikten und Gefühlen herumschlug. Das Konzept Transgender war mir nicht mehr fremd; nicht zuletzt war ich in ihrem Büro zum ersten Mal einer Transfrau begegnet. Bei einer meiner Sitzungen leuchtete kurz vor dem Ende die kleine Lampe auf, die anzeigte, dass der nächste Patient im Wartezimmer saß. Trudy erwähnte, dass es sich dabei um eine Transfrau handelte und fragte, ob ich sie vielleicht gern einmal sehen würde.

Tatsächlich ging ich ins Wartezimmer und nahm mir eine Zeitschrift, wagte es aber nicht, die Patientin anzusprechen. Meine erste Reaktion fiel damit ganz ähnlich aus wie die der meisten Menschen, die heutzutage einem Transmenschen begegnen.

Ich war nervös. Schüchtern. Aber sie schien mit sich im Reinen. War das so, wenn man die Transition hinter sich hatte? Konnte man dann wirklich eins mit sich sein? Sich einfügen?

Trudy arbeitete darauf hin, mir einen Weg aufzuzeigen, wie ich mich mit mir aussöhnen konnte, unabhängig davon, wie ich mich selbst definierte und ohne mich von den Erwartungen anderer in eine Falle locken zu lassen. Denn das, was ich jetzt führte, war kein Leben, sondern nur ein blasser Abklatsch.

Zwar sprach sie es nicht aus, aber ich spürte, was sie dachte: dass ich etwas unternehmen musste, um mich körperlich mehr wie ich selbst zu fühlen. Da es keine Heilung gab, musste ich einen Weg finden, um damit umzugehen, so wie jeder andere Transgender auch. Es gab durchaus kleine Schritte, die ich für mich in Erwägung zog – aber nichts so Einschneidendes wie Gesichtschirurgie für ein stärker feminin geprägtes Erscheinungsbild und ganz sicher nicht die umfassende, geschlechtsangleichende OP. Dafür war ich nicht bereit und würde es vielleicht auch nie sein.

Damals hatte ich die Angewohnheit, nachts ein wenig durch die Gegend zu fahren, und bei einer dieser Gelegenheiten beschloss ich, bei Trudy vorbeizuschauen, die inzwischen in Beverly Hills wohnte. Ich trug einen langen Rock und ein schönes Top. Ein richtig süßes Outfit, wenn ich das selbst einmal so sagen darf. Nachdem ich meinen Wagen ein kleines Stück von ihrem Büro entfernt geparkt hatte, ging ich ein Stück zu Fuß und spürte, wie mich die Scheinwerfer eines anderen Autos von hinten erfassten. Der Fahrer überholte mich, als sei nichts weiter dabei. Es erinnerte mich an diese Augenblicke in meiner Kindheit in Tarrytown, als ich durch Sleepy Hollow Gardens ging, allerdings mit einem anderen Gefühl.

Ist das nicht herrlich? Ich falle überhaupt nicht auf. Wie cool ist das denn?

Etwas später stand ich vor Trudys Tür. Ich sähe toll aus, sagte sie, und dann fragte sie, ob wir zusammen Essen gehen wollten. Aber das war mir noch zu viel. Ich hätte noch nicht einmal etwas bestellen können, weil man meine Stimme sofort erkannt hätte. Und dann stellte ich mir das flüchtige Lächeln vor, mit dem mich die anderen Gäste ansahen, bevor sie ihren Freunden einen Rippenstoß gaben, damit die auch schnell hinguckten – „aber unauffällig, damit er nichts merkt!" Das wäre mir so peinlich gewesen, dass ich aufgesprungen und weggerannt wäre, ohne jemals wieder anzuhalten.

Immer ein Schritt nach dem anderen.

Mehr ging einstweilen nicht.

Ich hasste meinen Bart. Ich fand ihn eklig – morgens war man noch glatt rasiert, und abends waren überall diese grässlichen schwarzen Stoppeln wieder da, wie widerliche Ameisen. Mit den Haaren an den Beinen war es genauso, aber inzwischen enthaarte ich meine Unterschenkel regelmäßig mit Wachs.

Von Trudy erfuhr ich von den Möglichkeiten, die eine Elektrolysebehandlung bot; bei einer Transition ist es durchaus üblich, dass man sich den Bart entfernen lässt. Sie half mir bei der Suche nach einer qualifizierten Praxis. Die Lady, die mich dort behandelte, hieß Olga; sie wohnte in der Nähe vom Los Angeles International Airport und hatte in einem Extraraum eine Behandlungsliege und das komplette Equipment untergebracht. Als ich das erste Mal dort erschien, hatte ich einen Drei- oder Viertagebart; ich versuchte so zu tun, als ob ich mich einfach nicht gern rasierte und der Bart deswegen weg sollte. Allerdings bin ich mir ziemlich sicher, dass sie schon andere Patienten hatte, die auf dem Weg zur Transition waren. Sie wusste, wer ich war, stellte aber keine Fragen: Olga war rundum professionell.

Mehr als zwei Stunden am Stück hielt ich die Epilation nicht durch, weil es so verdammt weh tat. Wenn sich die Nadel tief in die Haut bohrte, fühlte es sich an, als würde man heftig ins Gesicht gestochen – okay, das war zunächst einmal schmerzhaft, aber auszuhalten. Aber dann trat Olga auf einen Schalter und ließ Strom hindurchfließen, und das ging durch bis in die Zehen. Der Schock hielt jedoch nur eine Millisekunde an. Also atmete man tief durch und versuchte sich zu sagen, das Schlimmste sei vorbei, aber dann wiederholte sich das Ganze wieder und wieder. Außerdem zupfte Olga nach jedem Stromstoß den Haarfollikel aus. In manchen Bereichen waren vier oder fünf Behandlungen nötig, um alle Haare zu entfernen. Außerdem hatte ich beschlossen, Hals und

Brust auch gleich enthaaren zu lassen. Reiß mir alle Haare aus, Olga. Jedes verdammte einzelne Haar.

Um den Schmerz etwas zu lindern, gab es eine Creme, die für eine leichte örtliche Betäubung sorgte, und natürlich Schmerzmittel in Tablettenform. Wahrscheinlich hätte die jeder benutzt, der klaren Geistes war, aber ich erwähnte das Thema nicht einmal. Stattdessen lag ich nach jedem Reinbohren und Auszupfen mit Tränen in den Augen auf dieser Liege. Auf der Oberlippe war es am schlimmsten, besonders direkt unter der Nase, aber ich lag trotzdem einfach da und ertrug den Schmerz.

Olga arbeitete schnell, das war das einzig Gute an der ganzen Quälerei. Sie berechnete 40 Dollar die Stunde und erhöhte ihre Sätze nie. Allerdings kann es gut sein, dass für eine Enthaarung insgesamt Kosten von mehr als 30.000 Dollar zusammenkommen.

Olga und ich machten das schon etwa eineinhalb Jahre, als ich beinahe aufgeflogen wäre. Eines Tages war ich etwas zu früh dran und parkte wie immer ein Stück von ihrer Praxis entfernt, damit mich niemand mit dieser Art von Behandlung in Verbindung brachte. Aber offenbar sah mich ein anderer Kunde auf der Straße und erkannte mich, und bei seinem nächsten Besuch fragt er Olga aus.

„War das Bruce Jenner?"

Olga deckte mich und stritt das rundweg ab. Dafür war ich ihr sehr dankbar. Außerdem, sagte sie, sei der Kunde, der mich gesehen hatte, eine Transfrau gewesen.

„Na ja, wissen Sie", räumte ich vorsichtig ein, „ich habe da auch so meine Probleme mit dem Geschlecht."

„Das hatte ich mir schon gedacht."

Man freundet sich ja irgendwann mit dem Menschen an, der einem Woche um Woche die Haarfollikel herauszupft. Da entwickelte sich zwangsläufig eine gewisse Intimität, obwohl ich mir hätte vorstellen können, dass es bessere Wege für den Beginn einer Freundschaft gegeben hätte. Wenn man aber versuchte, das alles ohne Schmerzmittel auszuhalten, war Ablenkung durch Reden das beste Mittel. Also unterhielten wir uns über alles Mögliche – über die Kinder, über das Tagesgeschehen, über das Leben. Aber abgesehen von diesem einen Mal sprachen wir nie wieder über das Trans-Thema.

Olga hatte meine Behandlung schon beinahe abgeschlossen, als sie mir eines Tages mitteilte, dass sie beabsichtigte, nach San Diego zu ziehen. Erst packte mich die Panik, weil sie noch längst nicht mit allen Stellen fertig war, aber dann fiel mir eine Lösung ein.

Ich war schon immer gern geflogen und hatte seit den Olympischen Spielen immer ein Flugzeug besessen. Als Kind war ich sehr gern am nahe gelegenen Westchester Airport und hatte den Maschinen beim Abheben zugesehen, mich gefragt, wo sie wohl hinflogen, und mir vorzustellen versucht, wie das sein mochte, wenn man sich einfach irgendwo hinbewegen konnte, ohne Ampeln oder Stoppschilder oder Diskussionen über die richtige Richtung. Wie herrlich das wohl war. Was für eine Freiheit. An ein eigenes Flugzeug hatte ich damals natürlich nicht gedacht, weil ich überhaupt nicht damit rechnete, jemals auch nur annähernd genug Geld für so einen Luxus zu haben. In der High School hatte ich allerdings eine Zeitlang eine Freundin, deren Dad ein Flugzeug besaß. Das war für mich das Coolste überhaupt, und ich hielt es mit ihr viel länger aus, als ich eigentlich wollte, nur weil ich so gern ihrem Dad dabei zuhörte, wenn er von der Fliegerei erzählte. Irgendwann merkte sie dann wahrscheinlich, dass ich das Flugzeug ihres Vaters interessanter fand als sie, und ließ mich sitzen.

Kurz nach Montreal hatte ich genug Geld zusammen, um mir mein erstes Flugzeug zu kaufen. Das Gefühl war genau so, wie ich es erwartet hatte – hoch oben in der Luft, an dem einzigen Ort, wo ich mit mir allein sein konnte, ohne mich einsam zu fühlen.

Mitte der Achtziger besaß ich eine Beechcraft Baron, obwohl ich wusste, dass ich sie ich mir angesichts meiner angespannten finanziellen Lage wahrscheinlich nicht mehr lange würde leisten können. Aber nun kam sie mir natürlich äußerst gelegen: Einen Monat lang flog ich regelmäßig nach San Diego. Olga holte mich vom Flugplatz ab und fuhr mit mir nach Hause. Inzwischen war die Behandlung etwas weniger aufwändig und dauerte auch nur noch eine Stunde, ein bisschen zapp-zapp-zapp an den Stellen, an denen die Haare doch wiedergekommen waren. Anschließend fuhr sie mich wieder zum Flugplatz, und ich flog nach Hause. Niemand bekam etwas davon mit, es war alles sehr geheim. Ich fühlte mich wie der James Bond der Elektrolyse.

Dann hasste ich auch noch meine Nase. Die hatte ich schon immer gehasst. Sie war breit wie eine Sprungschanze und hatte einen Knick in der Mitte. Zu gern hätte ich eine kleinere gehabt. Eine niedliche Nase. Also ging ich zu einem Schönheitschirurgen in Beverly Hills und erklärte ihm, dass ich meine Nase furchtbar hässlich fand und es schön wäre, wenn er diesen Haken beseitigen könnte. Das tat er zwar, aber ich war mit dem Ergebnis trotzdem nicht zufrieden. Zusammen mit der Elektrolyse reichte es aber schon dafür, dass man in den Medien zu tuscheln begann, ob Bruce Jenner in letzter Zeit nicht irgendwie komisch aussah.

Dann kam die Hormontherapie.

Es war eine unglaublich schwere Entscheidung. Mir war klar, dass damit deutliche körperliche Veränderungen ausgelöst werden würden, angefangen von der Brustentwicklung bis zum Abbau männlicher Muskelstrukturen. Außerdem würde das Haar langsamer wachsen, was wiederum weniger Elektrolyse bedeutete. Gleichzeitig würde es damit immer schwerer werden, die verräterischen Anzeichen zu verbergen – sich die Brüste wegzubinden ist nichts für Weicheier. Aber mit mir als Bruce zu leben war noch viel, viel schwerer. Die Frau in mir brauchte das Östrogen, um aufzublühen. Ich musste sie ein wenig füttern, und da ich das Hormon nun einmal nicht selbst produzieren konnte, brauchte ich eine Alternative.

Inzwischen hatte ich beschlossen: Ich wollte mit der Transition komplett durch sein, bevor ich 1989 vierzig wurde. Ich wollte noch etwas vom Leben haben und schon allein deswegen nicht erst im Alter diesen entscheidenden Schritt tun. Inzwischen dachte ich auch aktiv über eine Gesichts-OP nach, um meine Züge etwas weiblicher erscheinen zu lassen, aber das war eine langwierige Prozedur, die durchaus zehn Stunden dauern konnte. Aber nachdem ich mich so umfassend über alle Möglichkeiten informiert hatte, war auch die letzte, finale Operation nicht mehr völlig ausgeschlossen.

Während meiner Therapiesitzungen fragte mich Trudy nach den Phantasien, die ich mit einer möglichen Transition verband, und nach dem, was ich mir danach besonders schön vorstellte. Mein erster Gedanke war: Wie ich nach vollständiger Transition einen Strand in Kalifornien entlanglief und mich völlig frei fühlte. Frei von den inneren Widersprüchen. Erfüllt von innerem Frieden. Frei, einfach nur ich selbst zu sein, ohne dass es irgendwen störte.

Deswegen hatte ich beinahe Angst, das Thema Hormontherapie mit Trudy anzuschneiden. Innerlich wollte ich es unbedingt tun. Aber war das nicht verrückt? Ich war immer noch ein Star, selbst, wenn meine weiße Weste ein paar Flecken bekommen hatte. Würde ich damit zu weit gehen? Hatte ich wirklich eine Wahl?

Daher deutete ich es Trudy gegenüber nur an. Sie wusste, was mir vorschwebte, und dass ich dafür ihre schriftliche Bestätigung bräuchte. Ich hätte nicht einfach zu einem Endokrinologen gehen und sagen können: „Hey! Ich hätte gerne ein bisschen Östrogen!" Trudy stand auf. Sie lief in ihrem Büro hin und her, und ich merkte, dass auch sie sich fragte, ob es das Richtige war. Sie wusste mehr über mich als jeder andere Mensch auf der Welt. Sie kannte jedes Geheimnis, jeden Wunsch, jede Phantasie. Sie wusste, dass ich Kinder hatte. Sie wusste, dass es enorme Auswirkungen haben würde, wenn ich Bruce hinter mir ließ. Das war ihr alles klar. Gerade deswegen war mir ihre Meinung so wichtig.

„Wissen Sie was? Ich denke, es wäre gut für Sie."

Trudy rief einen Endokrinologen in Beverly Hills an, den sie gut kannte, und sprach mit ihm über meinen Fall; sie sagte ihm auch, dass absolute Verschwiegenheit vonnöten war. Dann redete ich selbst mit dem Arzt. Er las gerade ein Buch über russische Geschichte und sagte, dass er mir für die Behandlung einen Codenamen aus dem Buch geben wollte. Heute fällt mir nicht mehr ein, wie er lautete; ich weiß nur noch, dass es nicht Igor war. Aber so konnte ich dann die Sekretärin anrufen und ihr diesen Codenamen nennen, damit er wusste, wer dran war, wenn sie den Anruf durchstellte. Außerdem vereinbarten wir, dass ich nach der Sprechstunde zu ihm ging, wenn er in seiner Praxis am Wiltshire Boulevard allein war. Er stellte einen Behandlungsplan für meine Spritzen auf, und ich bekam zusätzlich einen Testosteronblocker in Tablettenform.

Die Hormontherapie veränderte mein Gefühlsleben grundlegend. Nach nur wenigen Monaten machte sich der beruhigende Einfluss des Östrogens schon bemerkbar. Vorher war ich immer ein wenig angespannt gewesen, konnte reizbar sein und ließ mich schnell aus der Reserve locken. Östrogen nahm mir diese Anspannung. Jetzt hatte ich das Gefühl, dass mich alles nicht mehr so stark aufregte – weder meine Identität noch mein Geschlecht oder die alltäglichen Aufgaben, die mich manchmal fürchterlich nervten, obwohl sie gar nicht weiter schlimm waren. Eines Abends, nachdem ich schon drei Monate lang Östrogen bekam, lag ich abends in meiner Bruchbude in Malibu im Bett und heulte wie ein Schlosshund über irgendeinen melodramatischen Film, der im Fernsehen lief.

Meine Güte, warum weinst du denn bloß so? Was ist denn nur los mit dir?

So etwas war mir noch nie passiert, noch nicht einmal annähernd. Aber ich lernte meine Lektion. Nie wieder werde ich eine Frau fragen, *wieso heulst du denn*, wenn wir im Kino sitzen.

Okay, Mädels, ich hab's kapiert.

Aber all das reichte mir noch immer nicht. Ich wollte mich noch weiter vorwagen. Natürlich hatte ich immer noch Angst davor, erwischt zu werden, und je öfter ich mich zeigte, desto höher war das Risiko. Wie viel durfte ich wagen, bevor es schief ging? Aber dieser Kitzel war nicht der Grund, weshalb ich mein Aussehen änderte. Aber nachdem ich ansonsten beinahe wie ein Mönch in meiner Bruchbude lebte, brauchte ich hin und wieder einfach ein wenig Aufregung. Deswegen ließ ich es einfach öfter darauf ankommen. Dabei wusste ich, dass ich mit dem Feuer spielte.

Schon bald sollte ich mich heftig verbrennen.

Achtes Kapitel

Festgenommen

Vielleicht wurde ich einfach leichtsinnig. Vielleicht auch mutig. Höchstwahrscheinlich wollte ich einfach nicht mehr Bruce spielen, seit ich mich zur Transition durchgerungen hatte. Mit Klauen und Zähnen hatte die Frau im Innern dafür gekämpft, endlich gesehen zu werden, und Bruce konnte sie nicht länger zähmen. Das wollte er auch gar nicht. Im Grunde hatte er von Anfang an überhaupt nicht da sein wollen; er hatte nie seinen Platz gefunden. Er war auch nicht mehr gern gesehen. Hier, ihr könnt eure Medaille wiederhaben.

Es ist ja klar, dass es auffällt, wenn man sich die Nase richten lässt, plötzlich keinen Bart mehr hat und sich die ersten Auswirkungen der Hormonbehandlung zeigen. Zwar glaubte ich damals nicht, dass irgendjemand darauf gekommen wäre, dass ausgerechnet ich eine Transition begonnen hatte, aber die Leute merkten, dass ich irgendwie noch komischer aussah als sonst. Das bestärkte nur die Gerüchte, dass Bruce Jenner nicht mehr ganz richtig tickte. Mir war das egal. Sollten sie doch glauben, dass ich auf dem Weg dazu war, eine Frau zu werden. Dann war das eben so. Ich war furchtbar deprimiert, obwohl ich eigentlich gar nicht zu Depressionen neigte. Meine Einsamkeit war so überwältigend, dass ich sie beinahe schmecken konnte, wenn ich morgens aufwachte und ein weiterer belangloser Tag vor mir lag.

Keine Ahnung, was ich getan hätte, wenn es Wendy Roth nicht gegeben hätte. Sie war eine wunderbare Freundin, bei der ich mich immer wieder ausweinen konnte. Eine weitere enge Vertraute war Jayne Modean, Model und Schauspielerin. Und dann war da noch Tomisu Friedkin, ein typisches Texas-Girl aus einer wohlhabenden, alteingesessenen, typisch texanischen Familie. Schon allein der Vorname sprach Bände.

Tomisu und ich lernten uns bei einem meiner Vorträge in Houston kennen. Inzwischen waren meine Brüste deutlich erkennbar, aber entweder merkte Tomisu wirklich nichts, oder es war ihr egal. Jedenfalls versuchte ich, meine neue Oberweite so gut wie möglich zu verstecken, und in einem Anzug sah man sie ohnehin nicht so.

Tomisu fiel mir sofort auf, schon allein wegen des großartigen Outfits, das sie bei unserer ersten Begegnung trug, einem fließenden, grauen Kleid. Ihr Style nahm mich sofort gefangen; ich wünschte, ich hätte auch so etwas tragen können. Wir tauschten Telefonnummern aus und sahen uns wieder, und nach einiger Zeit lud sie mich auf die Ranch ihrer Eltern nach Colorado ein. Dort verbrachte ich einige Tage, die später eine der wenigen kurzen Phasen darstellten, vielleicht sogar die einzige, in denen ich in dieser deprimierenden Zeit das Gefühl hatte, das Leben zumindest ein wenig genießen zu können.

Wir gingen zusammen angeln und reiten. Dann schlugen Tomisu und ihr Vater Tom mir vor, sie auf die Jagd zu begleiten– vielleicht wenig verwunderlich angesichts der Tatsache, dass im Eingangsbereich des Haupthauses ein ausgestopfter Eisbär auf den Hinterpfoten stand, der aussah, als sei er vier Meter groß. Auch die anderen Trophäen an den Wänden deuteten darauf hin, dass Tom Friedkin ein begeisterter Großwildjäger war. Tomiso im Übrigen ebenfalls; sie schickte mir einmal ein Foto von sich, auf dem sie neben einem Löwen stand.

Zwar hielt ich nichts von der Jagd, aber ich wollte nicht unhöflich sein, und außerdem redeten beide Friedkins auf mich ein und versuchten mich davon zu überzeugen, dass es gut und richtig war, Elche oder Rotwild zu töten, um die Population zu kontrollieren und zu verhindern, dass es zu viele Tiere gab und sie verhungerten. Vor allem Tom gab sich alle Mühe.

„Verdammich, du hilfst nur der Natur auf die Sprünge, wenn du da draußen eins von diesen Viechern erlegst."

Also brachen wir zu Pferd auf. Wir ritten einen Pfad entlang, die Ferngläser stets im Anschlag, und tatsächlich kreuzte schon bald ein großer Hirsch mit riesigem Geweih unseren Weg. Tomisu flüsterte mir zu: „Okay, steig vom Pferd."

Ich stieg ab.

Wie gesagt, ich tue meistens, was man mir sagt.

Dann sah ich den Hirsch in etwa dreißig oder vierzig Metern Entfernung durch das Zielfernrohr des Gewehrs, das man mir gegeben hatte. Mein Blick wanderte zum Abzug, dann wieder zum Hirsch und zurück zum Abzug.

Ich legte an. Dabei wusste ich nicht, ob ich wirklich schießen wollte, aber ich war umgeben von Jägern, und schließlich soll man sich ja den örtlichen Gepflogenheiten anpassen.

Sollte ich wirklich …?

Nun konnte ich nicht mehr zurück. Ich musste schießen.

Also drückte ich ab.

Ein lautes Krachen ertönte. Der Hirsch verschwand im Wald.

Ich hatte vorbei geschossen.

Gott sei Dank.

Tatsächlich war das Absicht gewesen; im entscheidenden Moment hatte ich den Lauf ein wenig nach oben gezogen. Bruce hätte ich vielleicht schon gern umgebracht, aber doch kein unschuldiges Tier.

Gespielt zerknirscht tat ich so, als hätte ich mich wirklich darauf gefreut, den Hirsch mit nach Hause zu nehmen, in meine Bruchbude in Malibu, um mir dort den Kopf an die Wand zu montieren, damit er das Ensemble aus Couch und Sesseln ein bisschen aufpeppte.

Verdammt, ich habe ihn verfehlt!

Tomisu und ich blieben ein Jahr lang enge Freunde. Ich war wahnsinnig gern mit ihr zusammen, und ihr ging es ebenso. Zwischen uns knisterte es gewaltig. Doch innerlich spürte ich, dass sie auf der Suche nach einer richtigen, romantischen Beziehung war, und das wiederum wollte ich nicht; ich hatte auch nicht das Gefühl, dazu in der Lage zu sein. Da ich sie aber nicht verletzen und ihr auch nicht das Gefühl geben wollte, dass ich sie abwies, rang ich mich dazu durch, ihr die Wahrheit zu sagen und erzählte ihr von meiner Genderdysphorie. Sie nahm es recht gut auf und wirkte weder schockiert noch angeekelt.

Keine Ahnung, ob sie ans Heiraten gedacht hatte – das war ja mein typischer Reflex, wenn ich eine Frau kennenlernte, der ich mich instinktiv nahe fühle. Zweimal hatte ich es schon versucht, und beide Male war ich gescheitert. Das wollte ich mir nun nicht noch einmal antun – und auch keinem anderen Menschen.

Davon abgesehen war ich in meiner Transition schon viel zu weit, und für mich gab es kein Zurück mehr. Ich konnte nur weitermachen.

In dieser Zeit hatte ich einen guten Freund, Bob Flaherty, der in Los Angeles für den Verkehrsfunk arbeitete. Wir waren gelegentlich schon gemeinsam geflogen und kamen gut miteinander aus. Eines Tages bat er mich darum, mich für eine Spendenaktion interviewen zu lassen. Ausgerechnet am Vortag hatte ich jedoch eine Elektrolyse-Session bei Olga gehabt. Sie hatte mein Kinn behandelt, und als ich morgens aufwachte, war es rot und geschwollen, als hätte ich mit der Frau in meinem Inneren einen Boxkampf geführt.

Ich kann dieses Interview heute unmöglich geben. Auf keinen Fall. Ich muss mein Kinn mit Eis kühlen.

Aber Flaherty war immer sehr nett zu mir gewesen, deswegen konnte ich nicht so kurzfristig absagen. Und so tat ich das, was ich immer tat – ich dachte mir eine Ausrede aus, für den Fall, dass mich jemand auf die Schwellungen ansprach. Dumme Sache, ich bin ausgerutscht und habe mich gestoßen. Glücklicherweise sagte niemand etwas, obwohl es ziemlich übel aussah.

Während die Enthaarung gut voranschritt, war es immer noch Glückssache, eine schöne Perücke zu finden. Vor allem traute ich mich nicht, persönlich eine zu kaufen. Doch dann stand Halloween vor der Tür, und ich begriff, welche Chance mir das bot.

Halloween! Der schönste Tag des Jahres!

Ohne Umschweife marschierte ich in eines dieser Kostümgeschäfte und erklärte, ich wollte mich als Frau verkleiden. Das fanden alle furchtbar lustig, und ich bekam eine Perücke, die ich sogar vorher aufsetzen und ausprobieren konnte.

Später am Abend fuhr ich über den Santa Monica Boulevard. Als ich an einer Ampel hielt, entdeckte ich, dass jemand aus der Nachbarschaft offenbar mein Auto erkannt hatte und prompt seinen Wagen neben meinen zog. Nach einem Blick zu mir hinüber machte er ein völlig verdattertes Gesicht.

„Oh mein Gott, wie siehst du denn aus?"

„Ich gehe auf eine Halloween-Party!"

„Ah, alles klar! Viel Spaß!"

Das war knapp, aber ich hoffte darauf, noch einmal davongekommen zu sein. Ganz sicher war ich mir nicht. Aber ich nahm mir vor, nie wieder den Porsche zu nehmen, wenn ich Frauenkleidung trug – diese schicken Autos fielen einfach zu sehr auf und waren viel zu leicht wiederzuerkennen.

Allerdings fuhr ich damals auch regelmäßig Autorennen für die Ford Motor Company. Einmal stellte mir das Unternehmen einen Mustang zur Verfügung, und das, überlegte ich, war doch das perfekte Auto für meine Zwecke, da niemand wusste, dass ich es überhaupt hatte. Nur für den Fall der Fälle legte ich Ersatzkleidung auf den Rücksitz, um stets die Möglichkeit zu haben, mich auf die Schnelle umzuziehen – eine Maßnahme, die allerdings vor allem der psychologischen Beruhigung diente, da es nicht so einfach war, sich in einem Ford Mustang umzuziehen, wenn man einsachtundachtzig ist. Zusätzlich hatte ich immer noch ein paar Kosmetiktücher zum schnellen Abschminken dabei.

Meine größte Sorge war bei diesen Ausflügen, in eine Polizeikontrolle zu geraten, und daher achtete ich stets peinlich genau darauf, dass alle Lichter vorschriftsmäßig funktionierten und hielt mich sklavisch an alle Geschwindigkeitsbegrenzungen. Eines Abends war ich auf dem Pacific Coast Highway unterwegs und fuhr ganz gemächlich auf der rechten Spur. Plötzlich tauchte ein Scheinwerferpaar im Rückspiegel auf. Der Wagen war mit hundertzwanzig oder hundertvierzig Sachen unterwegs, und mir blieb keine Zeit zu reagieren. Er schoss durch die Lücke zwischen mir und dem Parkstreifen rechts an mir vorbei. Dann krachte er gegen ein geparktes Auto, prallte davon ab, schleuderte zurück auf die Straße und raste weiter. Hinter uns tauchte ein weiteres Fahrzeug auf, das sofort die Verfolgung aufnahm.

Nur um Haaresbreite war ich einem schweren Unfall entgangen. Aber ich dachte nicht an die Verletzungen, die ich hätte erleiden können, sondern nur daran, dass ich unter diesen Umständen aufgeflogen wäre. Ein Unfall hätte bedeutet, dass die Polizei die Geschehnisse untersucht hätte, und wenn die Cops meinen Führerschein kontrolliert und gesehen hätten, dass er auf Bruce Jenner ausgestellt war, hätte ich ziemlich viel erklären müssen. Nicht, dass ich gegen ein Gesetz verstoßen hätte; rein theoretisch konnte ich mich ja anziehen, wie ich wollte. Aber den Polizisten wäre das Ganze garantiert ziemlich komisch vorgekommen.

Sie hätten es bestimmt ihren Kollegen erzählt, die wiederum anderen Leuten, und es wäre nur eine Frage der Zeit gewesen, bis die Geschichte der Presse zu Ohren gekommen wäre.

Als letztes Mittel legte ich mir schließlich ein Schreiben von Trudy ins Handschuhfach, in dem sie bestätigte, dass ich transgender war, eine Therapie machte und dass es zu dieser Therapie gehörte, als Frau gekleidet durch die Gegend zu fahren. Vermutlich hätte das nicht viel genützt, aber ich war immer noch mit aller Kraft bestrebt, möglichst unentdeckt zu bleiben.

Das Herumfahren bot mir tatsächlich eine gewisse Erleichterung. Aber meine Isolation verstärkte es nur. Ich konnte ja nicht bis ans Ende meiner Tage im Auto sitzen. Ich brauchte dringend einen Ort, wo ich als Frau ein wenig umherlaufen konnte. Dabei war mir klar, dass ich mich nie wieder so dumm anstellen durfte wie Anfang der Achtziger, als ich von Malibu zum Flughafen von Los Angeles gefahren war – nicht, weil ich einen Flug gebucht hatte, ich wollte einfach nur das Auto abstellen und vor einem der Terminals herumspazieren. Der Bürgersteig dort liegt immer im Schatten, deswegen fühlte ich mich sicher; im Gebäude selbst war das Licht viel zu hell. Tatsächlich schlenderte ich dort ein wenig hin und her, dann kehrte ich zum Parkplatz zurück. Make-up und Perücke waren mir damals noch ziemlich fremd.

Als ich schon fast mein Auto erreicht hatte, fuhr ein anderer Wagen mit offenen Fenstern an mir vorbei. Und von drinnen ertönte eine Stimme: „Hey, das ist doch Bruce Jenner!"

Ich rannte davon. Glücklicherweise stand mein Auto ganz in der Nähe. So schnell ich konnte, sprang ich auf den Fahrersitz und raste los, in der Hoffnung, der Fahrer des anderen Wagens würde nicht noch einmal umdrehen, um nachzuschauen, ob er sich vielleicht geirrt hatte. Was er glücklicherweise auch nicht tat.

Anschließend ärgerte ich mich, dass ich so ein Risiko eingegangen war. Davon abgesehen hatte mein Selbstvertrauen einen ziemlichen Dämpfer bekommen, und ich begriff: Wenn ich so weitermachen wollte, dann musste ich besser werden. Und nicht in einem kurzen Kleid herumlaufen, weil das generell zu viel Aufmerksamkeit erregte. Vor allem würde ich lernen müssen, wie man sich richtig schminkte, und ich musste viel regelmäßiger meine Augenbrauen zupfen.

Dennoch konnte ich den Kitzel nicht leugnen, den diese Situation mit sich gebracht hatte, dieses Gefühl, am Rande des Vulkans zu tanzen, zumal mein eigentliches Leben alles andere als aufregend war. Ich wusste, dass ich alles aufs Spiel setzte – mein Leben, meinen Ruf, meine ganzen Beziehungen. Vielleicht wollte ich unbewusst sogar entdeckt werden, denn dann wäre es leichter geworden, die Transition anzugehen, sobald sich der Medienrummel wieder gelegt hatte. Aber das Erlebnis am Flughafen hatte gezeigt, dass ich noch nicht wirklich bereit war. Sobald der Kitzel erlosch, saß ich nämlich völlig außer Atem im Auto, als ich zurück nach Malibu fuhr. Manchmal ist ein wenig Angst nützlich und hilfreich. Aber ich war einfach nur panisch, und anschließend dauerte es lange, bevor ich den Mut hatte, wieder in die Öffentlichkeit zu treten.

Die Transition fühlte sich für mich so an, als stünde man auf einer hohen Klippe, unter der sich ein wunderschöner, türkisblauer Ozean auftat. Ich musste nichts weiter tun als zu springen, um die Freiheit des Wassers um mich herum zu fühlen. Ich wusste, dass ich noch nie etwas Vergleichbares erfahren hatte, und ich wollte es so sehr. *Trau dich zu springen. Trau dich, damit wirst du dich befreien.* Aber sobald ich diesem Ziel zu nahe kam, machte ich sofort wieder einen Schritt zurück.

Dass ich mir den Bart entfernen ließ, damit war ich bisher durchgekommen. Auch mit der Nasenkorrektur. Aber dass mir durch die Hormone Brüste wuchsen?

Das war eine andere Nummer.

Damit niemand etwas merkte, trug ich immer ein eng anliegendes Top, um sie abzubinden, und zog dann ein weites Hemd darüber. Es sei denn, dass ich einen Anzug trug. Aber dann wurde ich irgendwann zu *Dirty Tennis* eingeladen, einer Show des Schauspielers Dick Van Patten, der zufällig auch ein exzellenter Tennisspieler war. Die Show lebte davon, dass er völlig aberwitzige Wege zeigte, wie man beim Spiel betrügen konnte, und das war so lustig und abstrus, dass ich richtig Lust darauf hatte. Die Produzenten suchten ein Hemd für mich aus, das viel zu eng war. Außer mir war noch die Schauspielerin Nicolette Sheridan zu Gast. Während unseres gemeinsamen Auftritts legte sie, warum auch immer, eine Hand auf meine Brust. Und war ganz offensichtlich völlig irritiert, als sie etwas spürte, das sie nicht erwartet hatte.

Oh mein Gott! Was ist denn das? Die sind ja größer als meine!

Ich verzog keine Miene und machte einfach weiter mit der Show. Niemand sonst sagte etwas dazu.

Wieder mal davongekommen.

Gefährlich wurde es ohnehin jedes Mal, wenn man sich fürs Fernsehen verkabeln lassen musste. Normalerweise fasste der Tontechniker dabei unters Shirt, um das Mikrofon hochzuziehen. Das hätte ich natürlich nicht mehr zulassen können.

Mir war klar, dass ich wirklich mit dem Feuer spielte. Aber ich wusste auch, dass ich diese Risiken eingehen musste, um zu überleben. Es war okay, wenn ich mich einfach nur im Haus einschloss und es nicht verließ. Da brauchte ich keine Angst vor der Entdeckung zu haben und konnte mich anziehen, wie ich wollte. Aber trotz meiner Zurückgezogenheit kam ich nicht umhin, mich gelegentlich mit der Außenwelt auseinandersetzen zu müssen. Um Geld zu verdienen, hielt ich weiterhin Vorträge, auch wenn ich mir dabei wie ein Heuchler vorkam. Ich sprach vor den Future Farmers of America in Kansas City, vor der American Diabetes Association oder beim Eagle Scout Bankett der amerikanischen Pfadfindervereinigung. Wahrscheinlich war ich über die Jahre bei jedem großen Verband und jedem größeren Ereignis. 80 Prozent aller Vorträge wurden allerdings von Unternehmen wie IBM oder Merck gebucht, vor allem, um die Vertriebsmitarbeiter für ihren Job zu motivieren. Die Honorare dafür lagen zwischen 15.000 und 25.000 Dollar. Wie sagte ich damals immer: Jesse James hätte lieber ins Vortragsbusiness wechseln sollen, anstatt Banken zu überfallen.

Es bedeutete natürlich auch, dass mich jede Menge Leute zu Gesicht bekamen, und das feuerte die Gerüchteküche mächtig an.

Mitte bis Ende der Achtziger ließ ich mich außerdem gern in der Gegend sehen, die so etwas wie die Stadtmitte von Malibu darstellte. Ein paarmal machte ich meine Ausflüge sogar bei hellem Tageslicht, wobei ich den Bruce in mir mit Sonnenbrille und Hut zu tarnen versuchte. Aber die Sonne war zu gleißend, und es gab wenig Schatten, in denen man sich hätte verstecken können. Daher verlegte ich diese Spaziergänge wieder mehr in die Nacht. Damals wähnte ich mich in Sicherheit; heute bin ich sicher, dass ich erkannt wurde.

Es dauerte nicht lange, und die Gerüchte waren keine Gerüchte mehr. Zunächst erschienen ein paar kleinere Berichte in der Boulevardpresse.

Dann erfuhr ich, dass die *New York Times* überall herumschnüffelte und herausfinden wollte, was zum Teufel mit mir los war, in der Hoffnung, Beweise für *Jenner, den Crossdresser*, zu finden.

Nun konnte ich nicht mehr weiter schweigen. Zumindest den drei Strippenziehern meiner Karriere musste ich sagen, was wirklich mit mir los war – meinem Manager George Wallach, Alan Nierob von der PR-Agentur Rogers & Cowan und meinem Anwalt Alan Rothenberg.

Ich beschloss, George mitzunehmen, als ich mit meiner Baron zu einem Vortrag in Colorado Springs flog. Auf dem Rückweg saß ich links auf dem Pilotensitz, er rechts neben mir. Als wir uns auf einer Höhe von 22.000 Fuß über den Rockies befanden, beschloss ich, dass jetzt der ideale Moment für ein solches Bekenntnis gekommen war, zumal mein Publikum hier oben keine Möglichkeit hatte, sich meiner Beichte zu entziehen, ebenso wenig wie ich.

Ich begann also möglichst beiläufig und sachlich: „George, es gibt da etwas, worüber ich mal mir dir reden müsste."

Zwar waren ihm die optischen Veränderungen durchaus aufgefallen, aber dennoch war er schockiert, als ich ihm eröffnete, dass ich die Transition noch vor meinem vierzigsten Geburtstag hinter mich bringen wollte. Dass ich George einweihte, hatte zu dieser Zeit vor allem praktische Gründe – wir mussten uns irgendetwas überlegen, um die Story in der *New York Times* irgendwie zu verhindern. Noch immer hatte ich große Angst, wie sich ein solches Outing auf meine Kinder auswirken würde. Außerdem musste ich weiterhin irgendwie mein Geld verdienen.

Die Sache mit der *Times* übernahm schließlich Nierob, der sie wunderbar meisterte.

Er setzte das Blatt so richtig unter Druck.

Das funktionierte.

Mehr und mehr wurde mir aber bewusst, welche Folgen eine Entdeckung haben würde – nicht nur hinsichtlich der Kinder und der Motivationsvorträge. Wann immer ich herauszufinden versuchte, wie die Menschen in meiner direkten Nähe meine Beichte beurteilten, reagierten sie am liebsten gar nicht. Nach meiner Besprechung mit dem Triumvirat wurden meine Gender-Probleme nie wieder erwähnt. Wahrscheinlich wussten sie nicht, was sie sagen sollten, hatten Angst, das Falsche zu sagen, oder sie glaubten, dass ich gar nicht darüber reden wollte. Dabei war das Gegenteil der Fall. Mit den wenigen Menschen, denen ich vertraute, hätte ich sogar sehr gern darüber gesprochen. Den größten Teil meines Lebens hatte ich bisher geschwiegen. Nachdem aber so gar nichts kam, fragte ich mich schließlich, ob es ihren Blick auf mich völlig verändert hatte, und ich quälte mich mit der Überlegung, ob ich es vielleicht doch lieber gar nicht hätte erzählen sollen.

Was meine Kinder betrifft, so war Kim die erste, der ich von all den Problemen mit meiner Genderidentität erzählte, allerdings erst später, irgendwann 2013. Von allen Kardashians kann man mit ihr am besten reden, und sie ist auch besonders einfühlsam. Nach meiner Transition hielt sie regelmäßig zu mir Kontakt.

Einige Jahre zuvor hatte sie mich bereits in der Garage in Frauenkleidern erwischt. Heute weiß ich nicht mehr, wie ich versucht habe, mich da herauszureden, aber es war garantiert lausig. 2013 waren dann schon regelmäßig Berichte darüber, dass ich gern eine Frau sein wollte, in der Presse zu lesen. Und so kam sie eines Tages zu dem Haus in Hidden Hills, in dem Kris und ich wohnten.

„Was zur Hölle ist bloß los mit dir?"

So gern ich auch mit meiner Familie über all das reden wollte, fiel es mir doch gleichzeitig immer noch furchtbar schwer.

„Sag mir, wann du Zeit hast, dann komme ich zu dir nach Hause. Aber es darf sonst niemand da sein."

Etwas später saß ich dann mit Kim in ihrem Wohnzimmer und erzählte ihr, was in mir vorging und mit welchen Problemen ich mich mein Leben lang herumgeschlagen hatte. Die meiste Zeit hörte sie nur zu. Ich versuchte, ihr das alles ganz vorsichtig zu erklären, so wie vor Jahren auch George Wallach. Als sie später in der Küche stand und dort einige Pakete mit Kleidern öffnete, konnte ich nicht widerstehen.

„Ist vielleicht auch etwas für mich dabei?"

Sie lachte, und ich lachte, und dann umarmten wir uns. Für mich war es ein ungeheuer befreiendes Gefühl, mich jemandem aus meiner Familie gegenüber zu öffnen. Zudem hatte ich den Eindruck, dass sich damit die Möglichkeit ergab, öfter darüber zu sprechen; dass auch sie wiederum ein Bewusstsein für meine Probleme hätte und gelegentlich fragen würde, wie es mir ging. Dann aber redete ich über alles Mögliche mit ihr, außer über Gender. Das machte mir lange zu schaffen, und oft grübelte ich darüber nach, ob sie vielleicht doch nicht die richtige Vertraute gewesen war. Und wenn Kim mit dem Thema schon nicht umgehen konnte, wie sah es dann mit dem Rest der Welt aus? Das war wie mit Pams Reaktion vor mehr als zwanzig Jahren. Dasselbe Schweigen.

Aus meiner Perspektive stellte es sich so dar, dass ich die goldene Genderbrücke geschlagen hatte und mir wünschte, dass Kim mit mir hinüberging. Ich stellte mir sogar vor, dass wir zusammen einkaufen gehen.

Einige Jahre später fragte ich sie schließlich: „Warum habe ich nie etwas von dir dazu gehört?"

„Ich wusste einfach nicht, was ich tun sollte, ob ich darüber reden sollte oder nicht."

Nachdem sie das gesagt hatte, verstand ich das voll und ganz. Ich war kein entfernter Cousin oder Onkel. Ich war ihr Stiefvater, der ihr gerade eröffnet hatte, dass er den unwiderstehlichen Drang fühlte, wie ihre Stiefmutter auszusehen. Und was Pam betraf, war ich eben ihr berühmter kleiner Bruder, den sie die Olympischen Spiele in Montreal hatte gewinnen sehen. Ihr Schweigen tat mir sehr weh, aber heute ist mir klar, dass ich mit viel zu hohen Erwartungen an diese Sache herangegangen war.

Nun war ich schon fast vierzig. Das, was ich bisher in die Wege geleitet hatte, gab mir ein gutes Gefühl: Ich hatte der Frau in mir, die sich einfach nicht mehr einsperren lassen wollte, zumindest schon gestattet, zu leben und zu atmen.

Ich stand kurz davor, den letzten Schritt zu machen.

Doch dann ...

Mir war noch immer wichtig, was andere über mich dachten. Und eine Transfrau zu werden, das war von dem Bild, das viele Millionen Menschen von Bruce Jenner hatten, meilenweit entfernt. Trudy Hill hatte mir zwar schon sehr geholfen, aber ich hatte immer noch das Gefühl, dass es wahnsinnig viel gab, was ich nicht verstand. Ich hatte noch nie bewusst mit einer Transfrau gesprochen. Die einzige, von der ich überhaupt wusste, war Renée Richards, die 1977 weltweit Schlagzeilen machte, nachdem sie sich das Recht erkämpfte, nach ihrer Transition im Damentennis bei den US Open anzutreten. Einmal war ich ihr bei einem Bankett begegnet. So sehr ich sie bewunderte und beneidete, ich hatte nicht den Mut, sie anzusprechen und ihr von meinen eigenen Genderproblemen zu erzählen.

Und wie hätten meine vier Kinder, die damals gerade zwischen sechs und elf Jahren alt waren, das alles aufgenommen? Sie hatten dasselbe Bild von ihrem Vater wie der Rest der Welt. Wie hätten sie meine Transition vernünftig verarbeiten können, in der damaligen Zeit? Wie wären meine beiden Exfrauen damit zurechtgekommen, wenn sie mich mit den Kindern gesehen hätten? Zwar hätten sie mich öffentlich wohl nicht verleugnet, aber dennoch hatte ich oft das Gefühl, dass sie den Kontakt gern etwas eingeschränkt hätten. Und ich verstand ihre Zurückhaltung durchaus: Es wäre für jedes Kind traumatisch gewesen, wenn es hätte begreifen müssen, dass Dad jetzt zur Frau wird. Linda sagt, ich hätte ihr einmal erzählt, dass ich ernsthaft darüber nachgedacht hätte, mich im Ausland operieren zu lassen und mich dann bei meiner Rückkehr als Verwandte auszugeben, als Tante oder dergleichen. Zwar erinnere ich mich nicht daran, das je gesagt zu haben, und ganz bestimmt hatte ich auch nie wirklich die Absicht, das zu tun. Aber ich kann nachvollziehen, wieso ich so etwas gesagt haben könnte, als verzweifelten Ausweg, um den Schock für meine Kinder etwas abzumildern.

Damals dachte ich: Wenn ich eine Frau werde, will ich mein wahres Ich leben. Das wäre einfach wundervoll gewesen, aber ich musste mich auch der Realität stellen. Bruce garantierte noch immer einen soliden Verdienst. Bruce zahlte die Rechnungen. Bruce hatte es satt, einsam und isoliert zu sein und fragte sich, ob das als Transfrau vielleicht nicht nur noch schlimmer werden würde.

Und deswegen hörte ich 1989 mit der Transition auf.

Ich konnte das meinen Kids nicht antun.

Mir auch nicht.

Und der Gesellschaft nicht. Sie war noch nicht bereit dafür.

Ich musste wieder zurück in meine alte Rolle. Bruce musste wieder zur dominanten Präsenz werden, egal, wie sehr ich ihn verabscheute. Ich brauchte wieder mehr Tarnung, und die beste Tarnung war es angesichts der immer noch grassierenden Gerüchte, wenn ich wieder mit einer Frau ausging.

Und so kam es zu der völlig unwahrscheinlichen Begegnung von Kris Kardashian und Bruce Jenner.

20. Dezember 2015

„Es ist doch nur ein Film …"

Ich sitze in Westlake im Kino. Und gerade wird mir klar, dass ich gar nicht hätte herkommen dürfen. Denn bevor ich das tat, hätte ich erst einmal mit den Aktivisten in der Trans-Community abchecken müssen, ob dieser Film ihre Zustimmung findet. Etwas mehr Feingefühl wäre angesagt gewesen, denn als öffentliche Person wird man als Symbol und Sprachrohr betrachtet, ob man will oder nicht. Alles, was man tut, wird genau unter die Lupe genommen.

Aber nach meinem Verständnis war alles ganz harmlos.

Es war ein Film.

Die Transgender-Community ist ein breiter Regenbogen verschiedener Ansichten. Vieler, vieler verschiedener Ansichten. Das finde ich auch sehr schön, und das respektiere ich. Schließlich habe ich auch meine Meinungen, wobei ich nicht automatisch davon ausgehe, dass sie vollständig von anderen geteilt werden. Beispielsweise vermute ich, dass Gruppierungen der religiösen Rechten mit mir per sé nichts anfangen können. Allerdings hatte ich nicht vermutet, dass auch Mitglieder meiner eigenen Randgruppe mit mir Schwierigkeiten haben und sie noch dazu so gehässig äußern würden.

Bei dem genannten Film handelt es sich um *The Danish Girl* mit Eddie Redmayne in der Hauptrolle. Er erzählt die Lebensgeschichte von Lili Elbe, der ersten Transfrau, die 1930 eine geschlechtsangleichende Operation durchführen ließ. Etwa ein Jahr später starb sie an den Komplikationen, die sich nach der OP ergeben hatten.

Mich hatte der Film natürlich aus geschichtlicher und persönlicher Perspektive interessiert, zumal ich ihn in einer Zeit sah, als ich immer wieder darüber nachdachte, ob ich selbst diese OP machen lassen sollte oder nicht. Zudem fand ich Redmayne unglaublich gut, wie auch schon als Stephen Hawking in *Die Entdeckung der Unendlichkeit*, eine Rolle, für die er mit dem Oscar ausgezeichnet wurde.

Einige Mitglieder der Trans-Community kritisierten den Film jedoch stark. Sie fanden es unangemessen, dass Elbe von einem Cis-Mann gespielt wurde (also jemandem, der mit dem Geschlecht, mit dem er geboren wurde, in Einklang steht): die Rolle hätte unbedingt von einer Transfrau übernommen werden müssen. Sicherlich Kritikpunkte, über die es sich zu diskutieren lohnt. Sie bemängelten außerdem, der Film sei mit Stereotypen überfrachtet, zeige keinen Respekt für Transfrauen und sei, wie die Bloggerin Sally Jane Black es ausdrückte, „oberflächlicher, engstirniger, bestenfalls fehlgeleiteter Müll".

Und das waren noch die nettesten Kommentare.

Wie sich herausstellte, dachten viele aus der Trans-Gemeinde, dass es sich um einen fürchterlichen Streifen handelte, der nie hätte gedreht werden dürfen.

Mir hingegen schien es, als habe sich der Film lediglich einige künstlerische Freiheiten erlaubt. Und warum auch nicht – er war schließlich nicht als Dokumentation angelegt und diente in erster Linie der Unterhaltung eines internationalen Publikums, wobei er gleichzeitig auf das Thema Transgender aufmerksam machte.

Für mich waren es zwei spannende Kinostunden gewesen, nicht mehr, nicht weniger.

Hatte ich jedenfalls gedacht.

Vor der Premiere hatte Redmayne jedoch einen Kardinalsfehler begangen: In einem Interview mit dem Magazin *Out* hatte er erklärt, dass ihm mein Mut imponiert hatte. Es hörte sich an wie ein Kompliment. Es war tatsächlich auch eins.

Oder nicht?

Falsch gedacht.

Auf Redmaynes Bemerkung hin geisterten Geschichten durch die englische Presse, dass Redmayne und ich schon ein Treffen bei den Oscars arrangiert hätten. Und daraus resultierte gleich das nächste Gerücht, dass ich Redmayne nämlich schon getroffen *hätte*, um ihm zu sagen, wie großartig ich ihn in diesem Film fand. Das brachte einige in der Trans-Community richtig in Rage, weil man glaubte, ich hätte den Film öffentlich sanktioniert, obwohl ich Redmayne gar nicht getroffen hatte und das inzwischen auch nicht mehr wollte.

Nick Adams, der Leiter der Transgender-Medienprogramme der LGBTQ-Organisation GLAAD, der mir bereits zuvor eine große Stütze auf meinem Weg durch den Medienschungel gewesen war, machte mich jetzt darauf aufmerksam, dass eine Kontroverse auf mich zukam. Auch bekam ich eine Reihe von Nachrichten von meiner *I Am Cait*-Schwester Jenny Boylan, die in der Trans-Gemeinde einen guten Ruf genießt und mit *She's Not There: A Life In Two Genders* ein großartiges Buch über ihre Transition schrieb. Sie ist mein Barometer für die Stimmung der Community, was zu dieser Zeit zum echten Vollzeitjob gerät.

Die folgende Unterhaltung fand ganz genau so statt, wie sie hier steht.

JENNY: Nur mal so, als Tipp ... Wenn du dich mit [Redmayne] treffen würdest, wären ziemlich viele Leute in der Trans-Community richtig sauer, weil *The Danish Girl* echt problematisch ist. Du kannst natürlich tun und lassen, was du willst. Ich möchte dich nur gerne vor Ärger bewahren.
CAITLYN: Wieso ist die Community denn so gegen Eddie eingestellt? Ich habe den Film gesehen und fand ihn toll.
JENNY: Das ist ziemlich kompliziert.
CAITLYN: Versuche es mir kurz zu erklären.
JENNY: Die Darstellung in diesem Film ist nicht korrekt. Es ist eine für Hollywood adaptierte Version einer Romangeschichte, die vom Leben einer Transfrau vor achtzig Jahren erzählt. Diese Story stimmt hinten und vorn nicht – es wird der Eindruck vermittelt, dass der Auslöser für den Transgender-Impuls in erzwungener Feminisierung und Kleidung bestand, obwohl wir ja alle wissen, dass die Gründe viel tiefer liegen. Und dann ...
CAITLYN: Es ist aber doch ein Film. Der muss auch Unterhaltung bieten. Ich fand ihn sehr gut gemacht.
JENNY: Die Trans-Gemeinde hat es richtig satt, dass unsereiner immer von Cis-Gender-Schauspielern dargestellt wird, die dann als wahnsinnig mutig gefeiert werden, während wir das Leben,

das da dargestellt wird, wirklich leben müssen. Ich fand den Film streckenweise sehr bewegend, und Eddie zuzusehen, das war schon interessant.
CAITLYN: Du meine Güte, das muss man doch nicht so verbissen sehen. Eddie war großartig und hätte einen Oscar verdient.
JENNY: Das mag ja sein. Aber wenn du dich öffentlich für den Film oder für ihn aussprichst, kann ich dir jetzt schon sagen, dass dir ein echter Shitstorm entgegenschlagen wird. ... Triffst du dich mit Eddie?
CAITLYN: Okay, ich hab's verstanden!
JENNY: Ich möchte nur vermeiden, dass du verletzt wirst.
CAITLYN: Mich verletzt niemand. Die Leute aus der Trans-Community mögen weder mich noch sonst jemanden, der in der Öffentlichkeit steht. Das ist einfach traurig.
JENNY: Eddie ist ein großartiger Schauspieler. Aber seine Rolle ist die eines Cis-Gender-Schauspielers, der eine Figur spielt, die sich ein Cis-Gender-Drehbuchschreiber nach der Vorlage eines Cis-Gender-Romanautors über das Leben einer Transfrau ausgedacht hat. Das ist so ähnlich, als wolltest du aus *Star Wars* etwas über Astronomie und Physik lernen wollen. Verstehst du das?
CAITLYN: Nein, und ich verstehe auch diese Leute nicht.

Ich war Jenny für ihre Warnung wirklich dankbar. Sie wollte mich einfach nur beschützen, und ich hörte die Kritik auch laut und deutlich. Die Transgender-Gemeinde hat schon so viel mitgemacht, dass es so etwas wie eine Überreaktion schlechterdings nicht gibt. Was allerdings nicht bedeutet, dass ich immer mit den dort geäußerten Ansichten übereinstimme.

Im Nachhinein und nach reiflicher Überlegung möchte ich folgendes über *The Danish Girl* und Eddie Redmaynes Leistung darin sagen: Persönlich fand ich den Film sehr unterhaltsam und Eddies Darstellung absolut oscarwürdig. Zwar müssen Transfrauen und Transmänner in Hollywood zweifelsohne besser vertreten sein (ebenso wie Afroamerikaner, Lesben und Schwule, Frauen und alle anderen, die keine weißen Männer sind), aber ich könnte mir niemanden vorstellen, der diese Rolle besser gespielt haben könnte als er. Als ich jedoch im Februar 2016 zur

Oscarparty ging, dachte ich: *Bitte, Eddie, suche keinen Augenkontakt, lächele mich nicht an, und bitte, bitte komm auf keinen Fall zu mir, um mit mir zu reden. Dreh mir den Rücken zu, geh in die andere Richtung oder geh einfach weg. Und ich muss dich darauf vorbereiten, dass ich, wenn man mich nach dem Film fragt, sagen werde, dass er eine Schande war.*

Hört sich das bescheuert an?

Natürlich, weil es auch bescheuert ist. *The Danish Girl* mag hinsichtlich seines Themas kein perfekter Film sein. Aber als Community sollten wir uns freuen, dass es ihn gibt, weil er auf einen Kampf aufmerksam macht, wie ihn alle Transmenschen erleben, unabhängig von der Person, der Herkunft und den jeweiligen finanziellen Verhältnissen. Ich hätte gern über den Film geredet. Mich berührte zutiefst, welchen Schmerz Lili Elbe durchlitt, weil sie in einer intoleranten, von Hass geprägten Gesellschaft lebte. Der Film ist ein enorm wichtiger Impuls für die Änderung der öffentlichen Meinung, die sonst so sehr von Verständnislosigkeit geprägt ist. Wenn aber durch eine solche Geschichte Mitgefühl geweckt wurde, führt es dazu, dass man andere nicht nur akzeptiert, sondern dass man das gern tut, nicht nur aus reinem Pflichtgefühl. Und ja, ich hätte Eddie Redmayne gerne kennengelernt. Aber ich verzichtete darauf, nachdem mir jemand, der mein Wohl am Herzen lag, gesagt hatte, dass mich viele Mitglieder der Trans-Community dafür hassen würden. Ich hatte keine andere Wahl als zu schweigen.

Es ist frustrierend, kräftezehrend und deprimierend, wenn man sich selbst derartig zensieren muss. Für eine Gemeinschaft, die so sehr um Anerkennung ringt, gehen wir brutal verurteilend miteinander um. Wir fordern Toleranz, üben sie selbst aber nur bis zu einem bestimmten Grad. Wir verlangen Inklusion, können aber selbst sehr ausgrenzend sein. Wir versuchen, den Hass auszumerzen, und trotzdem gibt es in der Trans-Community Leute, die mit Genuss und Befriedigung ihrem Hass auf mich Ausdruck verleihen, obwohl ich nichts weiter getan hatte, als mich für meine Brüder und Schwestern einzusetzen. Wir argumentieren lautstark gegen die Stereotypisierung, und dennoch werde ich immer wieder dafür kritisiert, dass ich dem Stereotyp der Transfrau nicht entspreche.

Das soll jetzt nicht heißen, als hätte ich noch nie positive Kommentare aus der Trans-Community bekommen. Institutionen wie GLAAD haben mich wundervoll unterstützt. Ebenso wie der größte Teil der Öffentlichkeit, sieht man mal von den anonymen, feigen Hasskommentaren im Internet ab.

Ich habe inzwischen erkannt, dass ich es nicht allen Menschen recht machen kann. Ich kann nur ich selbst sein, und ich habe 65 Jahre gebraucht, bis mir das klar geworden ist. In kurzer Zeit habe ich eine unglaublich steile Lernkurve absolviert. Aber diese Leute, die mich kritisieren, urteilen eben nur nach dem, was in der Zeitung steht. Und das ist keine faire Darstellung meiner Person. Vermutlich denken auch viele, weil ich Teil der Sendung *Keeping Up With The Kardashians* war, wäre ich genauso frivol und trashig, wie die Show häufig angelegt ist. Aber im wahren Leben bin ich ganz und gar nicht so.

Seit ich mich zur Transition entschlossen hatte, habe ich ganz bewusst versucht, meine Medienpräsenz stark einzuschränken (wobei die Boulevardmedien ohnehin bringen, was sie wollen, und kaum zu kontrollieren sind), und mir genau zu überlegen, wem ich Interviews gebe. Von vielen hundert Anfragen habe ich vielleicht zwölf zugelassen. Ein Kriterium dafür ist, dass die Anliegen der Trans-Community in dem Gespräch nicht nur alibimäßig abgehandelt werden.

Aber wie können wir von anderen Menschen erwarten, dass sie uns unterstützen und sich für uns einsetzen, wenn wir uns selbst nicht einig sind? Wir müssen einander mit all unseren Unterschieden unterstützen, mehr zusammenstehen, mehr zuhören (damit meine ich auch mich selbst), und kleinere Auseinandersetzungen und Streitereien zurückstellen, um größere Ziele zu erreichen. Vereint werden wir es schaffen, zerstritten wohl kaum.

Inzwischen ist der Begriff *transgender* in der Öffentlichkeit viel mehr bekannt geworden. Das ist natürlich nicht mein Verdienst. Serien wie *Transparent* oder *Orange Is The New Black* haben sehr viel bewegt, wie auch Janet Mock mit ihrem phantastischen Buch *Redefining Realness*. Aktivistinnen wie Jenny Boylan und Kate Bornstein waren große Wegbereiterinnen für ein größeres Bewusstsein in den USA, wie auch viele andere, die mich unterstützt haben – auch wenn sie teilweise rot werden, wenn sie hören, was ich so von mir gebe. Ich habe schließlich eine große Klappe. Aber ich habe ein noch größeres Herz.

Es ist natürlich wahr, und deswegen schreibe ich es in Fettdruck hier noch einmal hin:

Ich bin weiß.
Ich bin privilegiert.
Ich bin wohlhabend.

Ich weiß, dass ich, bevor ich Caitlyn wurde, das privilegierte Leben eines weißen Mannes führte, in meinem Fall sogar ganz besonders, weil ich ein berühmter, weißer Sportler war. Mir ist bewusst, dass ich noch immer davon geprägt bin. Aber ich entwickele mich weiter. Ich bin kein arroganter Mensch, und ganz sicher bin ich nicht so arrogant zu glauben, dass ich durch meine Transition automatisch auch die institutionalisierte Unterdrückung in mir aufgesogen hätte, die Frauen in unserer Gesellschaft erleben. Wenn Frauen sagen, dass ich noch keinen Kilometer in ihren Schuhen gegangen bin, noch nicht mal einen Schritt, dann haben sie recht. Ich will auch nicht versuchen, das Frausein zu definieren.

Es sind die Medien, die mich zum Sprachrohr der Transgender-Community erkoren haben. Aufgrund der Promi-Kultur, in der wir heute leben, ziehe ich manchmal unangemessen viel Aufmerksamkeit auf mich. Was ich sage, ist nicht automatisch Gesetz, auch wenn die Medien das gern so darstellen. Ich bin noch ganz neu in dieser Community, und dass man mich als Außenseiterin betrachtet, verstehe ich gut. Doch ich glaube trotzdem, dass meine eigene Geschichte erzählenswert ist, denn der Schmerz und die Angst, die ich erlebt habe, waren echt, und es ist für die Öffentlichkeit wichtig zu begreifen, was es bedeutet, wenn man sein wahres Ich verleugnet.

In der Vergangenheit habe ich gesagt: „Es war leicht, mich als trans zu outen. Zuzugeben, dass ich Republikanerin bin, war schwerer." Und wieder kann ich verstehen, wieso es Männer und Frauen in der Trans-Community gibt, die nicht nachvollziehen können, wieso ich diese Partei wähle. Hinsichtlich der LGBTQ-Themen haben die Republikaner in den letzten Jahren eine enttäuschende Haltung gezeigt, und ich weiß, dass auf Bundesstaatenebene viele LGBTQ-feindliche Gesetze von ihnen auf den Weg gebracht wurden (allein 2016 waren es mehr als 175, von denen 44 besonders die Rechte von Transmenschen beschnitten).

Glücklicherweise schritt bei der bereits genannten Gesetzesvorlage in North Carolina hinsichtlich der Toilettenbenutzung von Transmenschen das US-Justizministerium ein. Die Klage richtete sich, wie es die Generalstaatsanwältin Loretta Lynch formulierte, gegen „staatlich geförderte Diskriminierung", mit der „keinerlei gesellschaftlicher Nutzen" verbunden sei. Zusätzlich gab die Regierung eine Anweisung an öffentliche Schulen aus, die gegenwärtig vom Obersten Gerichtshof der Vereinigten Staaten geprüft wird: Transgender-Schülern muss der Zugang zu den Toiletten gestattet werden, die mit ihrer Gender-Identität übereinstimmen. Seit 2016 können Transfrauen und Transmänner zudem offen in den Militärdienst eintreten, und es wird daran gearbeitet, dass es für sie eine umfassende Gesundheitsversorgung gibt, die auch die besonderen medizinischen Bedürfnisse einschließt, die eine Transition mit sich bringt.

Natürlich begrüße ich all diese Schritte sehr, und natürlich muss noch viel mehr getan werden. Aber für mich spielen bei einer Wahl nicht nur die LGBTQ-Themen eine Rolle. Ich bin und war schon immer konservativ, vor allem im Bereich Finanzpolitik, und das werde ich nicht ändern, um meine Beliebtheit zu steigern oder politisch akzeptabler zu erscheinen. Durch meine Transition bin ich zur Frau geworden – aber nicht zu einer liberalen Demokratin.

Stattdessen bin ich überzeugt, dass wir Konservative wie mich brauchen – Menschen, die ihre Bekanntheit nutzen können, um andere Konservative aufzuklären und sie an eine goldene Regel zu erinnern: dass Transmenschen nicht aus moralischen oder religiösen Gründen verurteilt, sondern als gleichberechtigte Mitmenschen mit vollem Respekt behandelt werden müssen. Auch, wenn wir schon so viele Fortschritte gemacht haben, ist es für unsere Community doch immer noch sehr schwer. Das zeigen die schockierend hohen Selbstmordraten, die einfach nicht zurückgehen wollen, die Tatsache, dass Transmenschen im Vergleich viel stärker von Gewalt und Arbeitslosigkeit betroffen sind als der Rest der Bevölkerung, und die nach wie vor großen bürokratischen Hürden in den Verwaltungen der Bundesstaaten, wenn es darum geht, persönliche Dokumente wie Führerscheine oder Geburtsurkunden anpassen zu lassen. Um diese entscheidenden Stolpersteine auf dem Weg zu unserer Gleichstellung aus dem Weg zu räumen, brauchen wir die Unterstützung der Konservativen.

Die kann ich aber nur erreichen, indem ich versuche, sie mit ins Boot zu holen, und nicht, indem ich sie ständig angreife. Außerdem sitzen Republikaner überall an den Schaltstellen der Macht – im Weißen Haus, im Senat und im Präsidentenamt.

Ich habe mir zum Ziel gesetzt, die Regierung mittels meines ganzen Potenzials darauf aufmerksam zu machen, dass hier Leben auf dem Spiel stehen. Das wird ein mühsamer Kampf, und ich bin nicht naiv. Aber ich habe Erfahrung darin, Ziele zu erreichen, die als unmöglich gelten. Schließlich habe ich den Zehnkampf bei den Olympischen Spielen gewonnen, indem ich das Unmögliche versucht habe. Ich bin Caitlyn geworden, nachdem ich mir selbst 65 Jahre lang eingeredet hatte, das ginge nicht. Eine Veränderung kann sich durch die unwahrscheinlichsten Umstände anbahnen. Nur eins macht sie wirklich unmöglich – wenn man aufhört, auf sie hinzuarbeiten.

Ich bin bemüht, Fragen stets ganz offen zu beantworten, ohne ständig darüber nachzudenken, wie sich die geäußerte Meinung auf meinen Ruf auswirkt. Mein Herz habe ich immer am rechten Fleck, das schwöre ich – was nicht heißen soll, dass ich immer recht habe. Für mich ist es aber von größter Wichtigkeit, meine Ansichten unverstellt äußern zu können. Dinge zu sagen, die die Öffentlichkeit von mir erwartet, oder von denen ich möchte, dass man sie mit mir in Verbindung bringt – das habe ich lange genug getan.

In einer Werbepause während meines Auftritts bei *Ellen* im September 2015 beugte sich Ellen DeGeneres zu mir hinüber und sagte ganz freundlich (soweit ich mich an ihren genauen Wortlaut erinnere): „Ich habe gehört, dass sich Ihre Einstellung zur gleichgeschlechtlichen Ehe über die Jahre sehr gewandelt hat."

„Ja, das stimmt."

„Darüber würde ich mich gern mit Ihnen unterhalten."

Das interpretierte ich so, wie es wohl jeder tun würde – dass sie nämlich über die Änderung meiner Ansichten reden wollte. Als die Kameras wieder liefen, sagte ich daher:

„Was die Homo-Ehe angeht, muss ich zugeben, dass ich vor fünfzehn, zwanzig Jahren, oder wann das war, als das ganze Thema erstmals aufkam, nicht dafür war. Ich hielt mich für einen Traditionalisten, und ich bin auch älter als die meisten Leute hier im Publikum. Mir war Tradition immer wichtig, und Ehe war eben nur etwas zwischen Mann und Frau, deswegen habe ich das einfach nicht kapiert. Aber im Laufe der Zeit hat sich meine Meinung, wie die vieler anderer Menschen, geändert, und heute meine ich: Ich möchte nicht dem Glück anderer im Weg stehen. Das ist auch nicht meine Aufgabe. Okay, wenn das Wörtchen Ehe euch wirklich so wichtig ist, dann kann ich damit umgehen."

Ellen erwiderte: „Es ist komisch, aber Sie klingen immer noch, als ob Sie in letzter Konsequenz doch noch nicht wirklich dafür wären."

Das überraschte mich. Ich bin dafür. Anfangs habe ich einfach nicht verstanden, weshalb die Ehe anderen so wichtig war, was sicherlich an meinen eigenen Erfahrungen liegt. Aber inzwischen begreife ich es durchaus, und es ist schön, glückliche Menschen zu erleben.

Nach der Sendung wurde ich öffentlich der Heuchelei bezichtigt: Wie kann jemand aus der Trans-Community nicht für die gleichgeschlechtliche Ehe eintreten? Diese Diskussion hat mich von vielen in der LGTBQ-Community weiter entfremdet. Dass Ellen später bei einem Auftritt in der *Howard Stern Show* meine Bemerkung völlig aus dem Zusammenhang gerissen noch einmal wiederholte, sorgte natürlich für eine entsprechende, verfälschte Verbreitung in den sozialen Medien.

Etliche Monate später, im Dezember 2015, wurde ich nach meiner Nominierung zur „Person des Jahres" in einem ausführlichen Interview im *Time Magazine* nach der Bedeutung von Image gefragt. Meine Antwort lautete:

„Auch, wenn das jetzt sehr selbstzentriert wirken mag: Für mich war immer wichtig, wie man seine Persönlichkeit präsentiert. Das ist für eine Transfrau oder einen Transmann leichter, wenn sie oder er authentisch aussieht, eben so, wie es der Rolle entspricht. Von daher nehme ich das, was ich meine Präsentation nenne, immer sehr ernst. Ich glaube, das macht es den Leuten auch leichter. Wenn man in der Öffentlichkeit aussieht, als sei man als Mann in Frauenkleidern unterwegs, dann sind andere leicht verunsichert."

Das war nicht gerade der cleverste Karriere-Schachzug. Aber wenn ich mir meine Aussagen in *Time* jetzt noch einmal ansehe und sie überdenke, dann stehe ich immer noch dazu. Eine Transfrau, die wie ein Mann im Kleid aussieht, verunsichert die Leute. Das kann man ihnen am Gesicht ablesen, und daran, wie schnell sie den Blick abwenden. Jeder Mann, der – warum auch immer – ein Kleid trägt, macht nervös. Ebenso ein Mann, der Nagellack trägt. Oder der *gender fluid* ist, also nicht in die typischen Mann-Frau-Rollen passt. Der Großteil der Menschen reagiert mit Unsicherheit auf alles, was nicht der so genannten Normalität entspricht. Was jede Menge über die so genannte Allgemeinheit aussagt, nicht über die anderen. Aber diesen Umstand kann man nicht einfach ignorieren.

Daher versuche ich dafür zu sorgen, dass der Mainstream, die Leute draußen, keine Berührungsängste haben oder sich uns gegenüber zumindest einigermaßen locker fühlen; eine grundlegende Änderung der öffentlichen Meinung ist gesellschaftlich wohl nur schwer zu erreichen. Meine Aufgabe sehe ich im Augenblick vor allem darin, anderen zu zeigen, dass ich freundlich und „normal" bin, denn das bin ich, jedenfalls, soweit man überhaupt „normal" sein kann. Wie jeder andere Transmann oder Transfrau, die ich bisher kennengelernt habe. Ich möchte aufgeschlossen und zugänglich sein.

Nun könnte man mir vorwerfen, dass ich damit, dass ich versuche, so gut wie möglich auszusehen, eine sehr oberflächliche Vorstellung vom Frausein propagiere. Dabei tue ich das aus einem viel einfacheren Grund: Ich sehe gerne gut aus. Das ist mir wichtig. Gleichzeitig versuche ich, nicht anhand von körperlichen Eigenschaften zu beurteilen, wie feminin jemand ist oder nicht. Dazu habe ich kein Recht. Außerdem stimmt es natürlich, ich habe das Geld für die entsprechenden Operationen gehabt, und das ist ein Luxus, den die meisten anderen Transfrauen nicht genießen. Aber generell ist es doch so: Manche Frauen und manche Männer achten extrem darauf, wie sie aussehen, andere wiederum nur ein bisschen und wieder andere gar nicht. Das ist einfach eine menschliche Eigenschaft, und jeder Mensch ist anders.

Die Kritiken haben mir schon sehr wehgetan, aber ich habe versucht, das abzuschütteln. Ich werde weiterhin versuchen, mich so gut wie ich kann für das Thema Transgender einzusetzen und nicht auf jene zu hören, die mich deswegen angreifen und gleichzeitig für sich selbst möglichst viel Publicity generieren oder einfach nur Hetze betreiben wollen, was in diesen Zeiten ja so leicht geworden ist.

Aber ich habe meine Lektion gelernt.

Das nächste Mal, wenn Eddie Redmayne eine Frau spielt, halte ich einfach meine Klappe.

Neuntes Kapitel

Hier kommt Brucie!!

Den Namen Kris Kardashian hörte ich zum ersten Mal in Ketchikan, wo ich eigentlich nichts anderes vorhatte, als ein paar Fische zu fangen.

1990 war ich mit dem ehemaligen Baseballspieler Steve Garvey und seiner Frau Candace in Alaska und drehte eine Fernsehsendung über das Lachsangeln. Garvey kannte ich schon lange – der Zusammenhalt unter Sportstars ist schließlich enger als bei Studentenverbindungen in Yale. Außerdem war es schon fast unheimlich, wie sehr seine Karriere einen ähnlichen Verlauf genommen wie meine. Als First Baseman der Los Angeles Dodgers und der San Diego Padres war er als Mr. Clean bekannt, und mit 1207 absolvierten Spielen in Folge hält er bis heute den Rekord der Liga. Immer wieder schwärmte die Presse von seinem markigen Aussehen und seinem entschlossenen Kinn. Er bekam die Krone des *all-american sports hero* aufgesetzt, nachdem ich sie durch mein skandalträchtiges Privatleben und die Scheidungen verloren hatte. Die Presse überschlug sich darin, ihn zum großen Helden zu stilisieren, genau wie damals bei mir. Und daher ahnte ich auch schon, wie das ausgehen würde: mit einer öffentlichen Demontage. Genau wie bei mir. Auch Garvey hatte persönliche Probleme, und als dann schließlich alle schmutzigen Details über seine Scheidung an die Öffentlichkeit gelangten und herauskam, dass er bei einem Seitensprung ein uneheliches Kind gezeugt hatte, blieb an Mr. Clean ziemlich viel Dreck hängen. Ja gut, er hatte vielleicht nicht immer richtig gehandelt. Aber die Schadenfreude und Gehässigkeit, mit der man ihn vom Thron stieß, das unverhältnismäßige Aufblasen der kleinsten Verfehlungen durch die Medien, die ihn anschließend geradezu kreuzigten, das kam mir schon recht bekannt vor. Eine Bezeichnung wie Mr. Clean ist schon ziemlich schlimm – übler ist wohl nur noch Goldjunge, Prinz Eisenherz oder Adonis.

Vielleicht war das der Grund, weswegen wir beide zusammen in Alaska landeten, mitten in der Wildnis unter Grizzlys, die glücklicherweise keine Boulevardzeitungen lesen.

Ich saß in Jogginghosen am Ufer. Zum Angeln schien mir das genau der richtige Dress zu sein. Möglich, dass das im Fernsehen ein bisschen schlampig wirkte, aber ich war nie ein Laufstegmodel. So lange ich mich erinnern konnte, hatten immer Frauen meine Klamotten gekauft, angefangen mit meiner Mutter. Die berühmte Schlaghose war so ziemlich das einzige Stück gewesen, das ich selbst angeschafft hatte. Von Mode hatte ich so wenig Ahnung, dass das Style-Magazin *GQ* sogar einmal ausführlich darüber berichtete, dass mir in diesem Bereich jegliches Gespür fehlte.

Im Gegensatz dazu war Candace meistens von Kopf bis Fuß in Ralph Lauren gekleidet und sah aus, als sei sie gerade frisch vom Laufsteg gekommen und nicht im Geringsten daran interessiert, welchen Köder man am besten verwendete, wenn man „auf Lachs gehen" wollte. Mit einem Blick stellte sie fest, dass ich noch derangierter aussah als normalerweise, was aber natürlich auch daran lag, dass ich wirklich völlig am Boden war und gerade versuchte, die Trümmer meines Lebens wieder zu kitten, ohne zu wissen, ob mir das je gelingen würde.

Candace hatte dafür eine einfache Lösung. Sie war der Meinung, ich bräuchte eine Frau.

„Ich habe eine Freundin, die perfekt zu dir passen würde."

„Ach ja?"

„Sie heißt Kris Kardashian. Sie wohnt in Beverly Hills und lässt sich gerade scheiden."

„Beverly Hills? Das ist nicht meine Liga. Kein Interesse."

„Steve, was meinst du, sollten Bruce und Kris nicht einmal miteinander ausgehen?"

„Das würde doch nie was."

Nun hob ich doch den Kopf. Zwar mochte ich Garvey sehr gern, aber normalerweise versuchte ich das Gegenteil von dem zu tun, was er vorschlug. Er hatte etwas so Reserviertes an sich, dass man ihm ständig durch die Haare wuscheln wollte, nur um zu sehen, wie er sich mit dem Lineal wieder einen Scheitel zog. Aber trotzdem zögerte ich noch.

Chrystie und Linda waren beide sehr bodenständig gewesen. Genau das hatte mich zu ihnen hingezogen, weil ich selbst ja auch von ähnlicher Natur bin. Eine Frau aus Beverly Hills hingegen musste ganz anders sein, vermutlich jemand, der den ganzen Tag durch die angesagten Nobel-Boutiquen rund um den Rodeo Drive bummelte und shoppen ging. Außerdem brauchte ich nun wirklich keine Frau, die gerade mitten in einer Scheidung steckte, nachdem ich das selbst schon zweimal mitgemacht hatte.

Candace stimmte Steve nach einiger Überlegung zu: „Stimmt, sie hat ja vier Kinder. Das würde wirklich nicht klappen."

Aber genau das setzte die Rädchen in meinem Kopf in Gang. *Sie hat vier Kinder. Ich habe vier Kinder. Das sind zusammen acht.*

Kris brächte genauso viel Gepäck mit wie ich.

Plötzlich war ich doch ziemlich neugierig.

Candice gelang es ziemlich schnell, ein Treffen für die folgende Woche zu vereinbaren. Garvey und ich spielten bei Magic Johnsons Golfturnier im Riviera Country Club, auf dem historischen Platz in Pacific Palisades, und Candace lud Kris ein, zu der anschließenden Party zu kommen und dann mit uns Essen zu gehen.

Kris erschien mit ihrer Nanny, was viele verschiedene Interpretationen zuließ, aber keine wirklich gute.

Bei dieser ersten Begegnung trug sie einen weißen Hosenanzug und sah umwerfend aus. Im Laufe der Party trat ich irgendwann zu ihr und legte die Arme um sie.

„Endlich mal eine echte Frau mit vier Kindern."

Natürlich hoffte ich, sie würde darüber lachen.

Tat sie aber nicht.

Aber sie sah mich auch nicht an, als sei ich völlig verrückt. Stattdessen war sie vielleicht sogar geschmeichelt oder dachte zumindest, es sei eine originellere Anmache als „Hey, Baby, willst du mal meine Goldmedaille anfassen?"

Wir mischten uns unter die Leute. Ich kannte jede Menge der Anwesenden, so wie man sich in diesen Kreisen eben kennt – also im Grunde gar nicht. Wenn der Smalltalk über Sport erschöpft war, ging man wieder auseinander. Kris hingegen kannte jeden, und jeder kannte sie. Man freute sich auch viel mehr, sie zu sehen. Ich war noch nie jemandem begegnet, der so locker mit anderen Menschen umging.

Wer war diese Frau?

Außer dem bisschen, was Candace mir über sie erzählt hatte, wusste ich so gut wie gar nichts über Kris.

Anschließend gingen wir im Ivy At The Shore in Santa Monica essen. Es war eines dieser Restaurants zum Sehen und Gesehen werden, dabei hielt ich mich persönlich eigentlich lieber dort auf, wo ich nicht gesehen wurde. Dazu kam, dass ich auch McDonald's für Haute Cuisine hielt, solange die Pommes einigermaßen knusprig waren. Ich bestellte mir Hackbraten mit Kartoffelbrei, weil ich das immer orderte, wenn es auf der Karte stand. Auch im Ivy kannte Kris jede Menge Leute, tingelte aber nicht durchs ganze Restaurant, um sich überall anzubiedern: Sie kannte sie wirklich alle. Das rief mir wieder einmal ins Bewusstsein, dass es hier noch eine ganz andere Welt gab, von der ich zwar wusste, dass sie existierte, in der ich mich aber nie wohlgefühlt hatte. Aber so richtig angebissen hatte ich noch immer nicht.

Kurz, bevor wir gingen, zog Kris mit einem Konturenstift ihre Lippen nach. Sie brauchte nicht einmal einen Spiegel dazu, sondern machte das einfach: zack zack zack. Und es sah perfekt aus. Zufällig wusste ich, wie man mit einem Konturenstift umgeht, und es ist sehr schwer, das ohne Spiegel zu tun (obwohl ich stolz erklären kann, dass ich diese Fähigkeit auch beherrsche).

Jetzt war es um mich geschehen. Noch ein Jahr zuvor, auch noch ein halbes, hätte diese schlichte Geste mir nur meine eigenen Probleme mit meiner Identität wieder vor Augen gehalten. Wieder einmal wäre ich nur neidisch gewesen, dass es ihr gestattet war, sich mit ihrem Make-up zu beschäftigen, wo sie wollte und wann sie wollte. Sie brauchte kein Päckchen feuchte Kosmetiktücher mit sich herumtragen, falls die Polizei sie einmal anhielt. Sie musste kein Schreiben von ihrem Psychotherapeuten vorweisen können. Wahrscheinlich hatte sie keine einzige Minute ihres Lebens über ihr Geschlecht nachgedacht. Wieso auch? Für die meisten aus meinem Bekanntenkreis war das kein Thema. Und jetzt, da ich mich gegen die Transition entschieden hatte, versuchte auch ich, es für mich nicht wieder zum Thema werden zu lassen und meine Neigungen so gut wie möglich zu unterdrücken. Ich konnte einfach nicht zulassen, dass sie Platz in meinem Leben beanspruchten. Ich wollte sie nicht.

Kris und ich trafen uns öfter. Einmal hatte ich ein Abendessen mit einem befreundeten Produzenten und nahm Kris dorthin mit. Er musste natürlich schon aus geschäftlichen Gründen so tun, als ob er jeden kannte, der in Hollywood Rang und Namen hatte. Wohl auch deswegen gab er ein bisschen an; auch das gehörte schließlich zum Job. Aber sobald er jemanden erwähnte, schien Kris denjenigen nicht nur ebenfalls zu kennen, sondern auch die gesamte dazugehörige Familie, und bei ihr wirkte das nicht im Geringsten wie Angabe. Irgendwann wandte sich der Produzent völlig irritiert an sie und fragte:

„Wer sind Sie?"

Kris' Antwort war, gemessen an heutigen Maßstäben, völlig uncharakteristisch, aber ich kann bezeugen, dass sie es wirklich so gesagt hat: „Ich bin nur eine Mutter aus Beverly Hills."

In diesem Augenblick erkannte ich, dass Kris Qualitäten besaß, die sie eines Tages wirklich aus der Menge hervorheben würden: Sie hatte so eine Art, mit Menschen umzugehen und zu bestimmen, wo es langgeht, ohne dass die anderen das überhaupt bemerken. Beispielsweise hatte sie sich angewöhnt, ihren Bekannten nach einem Treffen Blumen oder ein anderes Geschenk zu senden. Es war eine Kombination aus Charme und professioneller Intelligenz: Ihr war klar, dass es viel Eindruck macht, wenn man sich an einen Geburtstag erinnerte, weil das von Aufmerksamkeit zeugte, über die sich jeder freut.

Sie war mein genaues Gegenteil. Ich war überhaupt nicht selbstbewusst und fühlte mich in meiner Haut kein bisschen wohl. Ich war nicht gesellig. Mit Geschenken hatte ich kein gutes Händchen. Sie hingegen war in jeder Hinsicht natürlich und entwaffnend. Es klang überhaupt nicht nach Name-Dropping, wenn sie von diesem oder jenem Star sprach. Sie tat das auf eine ganz ruhige, angenehme Art und Weise.

Die letzten sechs Jahre hatte ich in einem Rattenloch gehaust. Aber schon nach unseren ersten Treffen ahnte ich, dass Kris mich da würde herausholen können. Es war schon allein ein tolles Gefühl, nach all der Zeit in der Bruchbude in Malibu einmal wieder abends Essen zu gehen.

Kris und ich hatten später sicher unsere Differenzen, am Ende sogar sehr große, aber an diesem Punkt meines Lebens war sie meine Rettung, so wie es während meiner Schulzeit der Sport gewesen war. Sie zeigte mir einen Ausweg, als ich selbst keinen sah.

Und so verliebte ich mich ganz schnell in Kris. Und sie sich auch in mich. Sieben Monate nach unserer ersten Begegnung waren wir verheiratet. Die entscheidende Triebfeder bei uns beiden war die Liebe. Aber davon abgesehen bin ich der Meinung – und das ist meine ganz persönliche Ansicht –, dass wir uns auch darüber hinaus etwas voneinander erhofften.

Ich tat das jedenfalls, so viel weiß ich.

Kris sorgte dafür, dass ich meine Glaubwürdigkeit zurückgewann und trug enorm dazu bei, dem Image des alten Bruce wieder neuen Glanz zu verleihen. Aber ich glaube heute – wie gesagt, das ist meine private Meinung –, dass auch Kris von unserer Beziehung profitierte. Ihre Scheidung von Robert Kardashian, einem erfolgreichen Unternehmer und Anwalt, der nicht zuletzt O.J. Simpson in seinem Mordprozess verteidigte, war sehr hässlich verlaufen. Kris hatte mit 22 geheiratet, und irgendwann hatte sie, wie sie mir sagte, gemerkt, dass es noch viel mehr im Leben gab, was sie erleben wollte. Sie hatte eine Affäre mit einem Mann zwischen 20 und 30 gehabt, was für ihre Ehe sicher nicht förderlich gewesen war. Aber dennoch waren ihre gemeinsamen Freunde schockiert gewesen, als sie ihren Mann verließ. Sie konnten nicht begreifen, wieso sie bereit war, den Beverly-Hills-Lifestyle aufzugeben. Oder wieso sie das Leben ihrer Kinder so durcheinanderbringen wollte. Sie alle liebten Robert, weil er so viele liebenswerte Seiten hatte – er war ein unglaublich guter Vater und ein grundanständiger Kerl, der mich in meiner Rolle als Stiefvater stets unterstützte, solange ich darüber nicht vergaß, wer der leibliche Vater war.

Robert war ebenfalls erzürnt. Er konnte nicht fassen, dass Kris sich von ihm trennte, und es gab jede Menge böses Blut. Wie in so vielen Scheidungen, in denen mit harten Bandagen gekämpft wurde, wollte Robert Kris sicherlich beweisen, dass sie einen schrecklichen Fehler gemacht hatte und in einer scheußlichen Absteige irgendwo im Valley landen würde. So kam es dann aber nicht. Wir beide gaben ein glamouröses Paar ab und waren ganz offensichtlich verliebt. Und dann hatten wir auch noch als Team geschäftlichen Erfolg. Ich war eine bekannte Persönlichkeit. Daher fragte ich mich manchmal schon, ob Kris mit unserer Ehe auch ihrem Ex gegenüber ein Zeichen setzen wollte: ein riesengroßes „Du kannst mich mal".

Und jetzt schnell noch zu dem, was ihr ja sowieso alle wissen wollt, wenn ihr ehrlich seid: Ja, Kris und ich hatten zu Beginn unserer Beziehung sehr oft richtig guten Sex. Obwohl jede Menge innige Zuneigung und Liebe mit im Spiel war, ging es mir trotzdem immer noch nicht anders als zu High-School-Zeiten: So ganz wohl fühlte ich mich dabei nicht. Zum erfüllten Sex in einer stabilen Beziehung gehört ein emotionales Rüstzeug, das ich schlicht nicht besitze, weil ich Angst davor habe, Gefühle zu zeigen. Deswegen war es für mich am Ende einfacher, nur noch sporadisch Sex zu haben, später dann gar nicht mehr. Beim Sex muss man etwas geben können, und auch wenn ich glaube, dass mir das heute besser gelingt, so war ich doch nie richtig gut darin.

Bevor wir das erste Mal miteinander schliefen, vertraute ich mich Kris wegen meiner Gender-Probleme an. Auf keinen Fall wollte ich noch einmal so unfair sein wie damals bei Linda und es ihr irgendwann einmal gestehen, nachdem wir schon ein paar Jahre verheiratet waren. Allerdings sagte ich ihr auch nicht die ganze Wahrheit und ließ dabei aus, was Trudy Hill mir unmissverständlich klar gemacht hatte: dass sich mein Zustand nie ändern würde, und dass ich lediglich daran arbeiten konnte, wie ich damit umging. Aber ich erzählte Kris schon einmal eine ganze Menge.

Es wird ein ewiger Zankapfel zwischen mir und Kris bleiben, wie viel sie wirklich von meinen Problemen mit meiner Genderidentität wissen konnte. Sie beharrt darauf, von meiner Transition zu Caitlyn völlig überrascht gewesen zu sein, und das bedeutet nach ihrem Verständnis, dass sie vorher nicht genug informiert worden war. In *Keeping Up With The Kardashians* hat sie dicke Tränen vergossen und sehr mit der Veränderung, die ich vollzog, gehadert. Wenn man bedenkt, was sie zuvor alles zu sehen bekommen hatte, dann erscheint ihre Reaktion damals wie heute ein wenig verwunderlich.

Ich kenne natürlich nur meinen Teil der Geschichte.

Jedenfalls hatte ich ihr gesagt, dass schon mein ganzes Leben lang eine Frau in mir steckte. Und dass ich mich hin und wieder als Frau kleidete, wusste sie ganz sicher; schließlich hatte ich es einige Male in ihrem Beisein getan, nachdem wir verheiratet waren. Wie viel ich ihr von der Elektrolyse zur Entfernung der Haare im Gesicht und auf der Brust erzählte, weiß ich nicht mehr, aber ich würde sagen, das war schließlich ziemlich offensichtlich.

Außerdem hatte ich ihr berichtet, dass ich ungefähr vier Jahre lang eine Hormontherapie gemacht, sie aber sechs Monate vor unserem Kennenlernen abgebrochen hatte. Natürlich hatten die Hormone auch deutliche Auswirkungen. Für mich war es ein Busen, Größe 90 B. Kris betrachtete diese zwei deutlichen Erhebungen jedoch lediglich als Männerbrüste und führte sie darauf zurück, dass ich nicht mehr in Form war. Das war ich zwar tatsächlich nicht, aber nicht so, dass es für Cup B gereicht hätte. Ich dachte damals, dass ihr klar sein musste, was sie da vor sich sah: einen Menschen, der mit seiner Geschlechtsidentität größte Probleme hatte. Dass meine Transition sie dann später so schockierte, war wiederum eine echte Überraschung für mich. Es erweckte den Eindruck, als hätte ich ihr nicht gesagt, wie heftig meine innere Zerrissenheit war.

So erscheint es mir jedenfalls.

Belassen wir es dabei.

Vielleicht war sie aufgrund der Tatsache, dass wir zu Anfang richtig viel Sex hatten und dass ich „Macho"-Sportarten wie Skifahren und Autorennen liebte, zu dem Schluss gekommen, dass es mit meiner sogenannten Männlichkeit keine Probleme gab. Vielleicht dachte sie auch, dass sie mir über die Schwierigkeiten hinweghelfen konnte, mit denen ich mich herumschlug.

Jedenfalls habe ich ihr gesagt, dass ich unter einer Genderdysphorie litt. Aber nachdem ich während der Hormontherapie zu dem Schluss gekommen war, doch keine Transition anzustreben, konzentrierte ich mich nun darauf, mich völlig von diesem Weg abzuwenden – mit derselben Willenskraft und Disziplin, mit der ich mich früher einmal auf den Zehnkampf gestürzt hatte. Ich wollte nie wieder so einsam und von allen isoliert leben. Ich wollte, dass diese Ehe funktionierte, und setzte alles daran, dass es dieses Mal klappte. Dabei half uns eins ganz entscheidend: Wir liebten uns wirklich sehr, und nach einigen Ehejahren bekamen wir mit Kendall und Kylie zwei wundervolle Kinder. Auch meine Stiefkinder liebte ich, und ich hatte damals das Gefühl, dass diese Zuneigung auch erwidert wurde. In ihrer Erziehung spielte ich eine tragende Rolle, auch wenn ich mir nie angemaßt hätte, ihren Vater ersetzen zu können, weil das natürlich auch nicht möglich war.

Diese Ehe sollte unbedingt halten. Das dachten wir beide, nur die letzten fünf Jahre nicht mehr: Da war die Situation für uns beide bitter und schwer erträglich geworden. Sie fühlte eine brennende Wut auf mich, und ich zog mich in eine verteidigende Haltung zurück; beides schaukelte sich gegenseitig immer höher. Wir gingen uns ständig an die Kehle, bis irgendwann sogar die Kinder ihre Mutter fragten, wieso sie mich die ganze Zeit anschrie. Vorher hatten wir viele wunderbare Jahre – es begann erst zu kriseln, als es mit *Keeping Up With The Kardashians* losging, die Show ein durchschlagender Erfolg wurde und Kris das Ruder des millionenschweren Familienunternehmens übernahm und alle Ausgaben kontrollierte, auch meine.

Doch damals, ganz am Anfang, als ich Kris vor unserer Hochzeit allmählich immer besser kennenlernte, keimte in mir eine Hoffnung auf: Sie konnte mir vielleicht tatsächlich dabei helfen, die Beziehung zu meinen Kindern zu kitten, bevor es zu spät war. Burt, Casey, Brandon und Brody waren inzwischen im Alter von acht bis dreizehn, und ich hatte zu ihnen allen kein entspanntes Verhältnis. Wie auch – schließlich hatte ich mit den drei Jungen höchstens zwei Jahre gemeinsam verbracht, und mit Casey hatte ich nie zusammengelebt. Ich freute mich darüber, wenn ich den Eindruck hatte, dass ich ihnen etwas von meinem Abenteuergeist weitergegeben hatte und sie Spaß an Autorennen, der Fliegerei, Motocross und anderen riskanten Sportarten hatten. Bei meinen Söhnen war das so, und sie entwickelten auch alle ein Talent für derartige Dinge, also habe ich wohl doch etwas an sie vererbt. Ich weiß, dass sie auf den Namen Jenner stolz waren. Aber meine Beziehung zu ihnen war nie stabil. Sicher, Ende der Achtziger standen wir uns recht nahe, aber wenn man bedenkt, dass ich damals nur wenig arbeitete, hätte ich noch viel mehr Zeit mit ihnen verbringen und mich viel mehr um sie bemühen können.

Linda sagte Brandon und Brody irgendwann einmal, sie müssten über ihren Vater nichts weiter wissen, als dass er in einem emotionalen Rollstuhl säße. Das tat schrecklich weh. Aber vielleicht stimmte es, und es war vielleicht auch gut, dass sie sich gefühlsmäßig distanzierten, weil ich das sonst von mir aus getan hätte.

Ich liebte meine Kinder, auch damals, und ich war fest entschlossen, mich mehr um sie zu kümmern und ihnen ein besserer Vater zu sein. Kris, die vier eigene Kinder in die Ehe mitbrachte, wusste genau, was es hieß, Verantwortung in der Erziehung zu übernehmen, und sie schien es zu genießen, acht Kids unter einen Hut bringen zu müssen.

An Kims zehnten Geburtstag waren alle Jenner- und Kardashian-Kinder zum ersten Mal zusammen. Es gab keinen Streit und keine Eifersüchteleien, nur eine große, glückliche Verbundenheit. Ich hielt mich im Hintergrund und beobachtete sie, und es berührte mich unglaublich. Vielleicht, dachte ich mir, vielleicht kann das wirklich funktionieren. Vielleicht habe ich noch eine Möglichkeit, die Dinge wieder geradezurücken.

Kurze Zeit später beschloss Kris, dass wir alle Skiurlaub im Deer Valley in Utah machen würden. Im Wohnzimmer ihres Hauses in Beverly Hills packte sie acht Stapel mit der nötigen Ausrüstung zusammen, um sicherzugehen, dass für jedes der acht Kinder das Passende vorhanden war – Skistiefel, Skistöcke, Skianzüge (damals noch keine Designerware), Mützen, Handschuhe. Und wenn sie feststellte, dass etwas fehlte, besorgte sie das umgehend. Als wir zum Flughafen fuhren, brauchten wir allein zwei SUVs für das Gepäck. Eigentlich waren wir nur eine Familie auf Skiurlaub, aber eine ziemlich komplizierte mit jeder Menge frei beweglichen Teilen. Aber schon daran, wie Kris eine solche Tour organisierte, zeigten sich die Eigenschaften, die sie später zu diesem großen Erfolg führen würden: Sie kümmerte sich haarklein um jedes Detail und gab keine Ruhe, bis alles genau so war, wie sie es sich vorgestellt hatte.

Wieder hielt ich mich im Hintergrund und sah ihr staunend zu. Es war noch viel mehr als das. Mir kam es wie Zauberei vor, dass ich an diese wunderbare Frau geraten war, die so lebendig und mit so viel Gespür für Stil daherkam und die mit meinen und ihren Kindern in den Skiurlaub fuhr. Eine Geschichte wie eine Fernseh-Sitcom.

Die Kinder waren auch alle dabei, als wir heirateten. Von den vielen tausend Bildern, die es aus meinem Leben gibt, liebe ich dieses eine von unserem Hochzeitstag am meisten: die ganze Familie auf dem Rasen vor einer Privatvilla in Beverly Hills. Ich sitze in der Mitte in einem schwarzen Smoking mit weißem Schlips. Neben mir steht Brandon, und hinter ihm steht Burt, hält mit einer Hand die Hand seines Bruders fest und hat die andere auf dessen Schulter gelegt. Auf meiner anderen Seite lehnt sich Brody so weit zu mir hinüber, dass sich unsere Köpfe berühren. Casey sitzt vor mir, blond und schlank und überwältigend schön; sie trägt ein weißes Kleid und hat eine Blumengirlande im Haar. Meine Hand liegt auf ihrem Unterarm. Neben ihr sitzt Rob, der ein wenig geschockt wirkt – vielleicht weiß er schon mehr als wir alle anderen. Hinter Rob schaut Kim hervor, die schon damals diesen exotischen Look hatte, mit dem sie später die ganze Welt faszinieren sollte. Auf der anderen Seite kniet Kourtney, die ihrer Schwester Kim sehr ähnlich sieht, aber längeres Haar und weichere Züge hat. Hinter Kourtney steht Khloé mit spitzbübischem, fast ein wenig teuflischem Gesichtsausdruck. Kris, ganz hinten, trägt ein trägerloses, weißes Kleid und hat einen Arm um Burt und den anderen um Brandon gelegt.

Manchmal sagen Fotos nicht die Wahrheit, Hochzeitsbilder schon gar nicht. Aber dieses hier trügt nicht. Es war magisch. Es war wundervoll. Es war wirklich perfekt, oder zumindest so perfekt, wie irgendetwas im Leben sein kann. Damals gab es noch keinen Familienruhm oder -reichtum, sondern nur uns.

Schließlich mussten Kris und ich uns aber etwas einfallen lassen, um unseren Lebensunterhalt zu bestreiten. Ich musste wieder aktiv werden, das wusste ich, aber das sah ich ganz optimistisch, weil ich von Natur aus Optimist bin. Und wenn ich noch so sehr mit meinen eigenen Problemen zu kämpfen hatte, ich glaubte doch immer daran, dass am Ende alles gut werden würde. Allerdings hatte ich mich schon lange nicht mehr um meine Karriere gekümmert, und nun war ich mir nicht sicher, ob es überhaupt noch etwas gab, an das ich würde anknüpfen können. Der Promikult geht mit jenen, die einmal in der Versenkung verschwunden sind, nicht sehr gnädig um. Wenn man eine Weile keine Rolle mehr gespielt hat, ist es schwer bis unmöglich, ins Rampenlicht zurückzufinden.

Die Gerüchte, die sich um mein Privatleben rankten, waren dabei auch nicht besonders hilfreich. Wie ein lästiger Termitenschwarm fraßen sie sich in die palmenbestandenen Straßen von Beverly Hills. Selbst einige von Kris' engsten Freunden, zumindest diejenigen, die nach der Scheidung von Robert noch mit ihr redeten, hatten schon davon gehört. Aber Kris verteidigte mich standhaft, und nach unserer Hochzeit verstummte das Gerede allmählich. Ihre Freundinnen liebten mich, und ihre Freunde waren vermutlich neidisch, dass ich mich nie rasieren musste.

Zwar hatte ich keine Ahnung, wo ich ansetzen sollte, um meine Karriere wieder in Schwung zu bringen, aber Kris wusste das ganz genau. Sie entdeckte viel ungenutztes Potenzial, das man bisher hatte verkümmern lassen. Ihrer Meinung nach brauchte es nur jemanden, der es steuerte, und das war natürlich sie.

Zunächst einmal nahm sie das Team in Augenschein, das mich managte: George Wallach, die PR-Firma Rogers & Cowan sowie mein Anwalt Alan Rothenberg. Sie standen noch immer auf meiner Gehaltsliste, bekamen entweder Vorschüsse oder einen Anteil an meinen Geschäftseinkünften, und Kris kam schnell zu dem Schluss, dass ich mich von ihnen trennen musste – schließlich hatte ich schon eine ganze Weile überhaupt keine Geschäfte mehr gemacht. Das hatte ich mir auch schon überlegt, aber weil ich mich ihnen verpflichtet fühlte und Auseinandersetzungen hasste, hatte ich diese alten Verbindungen bisher nicht kappen können.

Solche Bedenken kannte Kris natürlich nicht. Sie hatte schließlich auch keine Beziehung zu diesen Leuten, sondern ging geschäftlich an die ganze Sache heran. Rein geschäftlich.

„Wieso bezahlst du diesen Kerl?"

Gute Frage.

„Wie viel bezahlst du ihm?"

Das war eine noch bessere Frage.

„Was hat er in den letzten Jahren überhaupt für dich getan?"

Die beste Frage von allen.

Also erschienen wir bei George im Büro. Er saß auf einer Seite des Schreibtisches, Kris und ich auf der anderen. Kris übernahm den größten Teil der Unterhaltung.

„Wir machen ab sofort allein weiter."

George sah mich an. Ich fühlte mich genötigt, auch etwas zu sagen: „Du hast wirklich gute Arbeit gemacht, aber jetzt gehen wir neue Wege. Wir machen etwas anderes."

Ich fühlte mich schrecklich dabei. Ohne Grund, denn schließlich hatte er abgesehen von dem Fernsehfilm *Der Kampf der weißen Tiger* in den letzten acht Jahren kaum gute Projekte für mich an Land gezogen.

Was allerdings natürlich auch teilweise daran lag, dass ich eine Zeitlang gar nichts hatte machen *wollen*. Kris und ich dachten nun beide, dass ich einen Neuanfang machen musste. Trotzdem hatte ich das Gefühl, George im Stich zu lassen, nachdem wir schon so lange miteinander gearbeitet hatten. Bevor sich irgendjemand anders je für mich interessierte, hatte George voll und ganz an mich geglaubt.

Er hatte mich vor den Olympischen Spielen 1976 angesprochen, nachdem er einen Vorbericht auf die Spiele im *People*-Magazin gesehen hatte, in dem auch von mir die Rede war. Daraufhin ließ er sich von der Auskunft in San Jose meine Nummer geben - so war das in den Zeiten, in denen Telefonnummern noch öffentlich waren – und rief bei mir an.

„Ich bin Manager und würde gern mal mit Ihnen reden."

Er flog sogar nach San Jose, nur um sich mit mir zu treffen. Die Bestimmungen für Amateursportler sahen damals vor, dass ich vor den Spielen gar keinen Manager haben durfte, und das sagte ich ihm auch.

„Dann klappt es jetzt vielleicht nicht, aber man weiß ja nicht, was die Zukunft bringt."

Was George angeht, hatte ich den richtigen Riecher, denn schon damals wusste ich: Sobald ich die Möglichkeit bekommen würde, mit ihm zu arbeiten, würde ich das auch tun. Er hatte gezeigt, dass er Vertrauen in mich hatte, im Gegensatz zu allen anderen Managern und Agenturen, die mir erst die Tür einrannten, nachdem ich Gold geholt hatte.

Er half mir, mich auf die Abendveranstaltung nach der Abschlussfeier der Spiele vorzubereiten, als ich noch keine Ahnung davon hatte, wer die ganzen Leute waren, denen ich da begegnete. Wie beispielsweise Irvin Weiner, den stellvertretenden Vorsitzenden der Finanz- und Talentabteilung bei ABC und hauptverantwortlichen Dealmaker des Senders. Jeder kannte Irwin, nur ich nicht. Wer er war, hatte ich buchstäblich erst Minuten vor unserem ersten Gespräch erfahren, als er zu mir kam und mir sagte, dass ABC mich gern unter Vertrag nehmen wollte. George, dem ich das ganz aufgeregt erzählte, hielt mich davor zurück, sofort begeistert zuzuschlagen, denn schließlich zeigten auch NBC und CBS Interesse.

Es war der Anfang einer lockeren und angenehmen Beziehung, vor allem in den ersten fünf oder sechs Jahren, als reihenweise Angebote eingingen und George für mich prüfte, was sinnvoll war und was nicht.

Mittlerweile klingelte das Telefon schon lange nicht mehr. Trotzdem bekam George weiterhin 15 Prozent meiner Einnahmen, was in der Vergangenheit sicherlich in Ordnung gewesen war. Aber jetzt musste ich mich selbst vermarkten und neu erfinden.

George war völlig geschockt. Er sah Kris an und fragte sich wahrscheinlich, wer diese Frau war und wieso sie einen so großen Einfluss auf mich hatte. Ich wusste, warum: Ich mag starke Frauen, und keine war stärker als Kris.

Und deshalb machte es *puff*.

Das war's für George.

Kris verschlankte die ganze Businessstruktur. Kappte die Verbindung zu Rogers & Cowan. Und die zu meinem Anwalt. Dafür begann sie nun selbst, bei vielen hundert Firmen anzurufen und von meinen Fähigkeiten als Motivator zu schwärmen, weil sie fest davon überzeugt war, dass der „Finde den Sieger in dir"-Vortrag weiterhin große Zugkraft hatte. Für sie war aus diesen zwei Tagen in Montreal noch jede Menge herauszuholen. Sie war auch davon überzeugt, dass es sich lohnen würde, meinen Namen für qualitativ gute Sportgeräte zu vermarkten und bot dafür lächerlich billige Infomercials an, die pro 30 Minuten nur 500 Dollar kosteten. Am Ende bewarben wir Produkte wie den Super Step, den Power Trainer und den Stair Climber Plus, und zu unseren besten Zeiten erschienen 2000 Werbevideos pro Monat in 17 verschiedenen Ländern.

Davon abgesehen brachte Kris mich dazu, nach langer Auszeit wieder ins Fitnessstudio zu gehen. Nach und nach baute ich wieder Muskeln auf, und mein Körper straffte sich – abgesehen von den Brüsten, die mir blieben, auch nachdem ich keine Hormone mehr nahm. Ich sah gut aus. Ich fühlte mich auch gut.

Die Frau in mir hatte Pech gehabt.

Brucie war zurück!

Mit meinem Sohn Brandon, 1981. Für die Kinder aus meinen ersten beiden Ehen hatte ich nicht annähernd so viel Zeit, wie ich hätte haben sollen. Ich hatte das Gefühl, ich sei es gar nicht wert, Vater zu sein oder eine Rolle im Leben eines anderen Menschen spielen zu dürfen. Eine beschämend lange Zeit ließ ich sie im Stich.
(Originalfoto mit freundlicher Genehmigung der Familie Jenner)

Als Kommentator für NBC bei einer Sportveranstaltung 1985. Oberflächlich schien ich wie gemacht für einen solchen Job, aber wegen meiner Legasthenie hatte ich große Probleme, vom Teleprompter abzulesen. Von links nach rechts: Charlie Jones, mein Sohn Brandon, Bruce und Ahmad Rashad.
(Foto: David Madison/Getty Images)

1986 mit dem Rennfahrer Danny Sullivan (links) und dem Schauspieler James Garner (rechts). Zu dieser Zeit war mein olympischer Ruhm schon ein wenig verblasst. Ich ließ mich hin und wieder auf Veranstaltungen blicken, hatte aber keinen großen Ehrgeiz, was meine weitere Karriere betraf. Stattdessen drehte sich bei mir nur noch alles um meine Geschlechtsidentität, und ich lebte meist völlig zurückgezogen. *(Foto: David McGough/Getty Images)*

1987 mit der Transgender-Aktivistin Renée Richards, deren wegweisende Arbeit und Mut ich unglaublich bewunderte. Ich traute mich trotzdem nicht, sie anzusprechen und ihr von meinen Genderproblemen zu erzählen. *(Foto: Ron Galella/Getty Images)*

Wir kannten uns erst sieben Monate, als Kris und ich 1991 auch schon heirateten. Obwohl unsere Ehe später von großen Spannungen geprägt war: Damals war sie meine Rettung, so wie der Sport in meiner Jugend. Von links nach rechts: Esther, Robert, Kourtney, Burt, Bill, Kim, Bruce, Brandon, Kris, Casey, Harry Shannon, Brody, Mary Jo Shannon, Khloé.
(Foto mit freundlicher Genehmigung von Wendy Roth)

Das Familienporträt des Jenner-Kardashian-Clans in Leder für die Weihnachtskarte 1993. Anfang der Neunziger waren wir wirklich eine große, glückliche Familie. Zum ersten Mal fühlte ich mich wie ein echter Vater – einer, der auch wirklich da war. Aber im Lauf der Jahre machten die Scheidung und andere Probleme es unmöglich, beide Familien zusammenzuhalten. Hintere Reihe, von links nach rechts: Burt, Khloé, Bruce und Kris; mittlere Reihe: Robert, Casey und Kim; vordere Reihe: Kourtney, Brody und Brandon. *(Foto: Donaldson Collection/Getty Images)*

Promotionfoto für die erste Staffel von *Keeping Up With The Kardashians* 2007. Dass die Show ein so großer Erfolg wurde, veränderte meine Ehe mit Kris entscheidend – ich hatte das Gefühl, nicht mehr gebraucht zu werden. Aber ich hielt trotzdem durch, weil ich Kendall, Kylie und den Kardashian-Kids weiterhin ein guter Vater sein wollte. Von links nach rechts: Ryan Seacrest, Kim, Kylie, Khloé, Kendall, Kourtney, Kris und Bruce. *(Foto: Jeff Vespa/Getty Images)*

Bei einem Promi-Golfturnier 2008. Golf habe ich immer geliebt. Als Bruce spielte ich am liebsten allein für mich – es war beinahe eine Art von Therapie, um abseits des Durcheinanders im Kardashian-Haushalt ein wenig Ruhe zu finden.
(Foto: John M. Heller/Getty Images)

Familie Jenner im Jahr 2011. Meine Kinder haben das, was ihr Vater nie hatte: Sie wissen, wer sie sind, und sie sind mit sich im Reinen. Von links nach rechts: Burt, Kendall, Kylie, Bruce, Brody, Casey und Brandon. *(Originalfoto mit freundlicher Genehmigung der Familie Jenner)*

2011 bei einer Veranstaltung mit einer Wheaties-Schachtel in der Hand. Jahrelang tourte ich mit meinem Vortrag „Finde den Sieger in dir" durchs Land. Es war mein Job – aber auch eine gute Gelegenheit, mich in Hotels als die Frau zu kleiden, die in mir steckte. *(Foto: Noel Vasquez/Getty Images)*

Mein erster öffentlicher Auftritt als Caitlyn bei den ESPY Awards im Juli 2015. Dieses Foto entstand, kurz bevor ich den Arthur Ashe Award für persönlichen Mut überreicht bekam und hoffte, dass ich nicht stolpern würde, wenn ich die Treppe zum Podium hinaufging. Neben mir sitzen die beiden einflussreichsten Frauen in meinem Leben: meine Mutter Esther und meine Schwester Pam.
(Foto: Kevin Mazur/Getty Images)

Nach der ESPY-Verleihung im Kreis meiner Kinder, die mich alle unglaublich unterstützt haben. Hintere Reihe, von links nach rechts: Khloé, Kim, Kendall, ich, Casey, Kylie, Kourtney, Kaitlynn Carter und Val Pitalo; vordere Reihe: Burt, Brandon, Brody und Michael Marino.
(Foto mit freundlicher Genehmigung von Caitlyn Jenner)

Auf Tournee mit meinen wunderbaren Schwestern aus der Show *I Am Cait*. Sie haben mich nicht nur inspiriert, sondern mir auch die Probleme nahe gebracht, denen die Transgender-Community gegenübersteht. Von links nach rechts: Chandi Moore, Candis Cayne, ich, Ella Giselle, Jenny Boylan und die Produzentin Andrea Metz.
(Foto: Federick M. Brown/Stringer/ Getty Images)

Mit Kris bei einer Veranstaltung 2016. Wir haben in den vergangenen Jahren viel durchgemacht, aber wir teilen für alle Zeiten die Liebe zu unseren Kindern, für die wir immer da sein werden.
(Foto: Dimitrios Kamouris/Getty Images)

Bei der Fotosession für *Sports Illustrated* im Stadion der University Of Oregon, wo ich einmal einen Weltrekord beim Zehnkampf aufstellte. Es war ein seltsames Gefühl, mit dem Fotografen Heinz Kluetmeier wieder vor Ort zu sein, vierzig Jahre, nachdem er meinen Olympiasieg im Bild festgehalten hatte. Während Bruce immer wieder auf diesen Augenblick reduziert werden wird, ist Caitlyn völlig frei davon.
(Foto mit freundlicher Genehmigung von Caitlyn Jenner)

Bei einem Pro-Amateur-Golfturnier 2016. Im Gegensatz zu Bruce spiele ich heute gern mit anderen. Außerdem sind meine Schläge auf kurze Distanz heute viel besser.
(Foto: Ryan Young/Getty Images)

Mein generalüberholter Sprite Baujahr 1960 – dasselbe Modell, das mein Vater fuhr, als ich noch ein Kind war. Am Heck steht „Dad's Sprite", eine kleine Verbeugung vor ihm, die er großartig gefunden hätte. Ich werde niemals wissen, wie er auf Caitlyn reagiert hätte, aber er hätte gewollt, dass ich glücklich bin. Ich denke ganz oft an ihn.
(Foto mit freundlicher Genehmigung von Caitlyn Jenner)

30. März 2016

„Ich saß in meinem Zimmer und hatte Angst, es zu verlassen"

Ortstermin im Mission Hills Country Club, Rancho Mirage, Kalifornien.

Bevor mit dem ANA Inspiration Tournament der erste große Wettkampf der Ladies Professional Golf Association beginnt, findet einen Tag zuvor ein Pro-Amateur-Turnier statt, zu dem man auch mich eingeladen hat. Zu den Profi-Golferinnen, die bei diesem Event antreten, zählt unter anderem Danielle Kang, die mir über die Jahre eine gute Freundin geworden ist. Auch die Amateurgolferin Abby Wambach ist dabei, die mir bei den ESPY Awards zur Seite stand, als ich so viel Angst hatte, bei meinem ersten öffentlichen Auftritt über meinen Kleidersaum zu stolpern. Dafür stehe ich auf ewig in ihrer Schuld.

Die Klatschpresse schreibt schon wieder genau mit, was ich bei diesem Ereignis trage: einen lila Rock, der als superkurzer Mini beschrieben wird (wobei keine Profi-Golferin einen Rock trüge, der bis über die Knie reicht, weil man nämlich damit nicht gut abschlagen kann), ein weißes Sweatshirt mit kurzem Reißverschluss unter dem Kragen (mit anderen Worten, eine normale Golfjacke) und einen weißen Augenschirm gegen die Sonne. Man beschreibt mich als „sexy", dabei will ich weiter nichts als Golf spielen. Das Outfit habe ich von Danielle Kang bekommen, ich habe die Sachen nicht einmal selbst ausgesucht. Vor allem aber nervt mich, dass niemand etwas über mein Spiel schreibt, weil ich nämlich an diesem Tag gnadenlos gut in Form bin.

Ich liebe Golf. Lange Jahre war dieser Sport meine Therapie; ich spielte vor allem auf dem Platz des Sherwood Country Clubs im kalifornischen

Thousand Oaks, um ein bisschen Ruhe zu haben und dem endlosen Chaos des Kardashian-Haushalts zu entgehen, mit seinen Kamerateams und Modeberatern und Handwerkern und dem ganzen Irrsinn, der dort rund um die Uhr tobte. Und auch heute, nach meiner Transition, liebe ich Golf, vermutlich mehr denn je. Früher habe ich die meiste Zeit allein gespielt, weil ich viel zu schüchtern und gehemmt war, wenn andere dabei waren. Aber inzwischen schließe ich mich anderen Spielern an. Außerdem hat man in Sherwood, wo es so nobel wie konservativ zugeht, sofort ohne viel Aufsehen die Regeln bezüglich der Umkleidebereiche geändert.

Ich hatte mich gefragt, wie Caitlyn sich wohl machen würde, gerade im Vergleich zu Bruce, der ziemlich gut war und 260 Meter Abschlag vom Tee schaffte, wenn es gut lief.

Dieses Turnier beantwortet meine Frage. Caitlyn schlägt nicht nur richtig weit, sie hat auch ihr Spiel auf kurzer Distanz verbessert.

Gleich am ersten Loch auf dem Dinah-Shore-Turnierplatz gelingt mir ein Eagle nach einem Schlag über 110 Meter. Dieses Mal ist zumindest eine Kamera dabei: Der Golf Channel berichtet über diese Veranstaltung und zeigt diesen schönen Schlag in den nächsten zwei Tagen immer wieder.

Die Nacht verbringe ich im Westin Hotel von Rancho Mirage, und hier soll später am Abend auch eine Party für die Turnierteilnehmer stattfinden. Das erinnert mich wiederum an einen Abend vor vier oder fünf Jahren, als ich im gleichen Westin abgestiegen war. Damals hielt ich noch an meiner alten Routine fest, nach der ich rund um meine Vorträge nach kurzen Möglichkeiten suchte, damit sich die Frau in mir einmal wieder zeigen konnte. Deswegen war ich schon am Tag zuvor angereist, hatte das Hotel wie ein Einbrecher genau unter die Lupe genommen und dabei erfreut festgestellt, dass es für meine Zwecke perfekt geeignet war. Hier würde ich bestens in der Lage sein, als Frau gekleidet ein und aus zu gehen, solange ich darauf bestand, ein Zimmer im Erdgeschoss zu bekommen. Was ich dann natürlich tat.

Die Zimmer dort hatten Schiebetüren aus Glas, und das bedeutete, dass man direkt nach draußen gehen und nachts herumspazieren konnte, ohne allzu viel Licht ausgesetzt zu sein.

Weil ich nicht genau wusste, was ich anziehen wollte, hatte ich verschiedene Outfits mitgebracht. Wie immer spürte ich dieses magische Kribbeln und die Vorfreude aufs Stylen.

Irgendwo fand eine Party statt, das war deutlich zu hören. Durch die Schiebetür sah ich, was draußen los war – ein Lesben-Event mit mehreren hundert Teilnehmern. Ich hörte sie reden und lachen und sah, wie locker sie miteinander umgingen. Sie zogen sich so an, wie sie wollten, und sie trugen ihr Haar, wie sie es wollten. Sie hatten so viel Freiheit, herrliche Freiheit. Ich konnte meinen Blick nicht von ihnen lösen. Eine solche Gruppe würde doch sicherlich auch Verständnis für mich haben. Ich fragte mich, ob vielleicht einige Transfrauen darunter waren.

Wie gern hätte ich die Glastür aufgeschoben und wäre einfach zu ihnen hinausgegangen. Wie gern hätte ich in einem meiner Outfits einfach nur mal „hallo" gesagt, ein Glas Wein getrunken und diese neue Welt genossen wie ein sich schnell drehendes Karussell. Herrliche Vorstellung: Ich wäre der Star der Party gewesen, schließlich hatte man mich an der Newtown High zum besten Tänzer gekürt. Aber stattdessen schlich ich in meinem Frauendress in die andere Richtung davon. Nach dem üblichen Spaziergang durch die Hotellobby kehrte ich wieder in mein Zimmer zurück. Draußen wurde immer noch gefeiert. Meine Güte, die amüsierten sich vielleicht. Ich hätte einfach mitmachen sollen, mich unter die Leute mischen und sie darüber grübeln lassen, wer ich wohl war.

Aber ich hatte Angst vor dem, was ich immer fürchtete: erwischt zu werden. Enttarnt. Schande über meine Familie zu bringen. Das letzte bisschen Reputation zu verspielen. Ich konnte es nicht. Anfang der 2010er Jahre, als ich in *Keeping Up With The Kardashians* zu sehen war, ein paar Schönheits-OPs hatte machen lassen und mir das Haar lang wachsen ließ, waren mir die Klatschreporter ständig auf den Fersen. Ich konnte mir wunderbar vorstellen, was für Schlüsse sie ziehen würden, wenn mich jemand bei einer solchen Party gesehen hätte, bei der nur Frauen anwesend waren:

BRUCE JENNER IN FRAUENKLEIDERN BEI LESBEN-EVENT!

Die Schlagzeile wäre ruckzuck um die ganze Welt gegangen. Zweimal.

Also blieb ich in meinem Zimmer und lauschte, bis die Party allmählich zu Ende ging. Ich saß auf meinem Bett, die Hände ineinander geschlungen, gefangen hinter der immer noch verschlossenen Glastür, die ich aus Angst nicht hatte öffnen wollen, und hatte das Gefühl, als sei diese Situation symptomatisch für mein Leben – ausgeschlossen vom Leben, bemüht, irgendwie mit mir zurechtzukommen, bis es auch mit mir allmählich zu Ende ging.

Und heute bin ich wieder im Westin und habe nach meiner Transition nichts mehr zu verbergen. Jetzt muss ich nicht mehr heimlich durch dunkle Räume spazieren und ständig über die Schulter blicken, ob ich vielleicht Gefahr laufe, entdeckt zu werden. Oder allein und einsam meine Runden auf dem Golfplatz drehen, ohne dass jemand meine schönsten Schläge mitbekommt.

Heute Abend gehe ich auf die Party. Viele Top-Spielerinnen der Ladies Professional Golf Association werden da sein. Heute werde ich das Glas Wein trinken, vor dem ich zuvor zu viel Angst hatte, und mein wahres Ich zeigen, das ich damals noch verbarg. Mein Leben ist inzwischen so viel einfacher: Ich tue, was ich will und wann ich es will.

Ach, und bevor ich's vergesse – die Gewinner des Pro-Amateur-Turniers waren Danielle Kang und ich.

Eineinhalb Monate später, Mitte Mai 2016, nehme ich in Las Vegas an der SkyBridge Alternatives Conference (SALT) teil, einem Zusammentreffen von führenden Politikern, Hedgefonds-Managern und Führungskräften aus Industrie und Wirtschaft.

Als Bruce war ich immer gern in Vegas, und zwar nicht wegen des Glücksspiels oder anderer schriller Vergnügungen, sondern weil hier stets die Möglichkeit bestand, sich ungestört zu stylen – es war vermutlich der einzige Platz auf der Welt, wo man tun und lassen konnte, was man wollte, ohne dass es irgendjemanden interessierte. Von daher wurde ich jedes Mal ganz kribbelig, wenn ein Vortrag in Vegas gebucht war. Kris rief ich dann nur zu:

„Ich fahre jetzt nach Vegas!"

„Viel Spaß!"

Keine Sorge, den hatte ich.

Wie immer hatte ich den genauen Ablauf eines solchen Ausflugs generalstabsmäßig geplant.

Ich verließ das Haus in Hidden Hills und fuhr los, hielt aber schon auf dem nächsten Parkplatz wieder an. Dort schminkte ich mich im Rückspiegel, probierte dann verschiedene Perücken auf, die ich unter der Rückbank versteckt hatte, und wählte diejenige, die nicht nur meiner Stimmung am besten entsprach, sondern auch meine Identität am besten verschleierte. Dann zog ich mir noch im Auto das jeweilige Lieblingsoutfit an, bevor ich dann fünf Stunden genussvoll durch die heiße und einsame Wüste fuhr, bis ich in den Außenbezirken von Las Vegas einen Parkplatz beim Holiday Inn ansteuerte, mir das ganze Make-up wieder abwischte, die Perücke abnahm und mich aus den Frauenkleidern herauswand.

Dann checkte ich ins Hotel ein und begann von Neuem mit der Prozedur. Es gibt wahrscheinlich keinen Ort auf der Welt, der mehr Spiegel pro Hotel zu bieten hat als Las Vegas. Deswegen brachte ich meist auch mehr als nur ein Outfit mit, weil es hier so viel Spaß machte, sie anzuziehen.

Kurz vor dem Vortrag wischte ich wieder alles ab und zog mich um. Am nächsten Tag, wenn ich wieder nach Hause fuhr, beschränkte ich mich beim Make-up auf ein Minimum und setzte eine dunkle Sonnenbrille auf. Dann stieg ich ins Auto, überprüfte, ob mir auch niemand zusah, vervollständigte das Make-up, wählte eine andere Perücke zur Tarnung und zog mir ein neues Outfit an. Dann fuhr ich zurück durch die Wüste bis zu dem Parkplatz in der Nähe unseres Hauses, wo ich wieder alles ablegte und gut versteckte. Zu Hause tat ich dann so, als sei nichts Besonderes vorgefallen.

„Wie war's denn?"

„Schön."

„Irgendetwas Neues?"

„Nicht wirklich."

„Das muss doch langweilig gewesen sein."

Niemals.

Das einzige Problem mit der Vegas-Routine war die Starbucks-Versorgung. Ich brauche nun einmal regelmäßig meine Grande Vanilla Latte, und bei Barstow, ungefähr auf halber Strecke zwischen Vegas und L.A., gab es eine Filiale. Aber ich hätte entweder mit meinem Frauenoutfit hineingehen oder wieder alles wegwischen und mich umziehen müssen. Also fuhr ich vorbei, auch wenn mir meine Kaffee-Dosis fehlte. Darüber dachte ich oft nach: dass ich mir nicht einmal auf der Fahrt einen Kaffee kaufen konnte, so, wie ich war. Irgendwann nach einem Termin in Las Vegas reichte es mir dann plötzlich.

Ich stylte mich am frühen Morgen und betrat so, wie ich war, den nächsten Starbucks. Dann bestellte ich, und wenn ich mich recht erinnere, war es das erste Mal, dass ich anderen Menschen gegenübertrat, während ich Frauenkleider trug. Meine Stimme verstellte ich so gut wie möglich.

„Ich hätte gern eine Vanilla Latte Grande."

„Kommt noch etwas dazu?"

„Nein, danke."

Zum ersten Mal in meinem Leben hoffte ich, dass das Gespräch damit beendet war.

Die Bedienung nannte mir den Preis. Ich zahlte, und sie gab mir das Wechselgeld mit demselben professionellen Lächeln, das sie allen Kunden zeigte. Kurz darauf reichte mir der Barista meine Grande Vanilla Latte.

Du meine Güte, was war das für ein tolles Gefühl. Auch, wenn ich das nur ein einziges Mal wagte, bevor ich zu Caitlyn wurde.

Und jetzt, einige Jahre später, nehme ich an der SALT-Konferenz teil. Ich übernachte im Bellagio und schreite in einem herrlichen Kleid durch das Casino. Die Atmosphäre ist ähnlich wie vor ein paar Monaten im Westin. Die Leute halten mich an, wollen mit mir reden und Fotos machen. Sie freuen sich wirklich aufrichtig, mich zu sehen, und das gibt mir große Genugtuung und Kraft. Ich kann etwas bewirken. Ich habe schon vieles auf den Weg gebracht. Es ist großartig, wie sie auf mich zukommen und ganz aufgeregt „Caitlyn, Caitlyn" rufen.

Das fühlt sich so gut an.

Immer wieder.

Zehntes Kapitel

Bye bye, ihr Brüste

Ich konnte nie vergessen, wie Linda reagiert hatte, als ich ihr zum ersten und einzigen Mal in Frauenkleidern gegenüberstand, damals, in diesem Hotel in New York. Sie war geschockt, aber das an sich wäre okay gewesen. Einen Schock kann man überwinden. Aber ihr war die Situation zudem so unglaublich peinlich gewesen, dass sie mich kaum ansehen konnte, damit sich auf keinen Fall unsere Blicke kreuzten. Linda hatte mich unterstützen wollen. Sie hatte sich darum bemüht, mich zu verstehen. Aber es war alles zu viel gewesen, und daher fühlte ich mich nicht nur wie ein Außenseiter, sondern dreckig und unanständig, wie ein völlig kaputter Typ, der seine Triebe nicht unter Kontrolle hat und sie anderen aufzwingt, auch wenn sie gar nichts damit zu tun haben wollen. Wir hatten unsere Probleme gehabt, sicher. Unsere Ehe war nicht mehr zu retten gewesen. Aber in diesem Hotelzimmer spürte ich, dass sie mich abstoßend fand. Ich weiß, dass sie das nicht wollte, aber ihre Reaktion ließ meine schlimmsten Befürchtungen lebendig werden.

Mit Kris war das anders. Schon deswegen, weil ich ihr gegenüber von Anfang an offen gewesen war, anders als bei Linda, die erst etwas von meiner Lage mitbekam, als wir schon einige Jahre verheiratet waren. Kris wusste, dass da etwas in mir war, das ein Ventil brauchte. Linda ließ ich völlig darüber im Dunkeln, wenn ich mich als Frau anzog. Sie hatte keine Zeit, sich auf diese Situation einzustellen und sie emotional zu verarbeiten, wenngleich mir das genauso ging. Mit Kris sprach ich darüber. Sie war bereit, sich das einmal anzusehen. Als ich mich das erste Mal vor ihren Augen als Frau kleidete, machte sie den Eindruck, als käme sie gut damit zurecht. Aber mir war es irgendwie peinlich, wohl auch, weil Lindas Reaktion mir noch so präsent war, obwohl sie schon sechs Jahre zurücklag.

Letztlich hatte ich das Gefühl, dass Kris mich lediglich hin und wieder Frauenkleider anziehen ließ, weil ich das so gerne wollte. Sie selbst hatte keinerlei Interesse daran, und es war auch irgendwie albern von mir gewesen, das je zu erwarten. Also ließ ich es nach einer Weile. Das war dann doch einfacher und machte weniger Probleme.

Sie hatte Bruce geheiratet. Und es war Bruce, dessen Karriere sie wieder in Schwung bringen wollte. Ihn hatte sie gegenüber ihren Freunden verteidigt, als denen diese seltsamen Gerüchte über mich zu Ohren gekommen waren.

Schließlich kamen Kris und ich zu einer Übereinkunft: Ich durfte mich unterwegs in Caitlyn verwandeln, aber bei uns zu Hause oder in der näheren Umgebung hatte mein weibliches Ich nichts zu suchen. Ende der Diskussion.

Mir war das recht, damit konnte ich umgehen. Außerdem schwamm ich noch auf der Begeisterungswelle, die eine neue Ehe, eine neue Familie und eine wiederbelebte Karriere mit sich brachten. Es war tatsächlich eine gleichberechtigte Partnerschaft: Ich war das Produkt und Kris die Agentin, Managerin und Verhandlungsführerin. Unermüdlich arbeitete sie für uns beide, ließ sich nie entmutigen und nahm nichts persönlich; wenn jemand Nein sagte, ging sie einfach davon aus, mit dem Falschen gesprochen zu haben. Und man konnte sich darauf verlassen, dass sie irgendwann den Richtigen fand. Wenn jemand auf mich zukam und mir ein Geschäft vorschlug, hörte ich mir das an und sagte: „Das muss ich mit meiner Managerin besprechen." Und ich wünschte ihnen insgeheim viel Glück, denn das brauchte jeder, der sich vorgenommen hatte, Kris bei Verhandlungen überlisten zu können. Ich war tatsächlich sehr erleichtert, nur das Produkt zu sein.

Anfang der Neunziger waren Kris, ich und die Kinder wirklich eine große, glückliche Familie. Es war eine bedeutsame Zeit in meinem Leben – vielleicht die bedeutendste. Ich durfte Vater sein, ein richtiger Vater, keiner, der nur so tat oder gleichzeitig mit anderen Dingen, vor allem mit sich selbst, beschäftigt war, mochte er es dabei noch so gut meinen. Kris hatte Burt, Casey, Brandon und Brody mit offenen Armen willkommen geheißen. Zwar lag das Sorgerecht bei ihren Müttern, aber sie besuchten uns regelmäßig. Kris liebte meine Kinder ebenso sehr wie ich die ihren, und auch das war eine entscheidende Facette unserer Partnerschaft.

Aber die komplexen Scheidungsvereinbarungen machten die Lage sehr schwierig. Linda hatte 1991 den erfolgreichen Musikproduzenten David Foster geheiratet. Ich hatte das als gutes Zeichen gewertet und daraus geschlossen, dass wir es beide, Linda als auch ich, erfolgreich geschafft hatten, unser Leben wieder in geordnete Bahnen zu lenken. Unsere Scheidung war schnell und ohne Gehässigkeiten über die Bühne gegangen.

Doch Mitte der Neunziger forderte Linda über das Oberste Gericht von Los Angeles plötzlich Unterhaltszahlungen ein. Nach kalifornischem Gesetz war das ihr gutes Recht. Es kam schließlich zu einer Einigung auf eine kleine monatliche Zahlung – meiner Meinung nach hatten allerdings die Anwälte mehr von dem Fall profitiert als irgendwer sonst.

Zunächst jedoch hatten wir spätabends eine Vorladung zugestellt bekommen. Kris war außer sich darüber, dass ihre Bemühungen, eine gute Stiefmutter zu sein, scheinbar überhaupt nicht gewürdigt wurden, und das führte dazu, dass sie sich von nun an keine große Mühe mehr gab. Außerdem hatte sie das Gefühl, dass weder Linda noch Chrystie es wirklich gern sahen, wenn die Kinder bei uns waren; jedes Mal, wenn sie die Kids einlud, fanden ihre Mütter irgendeine Entschuldigung, weshalb sie nicht kommen konnten. So jedenfalls sah es Kris. Die Jenner-Kinder erinnerten sich zumindest später anders daran: Kris hätte sie nicht mehr haben wollen, nachdem unsere eigenen Kinder auf der Welt waren, und die Ansicht vertreten, dass ich ab sofort nur noch eine echte Familie hatte, nämlich die Kardashians. Linda und Chrystie haben beide erklärt, sie hätten unsere Kinder nie daran gehindert, Zeit mit Kris und mir zu verbringen.

Vermutlich könnte man ein ganzes Buch darüber schreiben, wer wann wem was angetan hat, ohne zu einer entscheidenden Klärung zu kommen. Jeder hat seine eigene Wahrheit, ich natürlich auch.

Was im Grunde auch überhaupt keine Rolle spielt.

Burt, Casey, Brandon und Brody sind meine Kinder, und es war an mir, dafür zu sorgen, dass wir einander sahen und sie Teil meines Lebens waren, egal, was andere wollten oder nicht. Sie gehören zu mir, und ich musste sicherstellen, dass wir Kontakt hielten. Ich hätte mich durchsetzen müssen. Konnte ich aber nicht. Und so ließ ich sie gehen, was im Grunde nichts weiter heißt, als dass ich sie im Stich ließ.

Nach und nach sah ich die Jenner-Kinder immer seltener. Irgendwann schließlich gar nicht mehr. Meine Vaterrolle lebte ich in der Erziehung der Kardashian-Kinder und mit Kendall und Kylie aus. Die großen Ereignisse im Leben der Jenner-Kinder, die Geburtstage, die Abschlussfeiern und dergleichen, bekam ich nicht mehr mit, weil ich entweder gar nicht eingeladen wurde oder aber nicht erschien. Burt idealisierte das ruppige Draufgänger-Image von Bruce, und das torpedierte ich sowieso. Als Casey 2007 heiratete, wurde ich nicht eingeladen. Was ich auch nicht verdient hatte, wenn man bedenkt, dass ich ihr ganzes Leben lang schon durch Abwesenheit geglänzt hatte, schon bei ihrer Geburt.

All dem begegnete ich auf meine übliche Weise. Ich schob den Gedanken an die Kinder weg, als ob sie etwas rein Abstraktes waren, das zum Leben eines anderen gehörte. Außerdem wollte ich mich mit Kris nicht streiten, ebenso wenig wie mit Linda oder Chrystie. Mit Auseinandersetzungen konnte ich nicht umgehen; wenn es Ärger gab, trat ich sofort die Flucht an. Jegliche Konfrontationen verletzten mich und verstärkten meine Selbstzweifel und meine Unsicherheit. Ich hatte viel zu viel Angst, um mich durchzusetzen, und versuchte meistens, mich mit einem lustigen Spruch aus der Affäre zu ziehen.

Die Jenner-Kinder hatten liebende Mütter und Stiefväter. Vielleicht war es das, weshalb ich mir sagte: Sie kommen gut zurecht und brauchen mich gar nicht. Das war wieder so eine Strategie, um mit dem Schuldgefühl zurecht zu kommen, weil ich nicht darum gekämpft hatte, sie als Kinder und Jugendliche heranwachsen zu sehen. Es war ein inzwischen verfestigter psychologischer Reflex, der immer zum Tragen kam, wenn ich mit emotional belastenden Situationen konfrontiert war: Ich tat so, als sei ich völlig machtlos, als hätte ich keine Schuld und hätte einfach nichts tun können. Ich stilisierte mich zum hilflosen Opfer.

Genauso war es mit meiner Schwester, die mir in meinem Leben so wichtig gewesen war und die ich als Kind so bewundert hatte. Als Kris anlässlich des zwanzigsten Jahrestags meines Olympiasiegs eine Party gab, wurde Pam nicht eingeladen, ebenso wenig meine Mutter (mein Vater hingegen schon). Pam war am Boden zerstört. Aus Achtung vor mir hatte sie seit fast zehn Jahren keiner Seele von meiner Genderdysphorie erzählt, obwohl es ihr so selbst noch schwerer fiel, diese Tatsache zu verarbeiten. Kris hatte sie einfach nicht dabei haben wollen – was wiederum die Theorie bestätigte, dass es für mich nur noch eine Familie geben sollte, nämlich ihre. Und ich schloss mich ihrer Entscheidung an. Es führte zu einem schweren Bruch zwischen Pam und mir. Wir sprachen fast zwanzig Jahre lang nicht mehr miteinander.

Natürlich könnte ich im Nachhinein meine Identitätsstörung dafür verantwortlich machen. In meiner Lage neigt man ja dazu, sich bei allem, was im Leben schief geht, auf die Genderdysphorie zu berufen. Man fühlt sich unsicher und zweifelt an sich selbst. Aber das rechtfertigt nicht, die eigenen Kinder zu vernachlässigen, schon gar nicht fast zehn Jahre lang, oder den Kontakt zu seiner Schwester abzubrechen, die man als Kind angebetet hat. Es war nichts weiter als eine traurige Ausrede, aber dennoch gab ich mich selbst damit zufrieden.

Falls Gott am Ende keinen Frieden mit mir machen will, dann sicher vor allem aus diesem Grund.

Das wäre nur richtig.

1995 wurde Kendall geboren. Es war ein unglaubliches Ereignis, zumal wir eine Weile gefürchtet hatten, gar keine Kinder mehr haben zu können. Zwar lag meine Hormontherapie schon eine Weile zurück, aber zu den möglichen Nebenwirkungen einer Östrogenbehandlung zählt, dass man nicht mehr scharf schießt, wenn ich es mal so ausdrücken darf. Oder eben auch gar nicht mehr. Kris und ich waren deswegen bei einem Endokrinologen gewesen, der uns jedoch versichert hatte, dass nun, da ich die Therapie abgebrochen hatte, wieder alles beim Alten sei.

Kendall entwickelte sich später zu einer selbstbewussten, schönen und empathischen jungen Frau, bodenständiger als die anderen K-Girls und beim Sport so draufgängerisch wie ihr Vater. Dass sie schon in jungen Jahren so berühmt geworden ist, nimmt sie ganz gelassen hin, und sie fühlt sich in einem Reitstall ebenso zu Hause wie auf dem Laufsteg von Chanel. Kylie kam 21 Monate später zur Welt und war ein ebenso unglaubliches Geschenk wie ihre Schwester, aber sie entwickelte eine etwas andere Persönlichkeit: Sie wurde zu einer wilden, exotischen Schönheit, eigensinnig und geschäftstüchtig wie ihre Mutter.

Als Kris mit Kendall schwanger war, machte mir mein Busen immer mehr Sorgen. Er war so auffällig, dass ich mich nicht mehr in Badehose in einen Swimmingpool traute.

Es waren keine Männerbrüste. Es war ein Busen. Man geht nicht zu einem Schönheitschirurgen und lässt sich seine Männerbrüste verkleinern. Aber man stelle sich nur mal vor, der eigene Vater hätte so etwas und würde trotzdem weiter darauf beharren, er sei ein Mann.

Undenkbar.

Schließlich sprach ich mit Kris darüber, und wir wandten uns an einen Schönheitschirurgen in Beverly Hills. Er fotografierte meine Brust, und sofort machte ich mir Sorgen darüber, dass diese Bilder irgendwie an die Öffentlichkeit gelangen konnten. Dabei zeigten sie meinen Körper nur vom Kinn abwärts, und niemand hätte erkennen können, wer darauf zu sehen war. Ich war völlig paranoid. Ständig hatte ich Angst aufzufliegen.

Ich erklärte dem Arzt, der Busen sei durch die Einnahme von Steroiden entstanden, eine so genannte Gynäkomastie. Das war natürlich eine Lüge: Ich hatte noch nie in meinem Leben Steroide genommen. Aber um einer Entdeckung zu entgehen, war ich sogar bereit, meinen Ruf zu beschmutzen.

Der Eingriff war ganz einfach. Der Arzt saugte das Fettgewebe einfach ab, und unter dem Gesichtspunkt, wieder wie ein „normaler" Vater auszusehen, war die Aktion erfolgreich. Aber was mein eigenes Ich anging, trug ich in den nächsten Monaten Trauer. Ich hatte meinen Busen gemocht. Dabei war es nicht nur so, dass ich mich damit gut gefühlt hatte – ich hatte vielmehr die Überzeugung gespürt, dass meine Brust schon immer so hatte aussehen sollen.

Andererseits war es extrem nervig geworden, meinen Vorbau zu verstecken. An windigen Tagen hatte ich ständig an meinen Hemden gezupft, damit man ihn nicht sah. Einmal war ich mit Kris auf der Straße unterwegs und zog wieder an meinem Shirt.

„Ich weiß, was du da tust."

„Ja, ich will nicht, dass sie jemand sieht."

So schwer es mir aber auch fiel, sie wegmachen zu lassen, es war die einzige Möglichkeit. Ich war auf ewig auf die Bruce-Rolle festgelegt. Das war nun mal so. *Finde dich damit ab. Konzentriere dich auf etwas anderes.* Ich war gern der Stiefvater der Kardashian-Kinder und der Vater von

Kendall und Kylie. Es war herrlich, sie heranwachsen zu sehen, mit ihnen Ausflüge zu machen und alles Mögliche zu unternehmen. So sah mein Leben in den Neunzigern, den Nullerjahren und den 2010er-Jahren aus, obwohl ich mir stets bewusst war, dass es da noch vier weitere wundervolle Kinder gab, die ich im Stich gelassen hatte – so sehr ich das auch zu verdrängen versuchte.

Durch Kris vergrößerte sich mein Bekanntenkreis, und so entwickelte sich auch eine Beziehung, die wir beide am Ende als bizarr und schrecklich empfanden. Kris war eng mit Nicole Brown Simpson befreundet, und dadurch hatten wir zwangsläufig auch Kontakt zu O.J. Simpson. Ich kannte ihn schon vorher ein wenig, wobei „wenig" bei ihm gar nicht so leicht war, so laut und auffällig, wie er sich stets gebärdete. Wir entstammten aber beide derselben Sportlerwelt mit ihren stereotypen Vorstellungen von Männlichkeit, einer ganz eigenen Art von Gender, die ich immer als Macho-Athletengeschlecht bezeichnet habe.

Schon allein wegen meiner persönlichen Situation hatte ich mich nie wohlgefühlt in dieser Welt, in der Frauen immer wieder zum Objekt degradiert wurden und in der so sehr mit der eigenen Potenz geprahlt wurde, dass man sich eigentlich hätte fragen müssen, was diese Jungs damit kompensieren wollten. O.J. allerdings war in dieser Hinsicht das genaue Gegenteil von mir: Er betrachtete Frauen als Wichsvorlagen oder Sexspielzeuge, wurde gewalttätig, wenn er seinen Willen nicht bekam oder das Gefühl hatte, dass man sich ihm widersetzte, und wie viele andere Sportler war er der laute Mittelpunkt einer jeden Party.

Mich hatte es nicht gestört, dass mein Ruhm in den Achtzigern allmählich verblasste. Schließlich gab es etwas anderes, was mich intensiv beschäftigte. Ohnehin war es mir nie wichtig gewesen, ob ich berühmt war oder nicht; für mich bot die eigene Bekanntheit lediglich eine Möglichkeit, mein Geld zu verdienen. O.J. jedoch konnte den Gedanken nicht ertragen, irgendwann einmal kein Star mehr zu sein. Und so verhielt er sich, wie männliche Athleten das viel zu oft tun, und buhlte darum, dass ständig alle Aufmerksamkeit auf ihn gerichtet war. Ich habe zahllose Sportler erlebt, die genauso waren, wenn auch vielleicht nicht so extrem. Nach dem Ende ihrer Karriere waren sie besessen von der Gier nach Macht und Ruhm, weil sie wussten, dass sie nur so verhindern konnten, dass ihre schlimmste Angst Wirklichkeit wurde: dass man sie vergaß.

So unterschiedlich wir in unserer Persönlichkeit auch waren, unsere Karrieren waren in vieler Hinsicht durchaus ähnlich verlaufen.

Amerika war auf O.J. aufmerksam geworden, als er noch an der University of Southern California Football spielte und 1968 mit seinem Team die Heisman Trophy gewann, die höchste Auszeichnung im College Football. Das Bild, wie er beim Sieg gegen die Mannschaft der UCLA zu einem 64-Meter-Touchdown ansetzte, war unvergesslich. Die Medien stellten ihn daraufhin auf einen Sockel, der noch höher und höher wurde, als er später ein erfolgreicher Profi war und bei den Buffalo Bills spielte. 1973 durchbrach er als erster Spieler aller Zeiten in einer Saison die 2000-Yards-Marke. Ich hingegen war mit dem Sieg beim Zehnkampf ins Blickfeld der Nation gerückt und hatte bei einer Live-Übertragung im Fernsehen den Weltrekord geknackt; später brannte sich das Bild, wie ich mit der Fahne zur Ehrenrunde antrat, ins allgemeine Bewusstsein ein. Wir beide wurden zum Gesicht von Markenprodukten – O.J. warb für Hertz, ich für Wheaties. Wir beide arbeiteten als Sportmoderatoren für ABC und später für NBC. Wir beide hielten Motivationsvorträge. Wir beide brachten es zu einer bescheidenen Karriere beim Film. Wir beide traten bei Golf- und Tennisturnieren für wohltätige Zwecke an. Wir wussten beide, wie es sich anfühlte, als der Sockel, auf dem wir standen, wie ein Eisblock zu schmelzen begann und wir uns damit abfinden mussten, dass andere unvermeidlich unseren Platz einnehmen würden.

Bei so vielen Gemeinsamkeiten hätte man glauben können, wir hätten uns viel zu sagen gehabt. Hatten wir aber nicht. Schon möglich, dass wir Teil derselben Welt waren, aber das war auch schon alles. Wenn ich in den Spiegel guckte und mein Image schon verabscheute, dann sah ich in O.J. erst recht das Monster des Macho-Sportlers. Vielleicht trug auch das dazu bei, dass ich mich in seiner Gegenwart nicht wohl fühlte: Er verkörperte einen Archetyp, den ich hasste, und darüber hinaus war es noch genau der Archetyp, dem auch ich eigentlich hätte entsprechen sollen.

Aber es gab noch andere Gründe, aus denen er mir unsympathisch war. Er war das narzisstischste, egozentrischste, anspruchsvollste Arschloch in der ganzen Sportwelt, und das sollte etwas heißen.

O.J. hatte ich 1976 bei der olympischen Vorausscheidung zum ersten Mal getroffen – ich war als Sportler dort, er als Berichterstatter. Anschließend liefen wir uns bei einem Tennisturnier in Forest Hills über den Weg, einer Wohltätigkeitsveranstaltung, zu der man uns eingeladen hatte, weil wir prominent waren. Dabei war er mir immer recht liebenswert erschienen, aber gleichzeitig hatte ich den Eindruck, dass genau das seine Absicht war, auf die er mit jeder Faser seines Herzens hinarbeitete. Je öfter ich ihn sah, desto mehr verstärkte sich mein Verdacht, dass alles an ihm Fassade war. Schließlich fand ich ihn anstrengend und lächerlich. Er hatte das stetige Bedürfnis, andere zu übertrumpfen, als stünde er auf einem Football-Feld und sei dabei nur von Gegnern umgeben. Ich war ihm gegenüber immer auf der Hut.

Kris kannte O.J. ebenfalls schon seit langer Zeit. Bei ihrer Hochzeit mit Robert Kardashian 1978 hatte er den Gästen ihre Plätze zugewiesen. Als Kris ihn mir gegenüber zum ersten Mal erwähnte, war seine Ehe mit Nicole bereits so gut wie vorbei. Kris berichtete, dass Nicole ihn hasste und ihr sogar einmal gesagt hatte: „Jedes Mal, wenn er in ein Flugzeug steigt, hoffe ich, dass es abstürzt."

Eine Woche, nachdem Kris mir von Nicoles Bemerkung erzählt hatte, traf ich O.J. beim Robert F. Kennedy-Benefiz-Golfturnier in Hyannis Port, Massachusetts. Er übte leichtes Putten. Zwar war er mir gegenüber freundlich, aber vermutlich wusste er, dass Kris und ich miteinander ausgingen und dass sie mir höchstwahrscheinlich auch von den dunklen Abgründen seiner Ehe mit Nicole erzählt hatte. Noch während wir ein paar Nettigkeiten austauschten, merkte ich, wie er in den „Macho-Athleten-Modus" schaltete: Alles ist super, weil ich immer super bin. Er spielte mir etwas vor und wollte mich glauben lassen, bei ihm und Nicole sei alles in bester Ordnung. Ich war freundlich, wie es nun einmal meiner Natur entsprach, und machte von daher ein wenig Smalltalk.

„Na, wie läuft's denn so bei dir?"

„Ach, du weißt doch, wie es ist: Wenn deine Lady glücklich ist, dann bist du selbst auch glücklich."

Verblüfft stutzte ich und dachte: *Moment mal. Deine Frau hat Kris gerade erzählt, sie wünscht dir den Tod. Dann kann es ja wohl nicht so toll um euch stehen.*

Um ihn loszuwerden, sagte ich unverfänglich: „Das ist doch schön."

Aber es wurde nur noch seltsamer. Nun erzählte O.J., dass er gerade mit dem Learjet aus New York zum Turnier angereist war, und der Flieger sei so ausgebucht gewesen, dass er hinten im Klo hatte sitzen müssen. Er tat so, als sei das lustig, und ich lachte mit, aber wieder drängte sich mir ein anderer Gedanke auf: *Das hätte deine Frau bestimmt noch glücklicher gemacht.*

O.J.s pathologisches Bedürfnis, immer den großen Macker zu spielen, zeigte sich ganz deutlich, als wir 1992 in New Orleans für NBC von den Vorausscheidungen zu den Olympischen Spielen berichteten. Alle Reporter verwendeten Ohrhörer, damit der leitende Produzent während der Veranstaltung mit uns in Kontakt treten konnte. Während einer Werbepause dröhnte immer wieder ein damals sehr beliebter Song von Salt-N-Pepa los:

> *Let's talk about sex, baby!*
> *let's talk about you and me!*

Nach einer Weile war der Titel wie eine chinesische Wasserfolter. Er bohrte sich ins Hirn. Er trieb mich zum Wahnsinn. Nicht nur mich, uns alle. Außer O.J., der jedes Mal, wenn die Nummer wieder lief, laut mitgrölte. Andere lachten, aber ich fand es eher traurig, dass er die Aufmerksamkeit so nötig hatte und so danach gierte, in jeder Situation Beifall zu ernten.

Kris war mit mir angereist, und daher verabredeten wir uns mit O.J. für ein Dinner in einem auf Nostalgie getrimmten französischen Restaurant. Wir waren früh dort. Ich wollte möglichst ganz unauffällig etwas essen und dann unbemerkt wieder gehen, weil ich immer noch oft genug erkannt und angesprochen wurde. In diesem Restaurant – ich glaube, es war das Galatoire's – herrschte stets ein leiser Geräuschteppich, der vom genüsslichen Verzehr ausgezeichneten Essens herrührte. Viele tausend große und berühmte Würdenträger und Stars hatten hier schon diniert.

O.J. erschien eine Viertelstunde später mit seiner gesamten Gefolgschaft.

Seine Vorstellung von einem ruhigen Auftritt bestand darin, aus vollem Hals zu singen:

> *Let's talk about sex, baby!*
> *let's talk about you and me!*

Wer bisher noch nicht gemerkt hatte, dass „The Juice", wie sein Football-Spitzname früher lautete, den Raum betreten hatte, wusste es spätestens jetzt. Und natürlich hatte sein Gesang die gewünschte Wirkung: Einige Gäste drehten sich zu ihm um und riefen: „Juice! Juice!" (So viel zum leisen Geräuschteppich.) Er sang weiter, als sei er ein billiger Casino-Star in Vegas.

Nach dem Essen traten wir hinaus auf die Bourbon Street, die um diese Zeit sehr belebt und laut war. Eigentlich hätte man sich kaum vorstellen können, dass jemand hier noch mehr Lärm bräuchte – außer O.J., der sich so auffällig gebärdete, als spielte er wieder gegen die Jungs von der UCLA und brauchte die „Juice! Juice!"-Anfeuerungsrufe ebenso sehr wie damals.

Wir blieben vor einem Stripclub stehen. Vor der Tür standen etwa dreißig Leute Schlange. Mich erkannten zwar ungefähr genauso viele Menschen wie O.J., aber ich hatte nicht die Absicht, mich vorzudrängeln – die anderen hatten schließlich schon länger gewartet. O.J. hingegen klatschte sich mit den Umstehenden ab und marschierte geradewegs durch die Tür. Wieder ertönten „Juice! Juice!"-Rufe.

Ich war noch nie in so einem Club gewesen. Natürlich wusste ich, dass ich so etwas toll finden sollte, weil man als Macho-Sportler einen Tanz an der Stange unter Spiegelkugeln eben geil findet. Trotzdem war mir schon allein die Vorstellung unangenehm, denn egal, wie viel Geld die Angestellten dort verdienten, sie taten das, indem sie sich in einer frauenverachtenden Art und Weise anglotzen und vielleicht sogar angrabschen lassen mussten; so hatte ich es jedenfalls aus den Geschichten anderer Athleten herausgehört. Die Vorstellung, dass eine Frau sich womöglich mich für einen Lap Dance aussuchen würde, war eklig, aber ich befand mich auf dünnem Eis, da ich mir nicht anmerken lassen durfte, wie sehr mich das abstieß.

Also versuchte ich so zu tun, als sei ich ganz locker oder zumindest amüsiert. Aber wieder einmal wurde mir nur noch mehr bewusst, wie sehr die Gesellschaft uns bestimmte Geschlechterrollen aufdrückt, dass Frauen eben so und Männer eben anders zu sein haben, während der Macho-Sportler noch einmal eine ganz eigene Gattung darstellt. Dazu musste ich mir nur O.J. ansehen, wie er trank und lachte und sich die Tänzerinnen auf den Schoß zog, als sei das sein gutes Recht.

Bisher hatte ich mit O.J. vor allem auf dem Golfplatz zu tun gehabt. Dabei war ich ein guter Golfspieler, O.J. eher nicht. Das machte ihn verrückt, da seine Macho-Natur verlangte, immer und überall zu gewinnen. Deswegen log er wahrscheinlich auch gelegentlich, was die Anzahl seiner Schläge anging, oder schob den Ball mit dem Fuß in eine günstigere Position, wenn er glaubte, dass gerade niemand hinsah. Bei einem lockeren Gespräch erwähnte ich einmal ein Unternehmen, mit dem ich einen Vertrag hatte, und O.J. sagte sofort: „Ja klar, da kenne ich den Geschäftsführer, wir sind echt dicke Freunde." Nach einer Weile sprach ich überhaupt kein Thema mehr an, weil ich schon wusste, dass O.J. sofort behaupten würde, er hätte es – was immer es war – schon früher und natürlich besser gemacht. Ich konnte mir nicht vorstellen, wie es sein musste, mit ihm verheiratet zu sein und sein unersättliches Ego tagein, tagaus befriedigen zu müssen. Je besser ich ihn kennenlernte, desto offensichtlicher wurde es, dass er schon bei der kleinsten Gelegenheit ausrastete.

Ende 1993, ungefähr ein halbes Jahr vor den beiden Morden, die um die Welt gingen, veranstalteten Kris und ich unsere alljährliche Weihnachtsparty. Nicole und O.J. waren bereits seit etwas über einem Jahr geschieden. Aber Kris und ich wollten nett sein, daher luden wir sie beide ein, weil wir davon ausgingen, dass sie auch ihre zwei Kinder mitbringen würden. Vorher hatten wir bereits einen Freund, Joseph Perulli, eingeladen, der mit Nicole nach ihrer Scheidung ausgegangen war.

O.J. hasste seinen Nachfolger. Perulli hatte oft, wenn er Nicoles Haus verließ, mitbekommen, dass O.J. draußen im Auto saß und ihn beobachtete. Daher rief Kris vorsichtshalber bei Perulli an.

„Pass auf, O.J. kommt auch. Vielleicht wäre es besser, wenn du wegbleibst."

„Oh, ich will aber noch ein Geschenk vorbeibringen. Ich komme einfach ein bisschen früher."

O.J. erschien an dem Abend mit Nicole und ihren Kindern vor allen anderen Gästen. Er war guter Laune, alle umarmten sich. Wir hatten wie immer einen Santa Claus engagiert, und die Kinder waren schon ganz aufgeregt. Zunächst glaubten wir, Perulli hätte sich entschieden, gar nicht zu erscheinen. Doch dann kam er plötzlich zur Tür herein. O.J. stand im Flur und sah ihn sofort.

„Hallo."

Er ging ins Wohnzimmer. Kris kam auf mich zu, und sie war nervös, was bei ihr nur selten vorkommt. Nicole war genauso angespannt.

„Geh nach nebenan und rede mit O.J., bitte. Wir bringen Joseph hier raus."

Ich tat, wie mir geheißen, und setzte mich im Wohnzimmer auf eines der beiden Sofas, die sich, ein Couchtisch in der Mitte, gegenüberstanden. O.J. starrte ins Leere. Ich fragte mich, ob überhaupt irgendetwas zu ihm durchdrang, aber es machte nicht den Eindruck. Also versuchte ich, ihn abzulenken.

„Hey, O.J., warst du in letzter Zeit mal wieder golfen?"

Nichts. Er zuckte mit keiner Wimper. Da war gar nichts. Er war einfach nicht anwesend. Aber ich konnte jetzt auch nicht aufstehen und rausgehen, ohne es noch einmal probiert zu haben.

„Hey, O.J., ich habe Donnerstag einen freien Tag. Lust auf eine Partie Golf?"

Keine Reaktion.

Also ging ich doch wieder zu Kris.

„So etwas habe ich noch nie erlebt – er hat völlig zugemacht. Als ich ihn angesprochen habe, hat er nur in die Luft gestarrt."

Jetzt allerdings kam wieder Leben in O.J. – er rannte durchs Haus, suchte nach Nicole und den Kindern und packte sie grob.

„Wir gehen."

Einige Monate später gegen halb elf am Abend, als Kris und ich schon im Bett waren und Nachrichten guckten, rief Nicole an.

„Wo ist Kris?"

„Direkt neben mir."

„Gib sie mir mal."

Sie wollte mit uns beiden sprechen, also schalteten wir den Lautsprecher an. Es ging um eine gemeinsame Freundin, Faye Resnick. Sie war eine wunderbare Person, wenn sie nüchtern war, hatte allerdings ein Kokainproblem und war generell stark suchtgefährdet. Wir hatten sie eine ganze Weile nicht gesehen und daher schon befürchtet, dass etwas nicht stimmte. Nicole bestätigte das nun.

„Faye ist wieder auf Drogen, und wenn sie nicht aufhört, wird sie sich noch umbringen. Wir müssen eine Intervention organisieren. Am besten, wir trommeln eine Gruppe von Freunden zusammen und machen es gleich heute Nacht."

„Heute Nacht?"

„Sie muss morgen früh in eine Entzugsklinik. Das ist unser Ziel."

Kris und ich zogen uns an, kauften uns bei Starbucks einen Kaffee und holten Nicole von zu Hause ab. Dann fuhren wir zu Faye.

Wir trafen sie in ihrer Wohnung an, und ich wünschte, all meine Kinder wären dabei gewesen – nur um zu sehen, was Drogen anrichten können. Faye war eine schlanke, attraktive Frau gewesen, die Wert auf ein gepflegtes Äußeres legte. Aber jetzt war sie völlig heruntergekommen, hatte 15 Kilo abgenommen und wirkte wie ein Skelett.

Unter den sechs oder sieben Freunden, die sich jetzt bei ihr zusammenfanden, waren auch ihr Exmann und ihr Exfreund. Wir alle sagten grundsätzlich dasselbe: „Faye, du musst einen Entzug machen."

„Oh, mir geht's gut."

Als wir ihre Handtasche durchsuchten, fanden wir Kokain. Dann räumten wir das Haus auf, in dem eine schreckliche Unordnung herrschte.

Nicole wiederholte währenddessen wieder und wieder dasselbe: „Wenn du nicht aufhörst, bringt dich das Zeug um. Und du willst doch nicht, dass deine Tochter ohne Mutter aufwächst."

In ihrem drängenden Tonfall schwangen Aufrichtigkeit und Liebe mit. Es war in erster Linie ihr Verdienst, dass Faye sich tatsächlich zu einem Entzug entschloss.

Drei oder vier Tage später war Nicole tot.

Bis heute wünsche ich mir, wir hätten geahnt, dass es viel dringender gewesen wäre, jemand anderen in unserer Runde zu retten. So ernst Fayes Situation gewesen war, Nicoles war noch viel lebensbedrohender.

Letztlich waren es ihre Kinder, die ohne eine Mutter aufwachsen mussten.

Am 13. Juni 1994 war ich in Chicago und nahm an einem Wohltätigkeits-Golfturnier teil, als jemand mit dem Cart zu mir auf den Platz gefahren kam und mich bat, dringend zu Hause anzurufen, es sei etwas passiert. Ich fürchtete zunächst, jemand aus der Familie hätte einen Unfall gehabt. Doch dann erreichte ich Kris, die am anderen Ende der Leitung weinte.

„Nicole ist tot ... Nicole ist tot ... Nicole ist tot ..."
„Was?"
„Du musst sofort nach Hause kommen."
Kris wusste noch nichts über die genaueren Umstände, ob es ein Überfall oder ein Einbruch gewesen war. Ich warf meine Sachen in meinen Koffer und eilte zum Flughafen. Erst später erfuhr ich, dass O.J. ebenfalls in Chicago gewesen war und an einem anderen Golfturnier teilgenommen hatte. Allerdings war er in der Nacht des 12. Juni 1994 erst später in die Stadt gekommen, als die Morde an Nicole und Ron Goldman schon geschehen waren – vermutlich, um sich ein Alibi zu verschaffen.

Am Ticketschalter erkannte mich der Servicemitarbeiter, lächelte und machte eine lapidare Bemerkung – und im Nachhinein läuft es mir kalt über den Rücken, wenn ich mich daran erinnere. Und das nicht nur, weil es eine ernüchternde Erinnerung daran war, dass man O.J. und mich, obwohl wir doch so unterschiedlich waren, immer in einen Topf warf, den der Macho-Athleten, die aufgrund ihrer sportlichen Leistungen bekannt geworden waren.

„Oh, O.J. musste auch schnell zurück nach Los Angeles."

Ich habe versucht, O.J. zu vergessen. Wie jeder andere in meinem Bekanntenkreis. Meiner Überzeugung nach ist er mit zwei brutalen Morden davongekommen. Der Prozess sorgte für enorme Spannungen innerhalb unserer Familie: Kris und ich, die von Nicole gewusst hatten, wie sehr sie ihn gehasst und gefürchtet hatte, zweifelten keine Sekunde daran, dass er die Tat begangen hatte, nachdem wir von den genaueren Umständen erfahren hatten. Da Robert Kardashian aber eine andere Beziehung zu O.J. hatte, zu seinen langjährigen Freunden zählte und als Anwalt zu dem Juristenteam gehörte, das seine Verteidigung übernommen hatte, hielten Kourtney und Kim zu O.J. (Khloé war noch zu klein, um zu verstehen, worum es ging).

Es war unmöglich, vernünftig über diese Sache zu reden: Zwei Töchter glaubten fest daran, dass er unschuldig sein musste, weil doch ihr Vater ihn vor Gericht vertrat, während Mutter und Stiefvater vom Gegenteil überzeugt waren. Nachdem O.J. freigesprochen worden war, kam Kourtney von der Schule nach Hause und sagte triumphierend zu mir: „Siehst du, ich hab doch gesagt, er war es nicht."

Im Allgemeinen war ich mir meiner Rolle als Stiefvater stets bewusst, aber in diesem Augenblick schritt ich ein, ohne mich vorher mit Robert abzusprechen; das war angesichts der Rolle, die er bei dem Prozess gespielt hatte, unmöglich. Ich nahm Kourtney und Kim beiseite und erklärte ihnen, dass die Tatsache, dass ein Geschworenengericht O.J. nicht für schuldig befunden hatte, nicht automatisch bedeutete, dass er die zwei Morde nicht begangen hatte. Außerdem ordnete ich an: „Der Name O.J. Simpson wird ab jetzt in diesem Haus nicht mehr genannt."

Und das wurde er auch nie wieder.

Dennoch schwebt sein Geist immer noch über uns.

Ich habe mich lange gefragt, was Robert Kardashian so sehr mit O.J. verband. Sie hatten beide die University of Southern California besucht, Robert hatte O.J. bei Geschäftsabschlüssen geholfen, und es bestand kein Zweifel, dass ihre Freundschaft eng und aufrichtig war; offensichtlich hatten sie sich gegenseitig als schätzenswerte Persönlichkeiten kennengelernt. Aber dass Robert seinen alten Freund bei einem solchen Prozess verteidigte, war ungewöhnlich extrem, wenn man Roberts untadeligen Charakter bedachte. Je weiter ich darüber nachdachte, desto mehr überlegte ich, ob es vielleicht mit Kris zu tun hatte.

Die Scheidung hatte Robert tief getroffen. Das wusste jeder. Und damals, Mitte der Neunziger, erschien Kris in vielen hundert Informercials mit mir, stand schlank und fit und glücklich an meiner Seite und stellte Trainingsgeräte vor. Ich fragte mich, ob Robert angesichts dessen das Gefühl bekommen hatte, dass sie ein echter Star wurde und damit an ihm vorbeizog – bis er durch den O.J.-Simpson-Prozess zum Superstar wurde, der sie bei weitem übertraf. Plötzlich war er es, der überall im Fernsehen zu sehen war. Vielleicht war das seine Art gewesen, ihr dasselbe zu sagen wie sie ihm, als sie mich geheiratet hatte: *Du kannst mich mal.*

Lange nach dem Prozess und dem Freispruch saßen Robert und ich einmal gemeinsam im Auto. Wir hatten stets eine freundliche Beziehung zueinander gepflegt und mochten uns. Meist redeten wir über Erziehungsfragen. Über den Prozess hatten wir kaum gesprochen. Sein schockierter Blick, als O.J. freigesprochen wurde, hatte Schlagzeilen gemacht, weil ihm so offensichtlich anzusehen war, wie überraschend das Urteil für ihn kam. In einem späteren Interview mit Barbara Walters für die

ABC-Sendung *20/20* räumte er ein, dass er Zweifel an dem Freispruch hegte, weil DNS-Beweise gegen Simpson vorgelegen hatten. Aber mehr sagte er dazu nicht.

Ich weiß nicht mehr, wieso wir überhaupt auf den Prozess zu sprechen kamen. Vielleicht wegen der anderen Verfahren gegen O.J., einem Strafprozess und einer Privatklage vor dem Obersten Gericht in Los Angeles, bei der die Geschworenen schnell zu dem Schluss gekommen waren, dass O.J. schuldig war. Man hatte ihn zu Schadenersatzzahlungen in Millionenhöhe verurteilt, was jedoch völlig sinnlos war, da er zu der Zeit keinen Cent mehr besaß. Inzwischen hatte sich der ganze Rummel gelegt, und vielleicht fühlte Robert sich deswegen sicher. Oder er war einfach unvorsichtig. Oder es war ihm egal. Jedenfalls sagte er plötzlich zu mir: „Für mich wäre es völlig in Ordnung gewesen, wenn sie ihn bei dem ersten Prozess festgenagelt hätten."

Es schien mir klar, was er damit andeuten wollte – er hielt O.J. für schuldig. Aber was er genau meinte, wird die Welt nicht mehr erfahren; Robert starb 2003 mit nur 59 Jahren an Krebs. Er sollte auch nicht mehr mitbekommen, dass der Name Kardashian ein weltweites Popkultur-Phänomen wurde. Oder dass seine Kinder und Kris unglaublich berühmt werden sollten.

Und auch nicht, dass der Ehemann seiner Exfrau später den Namen Caitlyn trug.

4. April 2016

„Es war nur ein Spiel"

Ortstermin in Eugene. Ich stehe wieder im legendärsten Leichtathletikstadion der Welt, auf dem Gelände der University of Oregon. Hier wurde vom damaligen Leichtathletik-Trainer Bill Bowerman und dem Mittelstreckenläufer Phil Knight der Nike-Turnschuh entwickelt. Solche Leistungen kann ich nicht vorweisen. Aber in gewisser Hinsicht liegt auch mein Ursprung in Eugene, denn hier wurde der Name Bruce Jenner zum ersten Mal mit den Olympischen Spielen verknüpft. 1972 war ich noch ein völlig unbeschriebenes Blatt, bis ich bei der Olympiaqualifikation überraschend Dritter wurde. Danach hatte ich mir als Sportler endgültig einen Namen gemacht.

Heute bin ich für das Magazin *Sports Illustrated* zurückgekehrt, das in der Juli-Ausgabe eine Titelstory über den 40. Jahrestag meines Sieges bei den Spielen 1976 bringen will. Für die Fotos sorgt unter anderem Heinz Kluetmeier, der mich schon bei den Wettkämpfen vor vierzig Jahren für das Magazin abgelichtet hat.

OKAAAYYY!, hatte damals nach meinem Sieg in gelben Großbuchstaben auf dem Titel gestanden, leuchtend wie ein Neonschriftzug am Times Square. Darunter die Zeile: BRUCE JENNERS GROSSER ERFOLG.

Der jetzige Artikel ist Teil der Serie „Was wurde aus …", und außer mir werden unter anderem Sportler wie Ken Griffey Jr., Drew Bledoe und William Perry porträtiert, insgesamt etwa ein Dutzend. Wir alle haben in den letzten Jahrzehnten einen weiten Weg zurückgelegt; einige von uns sind mehr im Bewusstsein der Menschen geblieben als andere. Aber außer mir trägt keiner der anderen Sportler inzwischen Blusen oder Kleider oder Hosenanzüge (jedenfalls nicht in der Öffentlichkeit).

Ich sitze am Ende einer langen Bank in Hayward Field, die dunkelgrün in den Farben der University of Oregon gestrichen ist. Das Sportstadion ist so etwas wie ein Leichtathletik-Tempel; vor seinen 10.500 Plätzen wurden schon sechs Olympiaqualifikationen ausgetragen, so auch 1972 und 1976, als ich daran teilnahm. Dass hier auch Nike gegründet wurde, hat zusätzlich zur Legendenbildung beigetragen: Was mit der Produktion eines Laufschuhs begann, der von einem Waffeleisen inspiriert war, hat sich inzwischen zu einem Sportartikelhersteller mit einem Marktwert von mehr als 100 Milliarden Dollar entwickelt – ein wahrlich weiter Weg.

Es ist noch früh am Tag, die Sonne geht gerade erst auf. Ich sitze erst im kalten Schatten und dann im warmen Licht, und obwohl ich das Licht bevorzuge, so ist mir der Schatten doch ein vertrauter Freund, nachdem ich so viel Zeit meines Lebens darin verbracht habe. Von der Bank aus blicke ich über die Wettkampfarena. Es ist eine nachdenkliche Pose, wie Fotografen und Redakteure sie lieben, weil sie damit Nachdenklichkeit und nostalgische Besinnung auf vergangene Triumphe illustrieren können. Schließlich kann ich hier wirklich auf drei entscheidende Momente meines Lebens zurückblicken.

Ein Videoproduzent dreht für *Sports Illustrated Films* zudem einen Clip, der den Artikel von Tim Layden später ergänzen soll, und ich tue, was er mir sagt. Es sind mehrere Videofilmer vor Ort; außerdem Heinz, der seine Fotos schießt.

Als ich beim Vorentscheid 1972 Dritter geworden war, kannten mich noch so wenige Leute, dass die *New York Times* in der großen Sport-Sonderseite mir bei der Bildunterschrift einen falschen Namen zuordnete. Aber ich war fest entschlossen, etwas aus mir zu machen. 1975 setzte ich hier einen neuen Weltrekord. Ein Jahr später, bei der Qualifikation für Montreal, übertraf ich den sogar noch selbst. Aber es war einfach nur ein Spiel. Nur Sport, nichts weiter. Vielleicht klingt das abwertend: Ohne meine sportlichen Leistungen würde ich diese Worte schließlich nicht schreiben, oder falls doch, würde sie niemand lesen wollen. Das ist mir bewusst.

Dennoch: Der Sport war nur ein Spiel, denn heute weiß und fühle ich, dass es nur ein einziges, entscheidendes Ich gibt, und das ist das wahre Ich. Das betrifft nicht nur jene, die das Gefühl haben, im falschen Körper zu stecken, oder jene, die ihre sexuelle Präferenz entdecken und feststellen, dass sie nicht der heterosexuellen Norm entspricht. Es betrifft alle, die anders sind oder sich anders fühlen und diesen Unterschied als natürliche Spielart der Menschlichkeit feiern möchten, und die sich nicht dadurch definieren lassen wollen, was andere glauben, sondern von der wunderbaren Einzigartigkeit unserer Herzen und Seelen überzeugt sind.

Falls ich in diesem Augenblick wirklich über irgendetwas nachdenke, dann weniger über die Vergangenheit, sondern vielmehr über Gegenwart und Zukunft. Das Leben ist heute wundervoll – ich habe gerade den ersten Jahrestag meiner Transition gefeiert, auch wenn es einige Hürden zu überwinden gab und die Medien es mir nicht immer leicht gemacht haben.

Allerdings bin ich längst daran gewöhnt. Eine Weile nerven die unzähligen Geschichten, die über mich im Umlauf sind, aber sie verschwinden ja auch wieder. Sie verlieren sich in den unendlichen Weiten des Internets. Nur gelegentlich sind sie hartnäckig und richten Schaden an – nicht nur, was mich persönlich betrifft.

Wie zum Beispiel die Behauptung, die der kanadische Journalist Ian Halperin lancierte, um krampfhaft Publicity für irgendein blödes Buch zu generieren, das er über die Kardashians verfasst hatte. In einem Interview erklärte er, ich sei unglücklich und würde überlegen, die Transition rückgängig zu machen und wieder zu Bruce zu werden. Das war zu hundert Prozent frei erfundener Dreck und Müll. Aber dennoch wurde es überall geteilt und weltweit abgedruckt, auch in der *New York Times* und der *Washington Post*, die sich ebenfalls nicht die Mühe machten, die Hintergründe zu recherchieren. Dass ausgerechnet so renommierte Medien diese Ente abdruckten, verlieh ihr prompt zusätzliche Glaubwürdigkeit.

Das andere Problem mit Geschichten dieser Art, das buchstäblich jeder hat, der im Licht der Öffentlichkeit steht, ist die Tatsache, dass es keine Möglichkeit der Richtigstellung gibt. Daher möchte ich es hier an dieser Stelle noch einmal ausdrücklich sagen: Ich war in meinem ganzen Leben nie glücklicher. Die Transition rückgängig machen? Das käme mir nie in den Sinn, im Gegenteil.

Halperins Story hatte weitere schädliche Folgen. In der Kirche hatte ich einen Teenager kennengelernt, der ebenfalls über eine Transition nachdachte, aber Schwierigkeiten hatte, diesen Gedanken seinen Eltern zu vermitteln. Ich gab ihm meine Telefonnummer und sagte, er könne mich gerne anrufen, wenn er mit jemandem sprechen wollte, der Verständnis für seine Lage hatte. Eines Tages meldete er sich und sagte, sein Vater habe gelesen, dass ich wieder zu Bruce werden wollte, und dass er die Geschichte als Totschlagargument in den Diskussionen mit seinem Sohn nutzte: *Du würdest es ebenso bereuen wie Caitlyn Jenner*. Dem Vater kann ich nur sagen, die Story ist komplett erfunden. Aber wer weiß schon, ob man mir glauben wird. Es wäre eine Tragödie, wenn nicht.

Wir gehen hinaus auf die Bahn. Der Produzent fragt mich, ob ich nicht noch einmal loslaufen oder zumindest ein wenig auf der Bahn herumspringen könne. Das tue ich schließlich auf so übertriebene Weise, dass es absichtlich albern wirkt.

Ich merke, was er von mir hören will – dass ich den Sport und die Erfolge vermisse, und dass beides unendlich wichtig für mein Leben war. Also tue ich ihm den Gefallen und sage die entsprechenden Worte, aber ohne innere Überzeugung. Jetzt, da ich hier auf der Bahn stehe, merke ich vielmehr, dass ich überhaupt nicht laufen will. (Ähnlich war es, als ich die Kugel vom Kugelstoßen wiederfand, als ich die alte Garage in Malibu aufräumte. Ich sah sie mir an, dachte kurz darüber nach, sie der alten Zeiten willen noch einmal in die Hand zu nehmen, merkte, dass mich Kugelstoßen überhaupt nicht mehr interessierte und ließ sie in die nächste Ecke rollen.) Ich weiß, dass es für die Kameras großartig wäre, wenn mir jetzt eine Träne über die Wange liefe. Aber ich habe im Augenblick keinen Sinn für Nostalgie.

Bruce hängt vielleicht noch an dieser Zeit. Und das wäre auch in Ordnung.

Caitlyn tat das nie und wird es auch nie tun.

Elftes Kapitel

Kein Ausweg mehr

Kris und ich saßen vor dem Fernseher und sahen uns auf MTV eine Serie an, die *The Osbournes* hieß. Sie handelte von einer vierköpfigen Familie aus Beverly Hills, angeführt von Ozzy Osbourne, einem Heavy-Metal-Gott, der allerdings seine großen Tage, als er bei seiner wilden Bühnenshow noch Fledermäusen den Kopf abbiss, schon lange hinter sich hatte. Die Serie war wirklich amüsant: Vor allem Ozzy war in seiner Rolle als handzahmer Ehemann und Vater ein Erlebnis. Er vermittelte den Eindruck, als wäre er die Hälfte der Zeit betrunken, und später gab er zu, dass er die ganze Zeit zugedröhnt gewesen war, als die Shows zwischen 2002 und 2005 aufgezeichnet wurden.

Nun lebten unter unserem eigenen Dach sechs Kinder; fünf Töchter und ein Sohn. Bei uns tobte das pralle Leben aus Pubertät und Erwachsenwerden, das von den ausgesprochen verschieden geratenen Eltern, Kris und mir, kaum gebändigt werden konnte. Und daher überlegte ich: War das nicht auch wie geschaffen fürs Fernsehen?

Heute sagt Kris, sie hätte die Idee gehabt und beschlossen, sie Ryan Seacrest vorzuschlagen, dem Moderator der enorm beliebten Reihe *American Idol*, der als Fernsehproduzent ständig nach neuen Projekten suchte.

Kris kannte Seacrest. Nach einem ersten Treffen war er von dem Konzept begeistert. Lisa Berger, die stellvertretende Programmdirektorin des Senders E! hingegen, die wir als nächste überzeugen mussten, war zurückhaltender.

„Ich weiß nicht, ob ich verstehe, wo der Reiz liegt. Der einzige hier, von dem ich schon einmal gehört habe, ist Bruce."

Aber Seacrest machte sich weiter für das Projekt stark. 2007 gab Berger schließlich zögernd grünes Licht für vier Folgen – hauptsächlich, weil ich gelegentlich in den Medien auftauchte und damit vielleicht Interesse an der Show generiert werden konnte. Während ich dieses Buch schreibe, läuft nun schon die 12. Staffel: Die Serie ist die erfolgreichste Reality Show der Fernsehgeschichte.

Die unterschiedlichen Persönlichkeiten, die jeder von uns in die Serie mit einbrachte, wurden beim Dreh weiter herausgearbeitet. Ich war der gutwillige, aber etwas trottelige und hilflose Vater und Ehemann, der zwar geliebt, aber nicht unbedingt geachtet wurde. Das störte mich nicht weiter, zumal es der Wirklichkeit weitgehend entsprach. Außerdem hatte ich früher schon im Licht der Öffentlichkeit gestanden und brauchte die Aufmerksamkeit nicht mehr so sehr. Die Frauen hingegen wollten gern in der ersten Reihe stehen, und das war für mich in Ordnung.

Wenn ich nicht selbst in einer Folge vorkam, sah ich sie mir kaum an. Meiner Mutter war die Sendung peinlich, anderen Mitgliedern ihrer Familie auch. 2008 schickte meine Tante Ellie einen Brief an Kris und mich an unsere Adresse in Hidden Hills:

> Was bist du nur für eine Enttäuschung für deine Fans, Bruce. Ich habe bisher noch nicht eine nette Bemerkung über das Ganze gehört. Man ist sich weitgehend einig, dass du wie „eine Scheibe Toastbrot" aussiehst und wie ein Ehemann wirkst, der völlig unter dem Pantoffel steht. Du machst in jeder Szene den Eindruck, als wärst du lieber woanders.

Damit wollte sie eigentlich sagen: Du hast dich verkauft und ganz bewusst das letzte bisschen Reputation verspielt.

Dem war kaum zu widersprechen.

Ich fühlte mich immer noch schwach und unterlegen, und ich hatte keinerlei Selbstachtung. Wie schon all die Jahre zuvor sah ich mich gefangen in der leeren Mitte zwischen Mann und Frau. Vielleicht war es da nur passend, dass meine Rolle in der Show sich ähnlich anfühlte wie Elektrolyse ohne Betäubung: Es war echte Reality-TV-Erniedrigung. Mir war es egal. Unser Motiv für die ganze Sache war schlicht, dass wir mit dem Geld, das wir dafür bekamen, einen soliden Treuhandfond für die Kardashian-Kinder und vor allem für Kendall und Kylie aufbauen konnten. Zudem hoffte ich, dass sich mit dem gesteigerten Bekanntheitsgrad durch die Sendung für uns alle neue Wege eröffnen würden, und das geschah auch: Nachdem die Show in 150 Ländern ausgestrahlt wurde, gibt es heute keine bekanntere Familie auf der ganzen Welt, und die Kinder haben sich erfolgreich den verschiedensten Unternehmungen zugewandt.

Vor der Kamera wirkte es manchmal so, als ob Kris mich einschüchterte, und das stimmte auch. Sie war schon selbstbewusst und sicher gewesen, als wir uns kennenlernten, und das verstärkte sich durch die Serie nur noch mehr. Bei mir war es genau anders herum: Mein Selbstvertrauen sank mehr und mehr. Allerdings fragte ich mich, ob unser Bild in der Öffentlichkeit auch von den vorherrschenden Rollenklischees für Männer und Frauen geprägt war. Schließlich erwartet man vom Mann im Haus, dass er sicher in sich ruht, alles im Griff hat und schlicht der Boss ist, zumal dann, wenn es sich um einen Olympiasieger handelt. Weil ich nicht so war, wurde ich als schwach angesehen. Kris hingegen sollte als Ehefrau selbstverständlich unterwürfig und zurückhaltend sein und alle Entscheidungen dem Mann überlassen. Weil sie das nicht war, betrachtete man sie oft als übergriffige Zicke. Wir bedienten nicht die gängigen Gender-Klischees, und dafür nahm man uns beide unter Beschuss.

Aus persönlicher Sicht stellte *Keeping Up With The Kardashians* für Kris und mich eine Demarkationslinie dar. Ich hatte das Gefühl, je erfolgreicher die Serie wurde, desto weniger brauchte sie mich. Ich war nicht mehr der Hauptverdiener und fühlte mich immer unbedeutender. Zwar bekam ich für die Serie ein üppiges Honorar, und ich hielt auch weiterhin meine Motivationsvorträge, aber von all dem sah ich keinen Cent: Es ging alles an Kris. Und davon einmal abgesehen waren das auch Peanuts, verglichen mit den Einkünften der Kinder, die längst zahllose andere Unternehmungen hatten. Kris war außerdem nicht nur die Produzentin der Sendung, sondern kassierte auch zehn Prozent von den Kardashian-Kindern für ihren Job als „Momager": Diesen Titel, eine Mischung aus Mom und Manager, ließ sie sich 2015 als Marke eintragen.

Damals hatte ich nicht einmal ein eigenes Girokonto. Ja gut, ich besaß eine Kreditkarte, aber die Ausgaben, die ich damit tätigte, wurden genau geprüft. Zwar war Kris eigentlich unglaublich großzügig, aber immer nur nach eigenem Ermessen. Nachdem ich Interesse an einem Porsche bekundet hatte, den ich mir nie hätte leisten können, kaufte sie mir einen, ließ ihn aber auf ihren Namen anmelden. Sie spendierte mir auch die Mitgliedschaft im exklusiven Sherwood Golfclub und legte rund 200.000 Dollar dafür hin. Das waren schon erstaunliche Gesten, aber für mich wurde es gleichzeitig immer schwerer, eigenständige finanzielle Entscheidungen zu treffen.

Im Grunde konnte ich gar nicht mehr selbst über mein Geld verfügen.

Dass ich brav weitermachte und insgesamt 23 Jahre Ehe durchhielt, lag daran, dass ich Kendall, Kylie und den Kardashian-Kindern ein guter Vater sein wollte. So übernahm ich es regelmäßig, sie morgens zum Unterricht zu fahren, was nicht ganz so einfach war, weil sie zeitweise verschiedene Schulen besuchten. Oft stand ich um halb sechs in der Frühe auf, sorgte dafür, dass die Kids ihr Frühstück bekamen und um halb acht abmarschbereit waren. Khloé war auf einer ganzen Reihe von Schulen gewesen, und sie fuhr ich auch nicht immer, aber Kourtney und Kim gingen damals auf die Marymount High School direkt bei der UCLA, sodass wir uns jeden Morgen durch den dichtesten Berufsverkehr von Los Angeles quälen mussten, um sie dort abzusetzen. Dann brachte ich Kendall und Kylie in ihre Vorschule in Bel Air – das war gleich noch mal derselbe Weg hin und zurück. Um halb eins holte ich sie wieder ab und musste bald darauf erneut los, um Kourtney und Kim von der Marymount nach Hause zu bringen. Das ging drei Jahre lang so. An manchen Tagen gingen drei Stunden für diese Fahrerei drauf. Ein tolles Leben, das ich mir da eingerichtet hatte.

Aber mir gefiel es so. Es war eine gute Möglichkeit, um mit den Mädchen zu reden, und ich kam mal zu Hause raus. Kris übernahm diesen Fahrdienst selten, zumal ihre Aufgaben als Kardashian-Managerin immer aufwändiger und komplexer wurden. Außerdem hatte sie ja mich als Fahrer. Je erfolgreicher Kardashian Inc. wurde (ein Unternehmen, zu dem auch Kendall und Kylie gehörten), desto offensichtlicher wurde es, dass Kris mich am liebsten so oft wie möglich aus dem Haus haben wollte – vermutlich, weil ich sonst einfach nur herumsaß, und das machte sie verrückt.

Ende der Nullerjahre köchelten meine Probleme mit der Geschlechtsidentität dann wieder hoch. Der Drang, unterwegs zu sein und meine

Hotelaufenthalte für die kleinen Ausflüge als Frau zu nutzen, wurde immer stärker. Auch hatte mir das Internet inzwischen eine neue Welt eröffnet. Plötzlich konnte ich die ganz persönlichen Lebensbeichten anderer Menschen lesen, die über die Transition nachdachten, oder ihnen auf YouTube zusehen, und mir wurde bewusst, dass ich nicht der Einzige war, der sich mit einer Genderdysphorie herumschlug. Vor allem aber las ich auch von Transmännern und Transfrauen, die nach ihrer Transition endlich mit sich im Reinen waren und sich zum ersten Mal in ihrem Leben selbst lieben und annehmen konnten.

Ich sah mir an, welche medizinischen Eingriffe möglich waren, bis hin zur finalen, geschlechtsangleichenden Operation. Und mehr denn je fragte ich mich, wie es sich wohl anfühlen würde, eines Tages meinen Penis loszuwerden, diesen blöden, nutzlosen Hautsack, der mich nur noch nervte. Allerdings war es auch recht harte Kost, der OP zuzusehen – ich jedenfalls hielt es nicht bis zum Ende durch.

Ein weiterer großer Vorteil des Internets war das Online-Shopping. Zwar musste ich immer noch vorsichtig sein, und ich achtete darauf, es nicht zu übertreiben. Da Kris meine Ausgaben überwachte, nutzte ich meist die Bankverbindungen von Freunden. Aber in mancher Hinsicht hatte ich es auch einfach: In meiner Familie gab es nicht nur mehr Make-up pro Kopf als in jedem anderen amerikanischen Haushalt, es kamen täglich auch mehr Pakete und Päckchen an als anderswo. Wie sollte da auffallen, wenn einmal ein kleines für mich dabei war? Ich war allerdings noch immer völlig paranoid. Wenn ich etwas bestellt hatte, lauerte ich wie ein Luchs darauf, dass die Ware kam, und versuchte sie sofort abzufangen. Das gelang mir allerdings nicht immer, und dann bekam Kris sie in die Hände.

„Oh, das hier ist für dich."

„Danke."

Das war knapp.

Ich kaufte ein paar Kleidungsstücke oder BHs. Vor allem aber Silikonprothesen für Busen, Hüften und Po. Das mag sich jetzt ganz einfach anhören, war es aber nicht. Mein Lieblingsshop war der Breast Form Store, der in allen Bereichen eine faszinierende Vielfalt bot. Allein für die Busen gab es unterschiedliche Formen, die klangvolle Namen wie Amoena, Amolux, Aphrodite, Divine, Gold Seal, NearlyMe, Platinum

Seal oder Silver Seal trugen, Einsätze für den normalen Alltag, aber auch welche, die speziell zum Schlafen, für die Reise und zum Schwimmen gedacht waren. Es war jedenfalls ganz schön kompliziert. Und dann sollte es ja kein zu kleiner Busen sein. Aber natürlich auch kein zu großer. Jede Busenform fühlte sich anders an, und dann konnte man ja noch zwischen verschiedenen Modellen wählen, was die Brustwarzen betraf.

Gott sei Dank war ich mal auf dem College gewesen.

Für den Po hielt ich in meinem geheimen kleinen Schrankfach Prothesen in zwei verschiedenen Größen bereit – eine kleine und eine etwas größere, die ich je nach Stimmung auswählte. Außerdem fand ich schnell heraus, dass die aus Gel viel besser waren als die gepolsterten. Sie sahen echt aus, während andere so wirkten, als hätte man sich irgendetwas in den Slip gestopft.

Nach vielen Jahren des Herumexperimentierens hatte ich meine Verwandlung ziemlich perfektioniert. Damit die Perücke richtig saß, musste das eigene Haar so straff zurückgekämmt und festgeklemmt werden, dass es sich anfühlte, als ob ich die Perücke auf der nackten Kopfhaut trug. In Videos hatte ich gesehen, dass einige Leute sich erst eine Latexglatze überzogen, bevor sie sich die Perücke aufsetzten. Aber ich wusste nicht, wo ich mir so etwas hätte besorgen können, daher nahm ich dafür zunächst einmal Perlonstrümpfe, die Kris oder die Kinder hatten herumliegen lassen. Oder ich brachte mir, wenn ich ganz harmlos einkaufen ging, neben Aufschnitt, Gemüse, Fisch und Cashewnüssen noch ein paar Strümpfe und Strumpfhosen mit, natürlich „für meine Frau". Im Fernsehen sah ich irgendwann, dass Schwimmer enorm enge Badekappen hatten, und kaufte mir einige im nächsten Sportartikelgeschäft. Sie erfüllten ihren Zweck zwar ganz ausgezeichnet, allerdings musste ich feststellen, dass sie dadurch, dass sie extrem eng saßen, nach einer Weile sehr unbequem drückten.

Was auch immer ich verwendete, ich schob mein Haar komplett darunter und zog mir Strumpf oder Kappe bis über die Ohren und wieder zurück, damit auch garantiert keine Strähne mehr hervorlugte. Dann nahm ich eine Rolle transparentes Paketklebeband und schnitt zwei Streifen von etwa acht Zentimetern ab, die ich dann noch einmal längs der Mitte teilte, sodass ich am Ende vier Streifen von einem Zentimeter Breite hatte. Die legte ich vorsichtig vor mir auf den Tisch, damit sie sich nicht miteinander verklebten. Auf das Ende eines jeden Streifes kam nun noch ein Tropfen Krazy Glue – Alleskleber.

Aber Vorsicht, nie mehr als einen Tropfen!

Sonst läuft der überschüssige Klebstoff überall hin und sorgt für eine furchtbare Sauerei. Das Streifenende mit dem Kleber schob ich dann vorsichtig etwa einen Zentimeter unterhalb des Kappenrands auf meine Haut. Mit einem Lappen wischte ich die Kleberreste weg, dann fixierte ich das andere Ende des Klebestreifens auf der Kappe und drückte es möglichst fest an. Auf diese Weise zog ich die Haut rund um die Augenbrauen straff. Als ich älter und meine Wangen schlaffer wurden, benutzte ich diese Kombination aus Klebeband und Krazy Glue auch hinter den Ohren (wobei man nicht zu viel ziehen durfte, nur ein kleines bisschen). Dann straffte ich auch meine Stirn ein wenig auf diese Weise und wickelte am Schluss einen Streifen Klebeband um die gesamte Kappe, bis alles bombenfest saß.

Voilà!

Ein Mini-Facelift für gerade mal zehn Dollar.

Damit sah mein Gesicht wirklich ziemlich gut aus, und vor allem war ich nicht mehr so leicht als Bruce zu erkennen. Diese Methode hatte sich erst durch viel mühsames Herumprobieren herausgeschält. Ich hatte es mit den verschiedensten Sorten Klebefilm probiert. Das Krazy Glue war eine geniale Idee, wenn ich das mal so sagen darf. Ich hatte die Erfahrung gemacht, dass das Klebeband noch so gut sein mochte – sobald ich auch nur ein bisschen schwitzte, löste es sich unweigerlich. Und es wäre fürchterlich gewesen, wenn irgendwann meine Augenbrauen plötzlich ein Stück nach unten gerutscht wären. Deswegen hatte ich nach einer Alternative gesucht, und da erinnerte ich mich, dass Ärzte manchmal eine ähnliche Methode verwendeten, wenn Verletzungen nicht genäht werden sollen.

Krazy Glue hat nur einen Nachteil: Manchmal klebt es so fest, dass ein Stückchen Haut abreißt, wenn man es wieder ablösen will (noch ein Grund dafür, mit der Menge äußerst sparsam zu sein!). Dadurch hinterließ es manchmal merkwürdige rote Punkte auf meiner Stirn, die sich aber mit Make-up ganz gut abdecken ließen.

Nach der kleinen Gesichtsstraffung schminkte ich mich, und dann erst setzte ich die Perücke auf, die stets einen Pony hatte, damit man das Klebeband auf keinen Fall sah.

Ein weiteres Problem war die Taille. Natürlich sollte sie möglichst schmal sein, aber Männer sind in der Regel eher breit gebaut. Frauen haben eine viel stärker betonte Körpermitte und einen runder geformten Po.

Um das etwas anzugleichen, kaufte ich eine große Rolle Klarsichtfolie, egal von welcher Marke. Die wickelte ich mir vier oder fünf Mal um die Körpermitte, vom unteren Rippenbereich bis zu den Hüften – das hatte denselben Effekt wie eine Korsage, war aber viel dünner und leichter. Darüber zog ich ein figurformendes Miederhöschen.

Voilà! Schon war meine Taille gut zehn Zentimeter schmaler.

Nach und nach sah ich immer mehr wie eine Frau aus. Oder, genauer gesagt, wie das Bild, das ich von mir als Frau im Kopf hatte.

Aber das war alles nur Makulatur. Ich fühlte mich immer öfter unglücklich, wertlos und unsichtbar, als würde ich durch mein Leben schlafwandeln, bis es irgendwann zu Ende sein würde. Auch musste ich an meinen Vater denken, der 2000 mit 77 Jahren gestorben war. Er hatte Krebs gehabt, der gestreut hatte. Damals besaß ich noch ein Haus in Lake Tahoe, Kalifornien, und dort lebte er die letzte Zeit, nachdem seine Ehe mit meiner Mutter nach 41 Jahren auseinander gegangen war. Als er starb, war ich geschäftlich unterwegs und konnte nicht bei ihm sein. Aber ein paar Tage zuvor hatten wir noch miteinander geredet.

„Ich wollte dir nur sagen, dass du ein wirklich guter Vater bist", erklärte ich ihm. „Du hast großartige Kinder aufgezogen, und du warst für mich immer ein echtes Vorbild."

„Ich liebe dich, mein Sohn."

„Ich liebe dich auch, Dad."

Danach nickte er ein wenig ein, und ich verließ leise das Zimmer. Ich sah ihn nie wieder. Er wurde auf dem Arlington National Cemetery beigesetzt, wie er es sich gewünscht hatte.

Aber an diesem letzten Tag hatte er ganz leise noch etwas anderes geflüstert.

„Ich hätte es gar nicht so lange machen sollen."

Ich wusste, dass er von Omaha Beach sprach, davon, dass er das Glück gehabt hatte, den Längsten Tag zu überleben, während so viele andere es nicht geschafft hatten. Das brachte mich zum Nachdenken – nicht über Krieg und Pflichterfüllung und Opferbereitschaft, sondern darüber, dass es im Leben keine Sekunde zu verschwenden gilt, dass man tun muss, was man eben tun muss, bevor der Augenblick dazu verstreicht und nie wieder kommt.

Kris und ich waren über zwanzig Jahre verheiratet. Etwa die ersten fünfzehn waren gut, manchmal sogar mehr als das. Aber die letzten fünf waren schrecklich, und ich bin mir sicher, dass Kris das in ihrem tiefsten Inneren auch so sieht. Es ist eine Herausforderung für jede Ehe, dass Menschen sich ständig verändern. Damit eine Ehe funktioniert, muss man gemeinsam wachsen. Das gelang uns nicht einmal annähernd.

Wir gingen uns ständig an die Kehle. Sie war nur noch genervt von mir. Ich hingegen fühlte mich ausgelaugt. Sie schrie mich an, und ich brüllte zurück, weil ich mich stets in die Enge getrieben fühlte. Sie fand es grässlich, dass ich nur dann aus dem Haus gehen wollte, wenn irgendwo ein Hotelzimmer winkte, und dass ich ansonsten zufrieden war, auf dem Sofa zu sitzen und den *History Channel* zu gucken. Wenn nicht gerade die Kameras für die Show liefen, tat ich gar nichts.

Ich hingegen hatte das Gefühl, als sei ich gar nicht mehr am Leben. Ich musste die Kontrolle über mein Dasein zurückgewinnen. Das betraf auch meine Finanzen, damit ich mein Geld für die Dinge ausgeben konnte, die mir wichtig waren. Das Haus war wie ein Bahnhof; ständig kamen und gingen irgendwelche Leute, und das ließ mir keine Privatsphäre. Allmählich reichte es mir nicht mehr, mich nur unterwegs auszuleben und mich dort eineinhalb Stunden zu stylen, um dann fünfzehn Minuten Freiheit zu erleben. Außerdem wollte ich meine vier Kinder aus meinen ersten Ehen ohne Stress sehen können, ohne zu fürchten, dass ich Kris damit auf die Zehen trat. Es hing mir zum Hals heraus, dass mein Leben aus kleinen Geheimnissen bestand, die ich sorgfältig in einem winzigen Schränkchen einschloss.

So konnte es nicht weitergehen.

Zwölftes Kapitel

In gutem Glauben

Ich zog in ein Haus in Malibu, direkt am Meer – eine eindeutige Verbesserung im Vergleich zu der Bruchbude, die ich früher dort gemietet hatte. Ich war allein. Früher hatte ich mich oft isoliert oder einsam gefühlt, wenn ich allein war, aber das war jetzt anders.

Jetzt fühlte ich mich frei.

Außerdem hatte ich daran gearbeitet, die Beziehung mit den vier ältesten Jenner-Kindern, die inzwischen alle erwachsen waren, wieder zu verbessern.

Es gab viel zu tun. Das war mir klar. Aber immerhin entwickelte es sich dahin, dass wir regelmäßig miteinander sprachen. Es fühlte sich wunderbar an. Aber so frei, wie ich mich in meinem neuen Leben auch fühlte, ich war noch immer unsicher, was die Transition betraf. Zwar dachte ich über erste kosmetische Eingriffe nach, um mir ein weibliches Erscheinungsbild zu geben, aber zunächst einmal sammelte ich Informationen.

Im Dezember 2013 hatte ich einen Beratungstermin zur Reduktion des Adamsapfels, der bei Männern deutlicher am Hals hervortritt als bei Frauen. Meine Assistentin Ronda Kamikira und ich hatten dafür ein ausgeklügeltes Ablenkungsmanöver entwickelt, damit niemand etwas davon mitbekommen sollte; schließlich ist es eine typische Operation im Vorfeld einer Transition. Also machten wir es so: Wir vereinbarten den Termin, als sei er für Ronda, und gaben dabei einen falschen Namen an. Dann fuhren wir zu der Praxis in Beverly Hills. Ronda ging zuerst hinein, ich folgte etwas später, um nicht den Eindruck zu erwecken, wir seien ein Paar. (Das wäre ein gefundenes Fressen für die Boulevardpresse gewesen: SAYONARA, KRIS, DEIN DEMNÄCHST-EXMANN HAT SCHON EINE NEUE!) Wir schafften es unerkannt bis in die Praxis, ohne dass uns die Paparazzi überfielen (die können binnen Minuten überall sein, denn zum einen bekommen sie vielfach Tipps von bezahlten Spitzeln, zum anderen filmen ganz normale Leute heutzutage auch schon alles mit dem Smartphone und versuchen diese Clips dann zu verkaufen). Ronda meldete sich an, und ich tat so, als sei ich nur zur moralischen Unterstützung mitgekommen. Dann betraten wir das Sprechzimmer und klärten den Arzt erst unter sechs Augen darüber auf, dass es eigentlich um mich ging. Anschließend sprangen wir ins Auto und fuhren nach Hause.

Etwa vierundzwanzig Stunden später …

Ich saß im Auto, als das Telefon klingelte. Am anderen Ende war Harvey Levin von TMZ, einem berüchtigten Klatsch-Portal, auf dem genüsslich Existenzen zerstört werden, während die dort angestellten Mittzwanziger lachend und kichernd ihre Enthüllungs-Schnappschüsse zählen.

Der Anruf überraschte mich. Nein, das ist nicht der richtige Ausdruck – mir wurde vielmehr sofort richtig übel, denn wenn man im Licht der Öffentlichkeit steht, ist Harvey so ungefähr der Letzte, von dem man gern hören würde.

Ich fuhr rechts ran.

„Wir haben erfahren, dass Sie zu einer Vorbesprechung für die Adamsapfelreduktion waren, und nach meinen Informationen ist das einer der ersten Schritte zur Vorbereitung einer Transition. Das ist natürlich eine Riesenstory."

Woher wusste er das alles? Meine Unterredung mit dem Arzt hatte hinter verschlossenen Türen stattgefunden.

Ich war außer mir. Jetzt stand ich mit dem Rücken zur Wand.

„Ich fand meinen Adamsapfel schon immer hässlich."

Damit hatte ich zugegeben, dass ich tatsächlich über diesen Eingriff nachdachte. Und das würde man bei TMZ natürlich nutzen, um darüber zu spekulieren, ob ich im Begriff stand, zu einer Transfrau zu werden.

„Harvey, tun Sie mir das nicht an."

„Das ist eine Riesenstory."

„Harvey, bitte tun Sie mir das nicht an."

Er redete weiter, ging aber mit keinem Wort auf meine beschwörenden Worte ein.

„Harvey, ich habe noch nicht einmal mit all meinen Kindern über diese Sache gesprochen."

Er redete und redete.

„Wenn Sie diese Geschichte bringen, zerstören Sie damit Existenzen."

Ich begriff, dass ihm meine Reaktion völlig egal war. Er würde die Story auf der Webseite veröffentlichen, und sofort würde die ganze Welt vermuten, dass ich eine Transition plante.

Erledigt und abgekämpft fuhr ich nach Hause. Ich versuchte zu schlafen, wachte aber mitten in der Nacht wieder auf, gequält von dem sicheren Bewusstsein, dass diese Geschichte in den nächsten Stunden die Runde machen würde. Unruhig tigerte ich im Flur hin und her. Immer wieder ging mir derselbe Gedanke durch den Kopf: *Du hast doch einen Revolver im Haus. Warum benutzt du ihn nicht einfach? Dann hast du es hinter dir.*

Die ganze Situation war zu viel für mich. Ich hielt es nicht mehr aus. Die Boulevardpresse hatte mich sowieso schon als Freak abgestempelt. Jetzt würde alles noch schlimmer werden, die Paparazzi würden mir überall auflauern und versuchen, mit meiner Story Geld zu machen. Und sie würden meine Kinder mit hineinziehen, um auch aus ihrer Reaktion Kapital zu schlagen. Bisher hatte ich noch nicht die Gelegenheit gehabt, mit jedem von ihnen über die Probleme zu sprechen, die mich mein ganzes Leben lang belastet hatten. Nun würden sie eine Story lesen, die mich erniedrigte und sie ebenfalls.

Immer wieder dachte ich dasselbe.

Du hast doch einen Revolver im Haus. Warum benutzt du ihn nicht einfach?

Schließlich schlief ich doch wieder ein. Morgens verließ ich das Haus und machte einen Spaziergang über eine Wiese in der Nähe, um etwas Luft zu schnappen. Ich hatte einen Modellhubschrauber dabei; es machte mir stets viel Spaß, diese kleinen Dinger fliegen zu lassen. Abgesehen vom Golfspielen war es meine einzige Möglichkeit, dem chaotischen Haushalt mit Kris und den Kindern zu entfliehen. Aber jetzt setzte ich den Hubschrauber nur auf den Boden und lief weiter.

Die frische Brise, die vom Ozean herüber wehte, belebte mich und sorgte wieder für einen klaren Kopf. Selbstmord ist niemals eine Lösung, dachte ich, obwohl ich jetzt die Verzweiflung verstand, die eine

Transfrau oder einen Transmann dazu treiben mochte. Zwar hatte ich viel Schmerz erfahren, aber dennoch ein Leben geführt, das andere Menschen inspiriert und positiv beeinflusst hatte. Ich wollte jetzt nicht Schluss machen. Das wollte ich meinen Kindern nicht antun. Es wäre ein schreckliches Ende für meine Geschichte – und diese Befriedigung wollte ich Harvey und den anderen Schmierfinken nicht gönnen. Denn jetzt wurde ich neugierig darauf, wie das alles ausgehen würde. Wie würde diese Geschichte wirklich enden?

Nun, zunächst einmal musste der Medienrummel wieder etwas abebben. Das geschah letztlich auch. Etwa vier Wochen später, im Januar 2014, beschloss ich dann, die Adamsapfelreduktion wirklich vornehmen zu lassen. Aber nun wollte ich noch vorsichtiger sein.

Ich ließ mir einen Termin für Sonntagmorgen um halb sieben geben, damit ich sicher sein konnte, dass keine anderen Patienten in der Praxis warteten und auch auf den Straßen nichts los sein würde. Wieder ließ ich mich von Ronda zu der Praxis fahren. Wir parkten in einer kleinen Gasse. Eine Assistentin wartete bereits an der Hintertür und ließ mich hinein; die Entfernung vom Auto bis zur Tür betrug nicht einmal einen Meter. Der Eingriff dauerte etwa drei Stunden. Als ich die Praxis wieder verließ, trug ich einen blauen Patientenkittel und einen kleinen Verband um meinen Adamsapfel. Durch die Narkose war ich noch ein wenig unsicher auf den Beinen. Meine Haare waren völlig zerrauft und wirr, wie Hexenhaare. Ich sah völlig erledigt aus. Aber wen interessierte das schon? Ich wollte nur nach Hause und schlafen.

Ronda wollte das Auto holen und trat durch die Hintertür wieder auf die kleine Gasse hinaus, wo sie einen Wachmann bemerkte. Als sie mit dem Auto zurückkehrte, war er verschwunden. Ronda sah sich genau um, entdeckte aber nirgendwo jemanden von der Presse. Daraufhin brachte mich eine Krankenschwester zum Wagen – ein Weg, der wie gesagt keinen Meter betrug.

Ungefähr vierundzwanzig Stunden später …

Ich ruhte mich noch aus, als mich ein Freund anrief.

„Hast du mal ins Internet geguckt?"

„Nein, warum?"

„Da sind Fotos von dir mit einem Verband um den Hals. Es wird behauptet, du wolltest dich zur Frau umoperieren lassen."

„Was?!"

Als ich nachschaute, war die Geschichte tatsächlich schon überall zu lesen. Sie verlieh dem Gerücht, ich hätte mit der Transition zur Frau begonnen, neue Nahrung, dabei war ich mir selbst überhaupt noch nicht sicher, ob ich das wirklich wollte. Schön, ich dachte ernsthaft darüber nach. Aber so weit war ich schon einmal gewesen, und dann hatte ich doch wieder einen Rückzieher gemacht.

Offensichtlich hatte irgendwo ein Fotograf gelauert. Aber wer hatte ihm einen Tipp gegeben?

Wenn ich jetzt so darüber nachdachte ... Wohin war dieser Wachmann verschwunden?

Egal, wie vorsichtig ich war – es reichte einfach nie aus. Vielleicht wäre es die einzige Möglichkeit gewesen, nur noch im Haus zu bleiben. Wieso war das alles so kompliziert? Ich wollte doch nur ich selbst sein und ein bisschen Seelenfrieden finden, aber das schien immer wieder dazu zu führen, dass ich in aller Öffentlichkeit bloßgestellt wurde und man über mich lachte.

Vielleicht hätte ich aus Malibu wegziehen sollen, wo ich in den vierzig Jahren seit den Olympischen Spielen die meiste Zeit gelebt hatte. Vielleicht wäre es das Beste für alle gewesen, mich eingeschlossen, wenn ich verschwunden wäre und mich als Einsiedler zurückgezogen hätte. Es musste doch irgendwo auf der Welt einen Ort geben, wo es keine Paparazzi und keine bezahlten Spitzel gab. Wieder gab ich mich den vertrauten Selbstvorwürfen hin, aber dieses Mal kam ich zu einem anderen Schluss: Scheiß auf diese ganzen Arschlöcher!

Sie sollten mir nicht mein Leben diktieren. Wegen ihnen wollte ich nicht aus einer Gegend wegziehen, in der ich mich wohlfühlte. Ich würde mich nicht geschlagen geben, und ich wollte es ihnen auch kein bisschen leichter machen. Wenn die ein Foto von mir haben wollten, dann würden sie sich dafür den Arsch aufreißen müssen.

Der Rummel über die Adamsapfel-OP machte es mir deutlich: Wenn ich je zu einem tragfähigen Entschluss kommen wollte, was mein weiteres Leben anging, dann musste ich endlich mit allen Kindern reden und ihnen von meinen Problemen erzählen.

Und ich musste aufhören, mit Gott zu hadern.

Es war an der Zeit, die Karten auf den Tisch zu legen.

Ich gehörte einer Kirche an, die sich California Community Church nannte, und die Kris und ich selbst gegründet hatten. Dem Pastor dort, Brad Johnston, vertraute ich unbedingt, und daher reifte in mir der Entschluss, mit ihm unter vier Augen darüber zu sprechen, was ich durchmachte, um herauszufinden, wie Gott dazu stand. Liebte Gott mich? Hatte er mich immer geliebt? Würde er mich auch später noch lieben? Warum hatte er mir das angetan? Stellte er mich damit auf die Probe, um meine Standhaftigkeit zu testen, oder war es eine Strafe? Heute weiß ich, dass sich viele Transfrauen und Transmänner dieselben Fragen stellen. Vielleicht konnte Pastor Brad mir helfen, eine Antwort zu finden.

Es war ein herrlicher Tag in Malibu, als ich mich mit ihm in dem Haus traf, das ich mir direkt am Strand gemietet hatte. Mein Lieblingsplatz war im Esszimmer, ein ganz bestimmter Stuhl, von dem aus man einen großartigen Blick auf den Pazifik hatte und die Wellen rauschen hörte. Als Brad eintrat, bot ich ihm genau diesen Platz an, damit er es gemütlich hatte. Ich setzte mich ihm gegenüber und begann zu erzählen.

„Es gibt da einige Dinge, die mich schon mein ganzes Leben lang beschäftigen. Es kann sein, dass es Sie schockiert, was ich Ihnen jetzt anvertraue. Vielleicht werden Sie auch vieles nicht verstehen, aber ich werde versuchen, es Ihnen so gut wie möglich zu erklären."

Pastor Brad hörte einfach nur zu.

„Manchmal denke ich, als Gott auf die Erde blickte und den kleinen Bruce erschuf, da beschloss er, mir viele großartige Eigenschaften mitzugeben. Gutes Aussehen. Ein großes Sporttalent. Freundlichkeit, Klugheit und die Fähigkeit, mich gut auszudrücken. Er gab mir viel mehr, als sich ein Mensch überhaupt erhoffen konnte. Es war eigentlich perfekt. Aber dann baute er noch einen kleinen Haken ein, um zu sehen, wie ich mit solchen Widrigkeiten zurechtkommen würde. Etwas, um all die guten Gaben auszugleichen und dafür zu sorgen, dass es spannende Herausforderungen in meinem Leben gab. Er gab mir eine weibliche Seele."

Das war für mich die einzige Möglichkeit, die ganze Sache in meinem Herzen so drehen, dass ich nicht von vornherein das Gefühl hatte, Gott hätte mich verdammt. So konnte ich glauben, dass er nur meine Kraft und meine Entschlossenheit prüfte.

Dann sprach Pastor Brad. Er sagte nicht viel. Aber das wenige, was er sagte, hatte Gewicht.

„Gott verurteilt Sie nicht. Er liebt Sie. Wir sind alle verschieden."

Bei diesen Worten spürte ich eine große Kraft in mir. Es war der Wendepunkt für meine Überlegungen: Jetzt wollte ich die Transition wirklich durchziehen und nicht noch einmal auf halbem Weg umkehren.

Gott liebte mich. Ich hatte keine Sünde begangen. Vielleicht hatte Gott mich deswegen an meinen Platz gestellt, damit ich ein authentisches, wahres Leben führte und das Bewusstsein für das Gender-Thema schärfen konnte. Aber Gott forderte mich weiter heraus. Es würde nicht einfach werden. Aber nun konnte ich aus seinem Vertrauen in mich Kraft schöpfen.

Leicht war es noch immer nicht.

Als ich mich daran machte, es meinen Kindern zu sagen, wandte ich mich als erstes an Brandon, und das aus gutem Grund – er hatte mindestens so viel Gelassenheit wie Gandhi. Er würde am ehesten Verständnis haben und mich unterstützen. Also redete ich ganz offen mit ihm. Er war tatsächlich nicht überrascht, da seine Mom ihm, als er sie gefragt hatte, wieso ich Brüste hatte, schon vor Jahren von meiner Genderdysphorie erzählt hatte. In gewisser Hinsicht hatte er schon zwanzig Jahre auf dieses Gespräch gewartet.

Nachdem ich mich ihm anvertraut hatte, sagte er: „Dad, ich war immer stolz, dein Sohn zu sein. Wenn ich auf dem Flughafen meinen Ausweis vorzeigen muss, fragt man mich immer: ‚Hey, bist du der Sohn von Bruce Jenner? Den finden wir ja so toll. Wenn er hier bei uns durchkommt, ist er immer total nett.' Aber Dad, ich war noch nie so stolz auf dich wie jetzt."

Das war wohl das Netteste und auch das Wichtigste, was ich jemals gehört habe. Wenn Brandon doch nur der einzige gewesen wäre, dem ich es sagen musste, aber da warteten noch neun weitere.

Die älteren Jenner-Kinder, inzwischen alle über dreißig, reagierten wunderbar. Wie Brandon hatten auch Burt und Casey schon als Jugendliche von meinen Problemen erfahren und waren nicht überrascht. Sie freuten sich für mich, dass ich mich endlich öffnete, und sie waren stolz. Brody hingegen hörte zum ersten Mal davon; er war schockiert und völlig überrumpelt. Aber auch für ihn erklärte es eine ganze Menge, was meine emotionale Distanziertheit anging, und auch, wieso ich seinem Leben und dem seiner Geschwister immer so ferngeblieben war.

Wenn du nicht mit dir selbst zurechtkommst, wie kannst du dann ein gutes Verhältnis zu anderen aufbauen?

Dann ging es mit den Kardashians weiter. Kim wusste es im Grunde schon und unterstützte mich sehr, Kourtney ebenfalls. Khloé nahm es am schwersten; sie war verletzt, weil ich ihr gegenüber nie etwas von einer Transition erwähnt hatte. Und da hatte sie recht: Natürlich hatte ich lange Zeit selbst noch nicht gewusst, was ich tun wollte und ob eine Geschlechtsangleichung überhaupt möglich war. Es wäre aber trotzdem richtig gewesen, schon vorher mit Khloé darüber zu sprechen, schließlich hatten wir uns oft genug auch über andere kitzlige Themen unterhalten. Aber obwohl ich es versucht hatte, war es irgendwie nicht dazu gekommen. Seitdem hat sich unser Verhältnis verändert.

Kendall und Kylie waren neunzehn und siebzehn. Daher fiel mir das Gespräch mit ihnen am schwersten. Ich war mir nicht sicher, ob sie das schon verstehen würden. In dem Alter ist man sehr verletzlich und findet furchtbar viele Dinge einfach nur peinlich. Aber auch sie nahmen es gut auf und standen voll hinter mir. Eine Frage, die Kendall stellte, traf mich trotzdem bis ins Mark: „Sollen wir dann immer noch Dad zu dir sagen?"

„Natürlich. Ich werde immer euer Dad bleiben."

Und daher nennen sie mich bis heute so.

Nachdem ich diese unglaubliche Hürde endlich genommen hatte, fühlte ich mich bereit, mich wirklich mit der Transition auseinanderzusetzen.

Es gab nur ein Problem.

Wie sollte ich das anstellen, ohne zum Gespött der ganzen Welt zu werden? Die Vorstellung, dass ein Mann sich zur Frau umoperieren ließ, erschien vielen Menschen immer noch seltsam, schockierend oder auf gruselige Weise lustig. Ich konnte mich aber nirgendwo verstecken. Und wenn ich in die Sahara gezogen wäre, die Paparazzi und die Klatschreporter hätten mich dennoch dort aufgespürt.

Es wäre keine Nachricht für die seriösen Zeitungen geworden, sondern Futter für den Boulevard: JENNER LEBEND IM KLEID ENTDECKT! Dabei war die ganze Geschichte zu wichtig, um derart durch den Dreck gezogen zu werden – nicht nur für mich, sondern für die gesamte Trans-Community. Seit den Achtzigern wurde das Thema in der Sensationspresse verheizt. Das wollte ich nicht weiter zulassen.

Ich sah nur einen gangbaren Weg: Alan Nierob anzurufen.

Mit Alan und der Agentur Rogers & Cowan hatte ich seit einem Vierteljahrhundert nicht mehr zusammengearbeitet. Wir hatten überhaupt keinen Kontakt mehr gehabt, und ich war mir nicht sicher, ob er überhaupt noch dort beschäftigt war. Als er mich in den Achtzigern als Klienten übernommen hatte, stand er noch ganz am Anfang seiner Karriere, aber damals war es ihm gelungen, sogar die *New York Times* von meiner Fährte abzubringen, als die Trans-Gerüchte um mich zum ersten Mal auftauchten. Inzwischen hatte ich gehört, dass er längst zu den besten PR-Leuten in ganz Hollywood gehörte. Er kannte jeden und wurde wegen seiner unverblümten, offenen Art allgemein sehr geschätzt – er zählte nicht zu den Menschen, die einem nur nach dem Mund reden.

Vermutlich, dachte ich, hat er längst seine eigene Firma. Aber trotzdem versuchte ich es zunächst noch einmal bei Rogers & Cowan in Beverly Hills und rief dort in der Zentrale an.

„Kann ich Ihnen helfen?"

„Ich würde gern mit Alan Nierob sprechen."

„Kleinen Augenblick, bitte."

Du meine Güte, dachte ich, er arbeitet immer noch dort.

„Hallo?"

„Alan, hier ist Bruce Jenner."

Sein erster Reflex war es sicherzustellen, dass die Medien nicht etwa kurz davor standen, eine Story zu bringen, die dafür gesorgt hätte, dass mir mein ganzes Leben um die Ohren flog.

„Geht's dir gut?"

„Ja, danke, alles klar."

„Das ist gut."

„Ich wette, du hast die letzten dreißig Jahre auf diesen Anruf gewartet."

„Nein, eigentlich nicht."

Schön zu hören, dass er sich kein bisschen verändert hatte.

„Alan, du musst dieses Wochenende mal zu mir rausfahren. Wir müssen reden."

Als er tatsächlich vorbeikam, ließ ich ihn auf dem gleichen Stuhl Platz nehmen wie vorher Pastor Brad, da mir das offenbar Glück gebracht hatte. Allerdings musste ich ihm nicht erst von meinen Schwierigkeiten mit der Geschlechtsidentität erzählen, denn er kannte meine Geschichte bereits, da wir ja schon in den Achtzigern darüber gesprochen hatten. Inzwischen gab es nur eine neue Facette: Ich hatte das Gefühl, wirklich zur Transition bereit zu sein und suchte nach einer Möglichkeit, das zu tun, ohne dass die Medien mich dabei durch den Wolf drehten. Die ganze Geschichte musste im richtigen Kontext präsentiert werden, und die allgemeinen Probleme der Transgender-Community waren mir dabei genauso wichtig wie mein persönliches Schicksal.

„Wie können wir das erreichen?", fragte ich. „Ich will nicht, dass es reines Schlagzeilenfutter ist, über das sich alle das Maul zerreißen, denn so läuft es ja jetzt. Wir müssen Leute finden, die diese Geschichte empathisch erzählen können."

Alan fiel dazu sofort Diane Sawyer ein. Die bekannte Fernsehjournalistin galt als integer und solide, und sie blieb in Interviews bei allem konsequenten Nachhaken stets fair. Natürlich kannte Alan sie persönlich, ebenso wie ihren Produzenten Mark Robertson.

Damit hatten wir schon die Fernsehfrage geklärt und dachten nun über Printmedien nach.

„Welche Zeitschrift wäre denn deine erste Wahl?", fragte Alan mich.

Vanity Fair, erklärte ich sofort.

Das Magazin war eine äußerst glaubwürdige Quelle, die detaillierte Profile bekannter Persönlichkeiten zeichnete und sich durchaus für Star-Geschichten interessierte, gleichzeitig aber auch bereit war, sich komplizierten und auch ungewöhnlichen Themen zu widmen.

Nun wünschte sich aber natürlich jeder, der seine Geschichte in die Medien bringen wollte, die Unterstützung von etablierten Schwergewichten wie Diane Sawyer und *Vanity Fair*. Würde es uns tatsächlich gelingen, sie ins Boot zu holen?

„Wie stellen wir das denn bloß an?"

„Ich werde sehen, ob ich das hinbekomme", erklärte Alan, der dann auch seine einzige Bedingung stellte: „Wenn das etwas werden soll, dann ist das eine Sache zwischen dir und mir. Viele Köche verderben den Brei."

Er wusste natürlich, dass ich zehn Kinder hatte, die sich alle gern in den Medien zu Wort meldeten.

„Abgemacht."

In der darauffolgenden Woche flog Mark Robertson nach L.A., um sich mit mir zu treffen. Ich nahm außer Alan noch Brandon zu dem Treffen mit, und Ronda, die sich mir gegenüber als so kompetent, loyal und zugewandt erwiesen hatte, wie ich es bisher kaum jemals erlebt hatte. Sie alle standen bereit, mich zu beschützen, und das gab mir ein gutes Gefühl. Sie wussten schließlich auch, dass ich dazu neige, zu leicht Ja zu sagen.

Robertson brauchte nicht lange, um zu erkennen, dass es sich hier um eine wirklich erzählenswerte Geschichte handelte, und kam sofort auf den Punkt: „Das würde ich tatsächlich gern bringen."

Diane, sagte er, würde sich höchstwahrscheinlich auch sehr dafür interessieren. Sie hatte allerdings gerade eine Auszeit genommen, da binnen weniger Wochen nicht nur ihre Mutter, sondern auch ihr Ehemann Mike Nichols gestorben war, und sie gerade eine sehr schwere Zeit durchmachte. Als Robertson sie zu Hause in New York aufsuchte, um unsere Idee mit ihr zu besprechen, war sie noch viel zu erschüttert von den kürzlich erlittenen Schicksalsschlägen, und er merkte schnell, dass es kein guter Moment für ein solches Gespräch war. Aber als er einen Tag später noch einmal wiederkam und ihr berichtete, dass ich in dem geplanten Interview ganz offen über meine Situation sprechen wollte, zögerte Diane keinen Augenblick. Sie wollte mit dabei sein – für sie war es ein spannendes Thema, dessen Darstellung dazu beitragen konnte, Menschen zu helfen und gesellschaftlich etwas zu bewegen. Außerdem bot es ihr eine gute Möglichkeit, sich wieder in die Arbeit zu stürzen und die niederdrückenden persönlichen Erlebnisse zumindest für kurze Zeit zu vergessen.

Bei *Vanity Fair* hatte der Herausgeber Graydon Carter nach all den Gerüchten bereits von sich aus die Idee geäußert, mit mir zusammen an einem Artikel zu arbeiten. Alan wusste das allerdings nicht und wandte sich daher an die Redakteurin Jane Sarkin, die er schon seit dreißig Jahren kannte. Sie hatte bereits eine ganze Reihe sensibler Themen für Titelstorys bearbeitet und dabei auch für das entsprechende Bildmaterial gesorgt; sie hatte einen guten Draht zur Fotografin Annie Leibovitz. Beide, Jane und Alan, vertrauten einander, und er konnte darauf vertrauen, dass sie verantwortungsbewusst und fair an das Projekt herangehen würde. Umgekehrt wusste sie, wenn Alan ihr beispielsweise versprach, ihr einige Monate lang uneingeschränkten Zugang zu mir persönlich zu gewähren, dass er das nicht mit einem ganzen Schwung hinderlicher Bedingungen verknüpfen würde. Anfang 2015 hatten Alan und Jane eine private Unterredung, und etwa zwei Tage später rief er bei mir an.

„Okay, du kommst aufs Cover der *Vanity Fair*."

„Ach du Scheiße, machst du Witze? Da bin ich doch sofort dabei!"

Für den Artikel an sich plante die Redaktion den freien Journalisten Buzz Bissinger ein, der mir bereits ein Begriff war; ich wusste, dass er mit *Friday Night Lights* ein viel beachtetes Buch über High-School-Fußball in Texas geschrieben hatte. Um sich zu versichern, dass Buzz der Richtige war, wandte sich Alan zudem an einen alten Freund, Fred Mann, der als Redakteur beim *Philadelphia Enquirer* gearbeitet hatte, als auch Buzz für das Blatt schrieb. Buzz sei ein harter Hund und reizbar, sagte Mann, aber er sei immer fair. Alan kannte zudem weitere Bissinger-Bücher, darunter *Father's Day*, in dem er die Hirnverletzung seines Sohnes verarbeitete, sowie einen faszinierenden, bizarren Artikel in *GQ* über seinen extremen Lederfetisch. Damit erfüllte Buzz alle Anforderungen: Er hatte schon über Sport geschrieben, über das Verhältnis zwischen Eltern und Kindern, vor allem aber darüber, wie es war, anders zu sein als andere.

Alle Vorbereitungen waren getroffen. Aber es war zweifelsohne eine riesige Geschichte – nicht nur für die Öffentlichkeit, sondern auch für mich. Vor allem für mich. Wie meine Transition wahrgenommen werden würde, hing einzig und allein von der sensiblen Darstellung in den Medien ab. Zuerst bekam Diane Sawyer ein exklusives Interview mit Bruce, das für die ABC-Sendung *20/20* im Februar aufgezeichnet und am 24. April 2015 ausgestrahlt werden sollte. Darin schilderte ich ihr alle Gründe für meine Transition und erzählte von meinem lebenslangen innerem Widerstreit. Aber von Caitlyn war noch nicht die Rede, auch wurde ihr Name noch nicht genannt.

Erst zwei Monate später enthüllte *Vanity Fair* in einer Titelstory meinen neuen Namen. Das dazugehörige Titelfoto hatte Annie Leibovitz geschossen. Alan hatte sehr viel Wert darauf gelegt, dass wir die Fäden in der Hand behielten und die Geschichte so erzählten, wie es uns richtig erschien. Er wollte nicht, dass ein kompletter Mediensturm losbrach, sondern lenkte alles so, dass es nur zwei Statements gab: Mit dem Interview in *20/20* wurde Bruce verabschiedet, während der Artikel in *Vanity Fair* Caitlyn präsentierte.

Als Diane mich in meinem Strandhaus in Malibu aufsuchte, war ich sehr nervös. Ursprünglich war ein einstündiges Interview geplant. Doch nachdem Diane schließlich fünf Stunden Material beisammen hatte, beantragte sie bei ihrer Redaktion eine zweistündige Sendung. Ich vertraute ihr völlig.

Oft stürzen sich Journalisten vor allem auf die plakativen Fragen, beispielsweise, was die Genitalien betrifft, und nehmen überhaupt nicht wahr, dass es in diesem Themenkomplex viel entscheidendere Probleme gibt. Als Laverne Cox, die mit ihrer Rolle in der Serie *Orange Is The New Black* ein echtes Zeichen für die Transgender-Community setzte, nach ihren Genitalien gefragt wurde, gab sie darauf die perfekte Antwort: „Durch diese Konzentration auf die Transition und die Operationen werden Transmenschen zum Objekt herabgewürdigt. Und dann geht niemand mehr auf ihre eigentlichen Lebenserfahrungen ein."

Wie kommen die Medienvertreter überhaupt darauf, dass es in Ordnung ist, einem Menschen derartige Fragen zu stellen? Weil er oder sie trans ist? Deswegen muss man doch nicht jede Frage beantworten. Es ist offensichtlich, was damit suggeriert wird: Du bist nicht „echt", solange du nicht die geschlechtsangleichende Operation hast vornehmen lassen. Das ist völliger Unsinn. Man muss körperlich überhaupt nichts machen lassen, um ein Transmann oder eine Transfrau zu sein. Es gibt dafür keine festen Regeln.

Für Transfrauen und Transmänner ist so etwas ähnlich übergriffig, als würde man einen Cis-Mann, der mit seinem Geburtsgeschlecht in Einklang steht, fragen, wie seine letzte Ejakulation war, oder sich bei einer Cis-Frau erkundigen, wie es mit ihrer Periode läuft. Mit anderen Worten – es ist völlig unangebracht und beleidigend, es sei denn, der oder die Betreffende brächten das Thema von sich aus auf. Aber leider ist die Öffentlichkeit von den körperlichen Merkmalen geradezu besessen, und man fühlt sich in eine Ecke gedrängt und ständig genötigt, sich detailliert zu erklären, damit es keine weiteren Spekulationen gibt. Was sich aber auch damit nicht verhindern lässt.

Ich machte mir große Sorgen. Selbst, wenn Diane bei ihrem Interview sehr behutsam vorging und sich so gut wie irgend möglich über die Probleme informiert hatte, mit denen sich Transmänner und Transfrauen auseinandersetzen mussten – was, wenn ich das Falsche sagte? Was, wenn mich die Leute einfach nur für pervers oder nicht authentisch hielten, oder wenn sie dächten, ich täte es wegen des Geldes? (Wobei mir der Verkauf meiner Story an die Boulevardpresse natürlich viel mehr eingebracht hätte.) Oder wenn sie glaubten, ich wollte nicht mehr nur als der nette, aber ein bisschen trottelige Dad aus *Keeping Up With The Kardashians* bekannt sein? Was, wenn ich die Transgender-Community unabsichtlich beleidigte, da ich schließlich immer noch sehr wenig über sie wusste? Ich hatte nur den einen Versuch, und dabei musste ich alles richtig machen.

Immerhin wurde das Interview nicht live ausgestrahlt, und so hatte ich immer noch die Möglichkeit, eine Aussage zu korrigieren, wenn ich im Nachhinein mit ihr nicht mehr glücklich war. Bei Interviews dieser Art ist das tatsächlich üblich. Sowohl Diane als auch Mark versuchten mich zu beruhigen.

„Das ist Ihre Story, nicht unsere."

Aber egal, wie oft ich etwas noch einmal umformulieren würde, die ganze Sendung würde ich vorab natürlich nicht zu sehen bekommen. Und wie oft hatten mir Reporter schon eine faire Berichterstattung versprochen, um mich dann doch durch den Dreck zu ziehen? So sehr ich Diane und Mark auch vertraute, ich war nicht naiv.

Sie hätten mich ganz leicht ans Kreuz nageln können.

Hoffentlich hatte Alan mit seiner Einschätzung recht.

In dieser Zeit, zwischen der Adamsapfel-OP und meiner Scheidung von Kris, waren die Paparazzi absolut gnadenlos. Zwar lebte ich in einer bewachten Wohnanlage, aber sobald ich sie verließ, stand ich vier oder fünf Fotografen gegenüber, die Bilder machen wollten und mir oft auch folgten. Sie waren ziemlich einfallsreich.

Ich allerdings auch.

Immerhin war ich früher einmal Rennen gefahren, und daher hatte ich es ziemlich gut drauf, scharf nach links oder rechts abzubiegen, auf offener Straße zu wenden und ihnen so zu entwischen – statt dass die Paparazzi mich verfolgten, verfolgte ich dann vielmehr sie. Es machte richtig Spaß, wenn man beobachten konnte, wie einer dieser Kerle in seinen Rückspiegel guckte und sich dann völlig perplex umdrehte, weil ich plötzlich hinter ihm herfuhr und ihm freundlich zuwinkte. Manchmal waren sie dann so verwirrt, dass sie am Straßenrand anhielten und erst einmal versuchten, sich neu zu orientieren, während ich schon wieder an ihnen vorüberfuhr. Auch dann winkte ich gerne einmal zu ihnen hinüber.

Bei einer Gelegenheit hatte man mich bis zur Auffahrt von Brandons Haus verfolgt, aber dort gelang es mir, sie mit meinem eigenen Wagen festzusetzen und dann die Polizei zu rufen. Am überraschendsten war dabei ihr beleidigter Gesichtsausdruck – als hätte ich mich nicht an die Spielregeln gehalten.

Ich ging selten irgendwo hin, außer vielleicht zu dem nahe gelegenen Starbucks am Pacific Coast Highway, wo ich mich regelmäßig mit der nötigen Dosis Vanilla Latte versorgte. Dabei trug ich meistens ein ausgebeultes Sweatshirt mit Kapuze, die ich mir über den Kopf zog, damit man kaum etwas von meinem Gesicht sehen konnte. Davon abgesehen zog ich für diesen Ausflug jeden Tag dieselben Klamotten an, in der Hoffnung, dass die Bilder dann immer gleich aussehen würden und sie irgendwann niemand mehr kaufen würde. Die Kunden im Starbucks kannten mich schließlich recht gut, und manchmal, wenn auf dem Parkplatz ein Reporter lauerte, waren sie so nett, ein Schutzschild um mich zu bilden und mich zum Auto zu eskortieren.

Die Paparazzi fanden das überhaupt nicht lustig. Sie machten sich daran, sich neu aufzustellen, sich in einer Schlachtordnung zu formieren und dann zum Gegenschlag auszuholen: der Nagellack-Offensive.

Schon einige Monate vor dem Interview in *20/20* und der Titelstory in *Vanity Fair* hatte ich begonnen, regelmäßige Mädels-Abende zu veranstalten. Es waren informelle Treffen bei mir zu Hause, die mir die Möglichkeit boten, die Frau, die ich Caitlyn nennen wollte, dem engeren Freundes- und Familienkreis vorzustellen.

So ein Abend war für mich ohne schön gepflegte Nägel undenkbar. Das wäre so gewesen, als hätte sich Kim öffentlich im Schlafanzug gezeigt. Aber natürlich konnte ich nicht einfach in ein Nagelstudio gehen. Stattdessen nutzte ich die Gelegenheit, vor der Rückfahrt vom Sherwood Golf Club noch kurz auf einem Parkplatz stehen zu bleiben und mir am Steuer die Fingernägel zu lackieren, damit sie in der halben Stunde, die ich bis nach Hause brauchte, richtig trocknen würden. Damit es noch ein bisschen schneller ging, hielt ich dann beim Fahren noch die Hand aus dem Fenster.

Dann musste ich an einer Ampel halten. Meine Hand hatte ich dabei gerade so weit erhoben, dass man sie sehen konnte.

Ssssit. Ssssit. Ssssit. Ssssit.

Ein Fotograf hatte mich verfolgt, seit ich vom Golf Club weggefahren war. Er befand sich jetzt auf der anderen Straßenseite und fuhr in die andere Richtung.

Ssssit. Ssssit. Ssssit. Ssssit.

Am nächsten Tag waren die Fotos in jeder Zeitung und machten in allen möglichen Medien wochenlang die Runde.

Die angemalte Frau.

Und all das nur, weil ich meine Hand zwanzig Zentimeter zu hoch gehalten hatte, als ich an einer Ampel hielt.

Okay, da habt ihr mich erwischt. Das wird mir nicht wieder passieren. Ich gewöhnte mir an, beim Fahren ab sofort Handschuhe zu tragen.

Für meine Kinder, meine Mutter oder meine Schwester war es unmöglich, im Supermarkt an der Kasse zu stehen, ohne dabei mit diesem Foto konfrontiert zu werden, das auf allen Titelseiten der Boulevardblätter prangte. Es ließ mich wie ein Depp aussehen und war extrem peinlich für meine Familie. Und so war das schon, bevor das Interview von Diane Sawyer ausgestrahlt wurde. Was würde danach über mich hereinbrechen, wenn ich meine Geschichte erzählt und vor einem Millionenpublikum zugegeben hatte, dass ich tatsächlich eine Transition anstrebte?

In den Wochen vor der Sendung ging ich mein gesamtes Adressbuch durch und rief alle Leute an, die mir nahe standen oder mit denen ich mich vor meinem Rückzug gut verstanden hatte, um sie auf das vorzubereiten, was da kommen würde.

Ich rief meine Schwester Pam an. Da sie schon lange über meine Situation Bescheid wusste, ging ich davon aus, dass sie nicht besonders überrascht sein würde. Dennoch traf mich ihre Reaktion unerwartet: Sie bat mich, meinen Entschluss nicht in die Tat umzusetzen, da sie fürchtete, man würde mich als abartig darstellen. Und dann fing sie an, laut darüber nachzudenken, was ihre Freunde von mir denken würden.

„Ich war immer stolz darauf, dass ich Bruce Jenners Schwester war. Das bekommen die Leute immer irgendwann raus. Was war der doch für ein Held bei den Olympischen Spielen gewesen. Darauf war ich stolz, aber, oh Gott, wie wird das denn jetzt aussehen?"

Ganz ehrlich, mich kümmerte es nicht, was Pams Freunde über mich denken würden. Ich musste zusehen, dass es mir gelang, dieses ganze Problem heil zu überwinden. Heute habe ich erkannt, dass sie nicht nur um ihretwillen besorgt war, sondern auch um meinetwillen.

Und dann kam das Allerschwerste.

Meine Mutter war inzwischen 88 Jahre alt, hatte aber nichts von ihrem scharfen Verstand eingebüßt. Sie wohnte immer noch allein in ihrer eigenen Wohnung und fuhr ihren Cadillac, obwohl sie kaum über das Armaturenbrett gucken konnte. In den letzten Wochen hatte sie durchaus mitbekommen, dass ihr Sohn in die Schlagzeilen geraten war. Und daher hatte sie bei mir angerufen und mich gefragt, was da eigentlich vor sich ging.

„Diese Schmierblätter nehmen dich völlig auseinander. Da stehen Sachen über dich drin, die mir völlig neu waren, zum Beispiel, dass du Nagellack trägst. Oder diese andere Geschichte, wie du mit diesem Verband um den Hals vom Arzt gekommen bist. Ob ich will oder nicht, sobald ich einkaufen gehe, sehe ich diesen Kram. Und wenn jemand etwas über dich schreibt, will ich das lesen. Ich kaufe diesen Dreck nicht, ich stelle mich vors Regal, lese ihn da und lege die Zeitung dann zurück. Ich will diesen Leuten nicht auch noch mein Geld in den Rachen werfen. Aber was ist eigentlich los?"

Erst stritt ich alles ab. Ich machte die Regenbogenpresse dafür verantwortlich, und meine Mutter schien damit zufrieden zu sein. Sie ist ein gläubiger Mensch und geht regelmäßig in die Kirche. Ich fragte mich, wie dieser Teil ihres Ichs die kommenden Ereignisse verarbeiten würde.

Aber am Ende unseres Gesprächs sagte sie etwas, das mir Hoffnung machte.

„Mir ist egal, ob das stimmt oder nicht. Ich habe dich geliebt, seit dem Tag deiner Geburt, und damit werde ich nie aufhören."

Ja, und nun war der Moment gekommen, dass ich es ihr sagen musste. Ich wählte die Nummer meiner Mutter.

„Mom, sitzt du gut?"

Sie hatte offenbar auf einem hochlehnigen Stuhl in ihrer Küche an der Kochinsel Platz genommen und trank ihren Kaffee.

„Ja, mein Schatz, ich sitze."

„Ich muss dir etwas sagen."

„Okay."

„Ich weiß, dass du diese ganzen Geschichten über mich gelesen hast, und ich habe sie abgestritten und alles auf die Journalisten geschoben, aber jetzt muss ich es dir erzählen. Tatsächlich ist viel Wahres daran."

Eine Pause.

„Schon als Kind hatte ich das Gefühl, dass ich im falschen Körper steckte. In mir war immer eine Frau. Das hat mein Leben sehr schwer gemacht. Über die Jahre musste ich mich mit vielen Dingen herumschlagen, von denen du nichts weißt. Ich war nicht ehrlich zu dir, weder zu dir noch zu irgendjemand anderem. Aber demnächst wird ein Interview im Fernsehen gezeigt, das Diane Sawyer mit mir geführt hat, und dabei wirst du vieles hören, was du wahrscheinlich noch nicht von mir wusstest. Aber es wird alles gut werden."

Wieder eine Pause. Dann ergriff meine Mutter das Wort.

„Wieso habe ich nichts davon gewusst? Was hätte ich tun können? Du hast gelitten. Das ist meine Schuld."

„Mom, es hatte nichts mit dir zu tun. Ich bin nun einmal einfach so."

„Nun, aber ich hätte doch mehr machen können. Wieso habe ich nichts davon bemerkt?"

In den folgenden Tagen sprachen wir des Öfteren miteinander. Sie fühlte sich noch immer schuldig, weil sie nichts von meiner Lage mitbekommen hatte und mir in meiner Kindheit und Jugend keine größere Stütze gewesen war. Aber anschließend begann sie, sich im Internet ausführlich über Genderdysphorie zu informieren – typisch meine Mom. Je mehr wir über die ganze Sache sprachen, umso besser fühlten wir uns schließlich beide. Auf alle Fälle war sie erleichtert, dass sie sich endlich erklären konnte, wieso ich mich stets so distanziert verhalten hatte, als ich jünger war: Ich hatte mich schließlich nie in mir selbst zu Hause gefühlt. Und ihr wurde auch klar, dass nichts davon darauf zurückzuführen war, wie sie mich erzogen hatte. Mit jedem Gespräch wurde unsere Beziehung, die auch nie wirklich klar definiert gewesen war, enger und enger.

Natürlich machte sie sich trotzdem noch Sorgen. Sie war schließlich meine Mutter.

Sie versuchte sich dagegen zu wappnen, was geschehen würde, wenn ich mich im Fernsehen outete.

Da war sie nicht die einzige.

Dreizehntes Kapitel

Das Spiegelbild

Die erste Ausstrahlung der Sendung sah ich mir in Hidden Hills an, in dem Haus, in dem Kris und ich einmal zusammengelebt hatten. Wir guckten den ABC-Sender von der Ostküste, auf dem das Interview nach kalifornischer Ortszeit schon um 18 Uhr lief. Außer Robert waren alle Kids aus dem Kardashian-Clan anwesend. Kendall und Kylie saßen mir gegenüber auf einem Sofa. Kris hatte hinter mir allein auf einem Stuhl Platz genommen. Wie sehr meine Transition sie schockierte oder nicht, konnte ich daher nicht verfolgen, aber es war sicherlich sehr, sehr seltsam, wenn der Mann, mit dem man 23 Jahre lang verheiratet war und mit dem man drei Kinder hatte, plötzlich vor 17,1 Millionen Zuschauern im Fernsehen erklärte: „Ich bin durch und durch eine Frau."

Wow …

Ich konnte nicht glauben, dass ich das gerade gesagt hatte.

Wie unglaublich klang das von meinen Lippen, wo ich doch dachte, dass ich diese Worte niemals aussprechen würde, außer vielleicht im ganz privaten Kreis? Wo ich doch schon gefürchtet hatte, dass ich eines Tages nach einem gänzlich unvollendeten Leben aus dieser Welt scheiden würde?

„Ich bin eine Frau."

Nach 65 Jahren war die Katze endlich aus dem Sack.

„Ich bin eine Frau."

Schrei es in den Himmel hinauf, damit Gott es hört und lächelt.

„ICH BIN EINE FRAU!!!!"

Um Himmels willen, Jenner, wieso hat das so lange gedauert?

Kendall und Kylie, die zusammen etwa 200 Millionen Follower auf Instagram und Twitter haben (von der anderen Couch werden vermutlich noch einmal 500 Millionen Leute erreicht), waren schon seit Beginn der Sendung in den sozialen Medien aktiv. Ihre Schwestern schlossen sich schnell an.

Jetzt ging es los.

Kendall verkündete die ersten Reaktionen.

„Dad, du solltest mal sehen, was die Leute alles schreiben! Es ist unglaublich."

Es war ein großartiger Augenblick.

Allerdings war die Planung nicht so ganz ohne. Gleich im Anschluss fuhr ich zu Casey nach Santa Monica, und als um 21 Uhr die Ausstrahlung von ABCs Westküstensender folgte, sah ich mir die Sendung noch einmal an, im Kreise aller Jenner-Kinder mit ihren Partnern sowie Chrystie und Linda. Auch sie waren erleichtert, wie gut alles lief. Alle drei Familien waren glücklich.

Zumindest für einen Tag.

In der Sendung kamen einige Jenners zu Wort, darunter auch meine Mutter und Schwester. Die Kardashians fühlten sich daraufhin zurückgesetzt, weil niemand mit ihnen gesprochen hatte. Und damit hatten sie auch recht. Dennoch war das mit Absicht geschehen, da Untersuchungen gezeigt hatten, dass der Auftritt einer Kardashian im Fernsehen bei den Zuschauern schnell zu der Annahme führte, es handelte sich um einen Publicity-Stunt, um Geld zu verdienen. Ich liebe meine Kinder, und auf keinen Fall wollte ich ihnen das Gefühl geben, dass ich sie zurückwies. Aber aufgrund dieser Umfrageergebnisse hatte ich mich bei diesem Interview von meiner Familie abgrenzen müssen. Es war zu wichtig. Nachdem wir so hart an diesen Interviews gearbeitet hatten, musste ich deutlich machen, dass es sich nicht auch nur ansatzweise um eine PR-Aktion handelte. Auf keinen Fall durfte dem Gerücht, ich täte das alles nur für Geld, neue Nahrung gegeben werden. Ich hatte nur diese eine Chance. Hier ging es um mich, und nur um mich. Wenn es schief ging, dann wollte ich wenigstens allein dafür verantwortlich sein.

Zu meiner großen Erleichterung war die Reaktion der Zuschauer phantastisch. Ich hatte vermitteln können, dass ich ehrlich und aufrichtig bin, vermutlich aufgrund einer meiner großen Stärken: Ich kann ganz locker und offen vor Kameras sprechen, ohne dabei ständig über mögliche Folgen nachzudenken und deswegen berechnend zu wirken. Ebenso faszinierend war es, wie viele Leute sich für das Thema interessierten: Unsere Sendung verzeichnete die höchsten Einschaltquoten aller *20/20*-Ausstrahlungen seit mehr als 15 Jahren und war das meistgesehene Freitagabendprogramm ohne Sportanteil seit 12 Jahren.

Ich hatte es geschafft, und ich war immer noch heil und ganz.

Eine letzte Prüfung stand mir aber noch bevor. Was würde passieren, wenn die Leute Caitlyn zum ersten Mal sahen?

Vor der Fotosession für *Vanity Fair* war ich mit guten Tipps überschüttet worden. Die älteren Jenner-Kinder hatten mir geraten, etwas eher Schlichtes zu tragen, elegant, aber nicht zu auffällig oder aufreizend. Sie taten das natürlich aus bester Absicht: Sie wollten, dass ich eine Art von Weiblichkeit zeigte, wie sie ihren Vorstellungen entsprach. Außerdem fürchteten sie, dass man mir vorwerfen könnte, Kapital aus dem Auftritt schlagen zu wollen, wenn ich besonders glamourös aufträte. Sie wollten mich beschützen. Aber ihre Vorstellung von Weiblichkeit war nicht meine. Der Rat, der mir am passendsten erscheint, kam von Kim, die sich schließlich, wie sie selbst gern betont, nicht nur mit Mode auskennt, sondern schlicht und ergreifend Mode *ist*.

„Du musst das Ding total rocken."

Aber noch vor der Session für *Vanity Fair* gab es einen anderen, entscheidenden Termin, an dem Bruce von der Bühne ging und Caitlyn ins Scheinwerferlicht trat. Den 15. März 2015.

Einige Tage zuvor hatte ich auf dem Sherwood Golf Course zum letzten Mal allein eine Runde gespielt, bei jedem Loch drei Bälle verschlagen und daraufhin nach dem siebten Loch Schluss gemacht, um im düsteren Schoß des Clubhauses ein Steak-Sandwich zu essen. Dann saß ich ein letztes Mal einsam zu Hause und guckte Fernsehen. Der letzte Abend in meinem Isolationskokon. Oder würde sich daran gar nichts ändern? Würde ich dann, wenn ich den Seelenfrieden gefunden hatte, den ich mir als Frau erhoffte, vielleicht in anderen Bereichen unzufrieden sein? Würden mich die Leute ansehen und sich dabei denken: „Oh Gott, was hast du dir denn bloß angetan?" Würde ich mich das auch fragen?

Was habe ich mir bloß angetan?

Angst hatte ich nicht. Ich war zuversichtlich, das Richtige zu tun. Ich war aufgeregt. Aber wenn man erst einmal eine solche Operation hinter sich hat, dann gibt es keinen Weg mehr zurück. Kein *Ups, da habe ich wohl einen Fehler gemacht, bitte einmal retour das Ganze.*

Die Fragen, die ich mir stellte, waren angsteinflößend. Die Antworten noch mehr.

Morgens um viertel nach vier verließ ich mein Haus in Malibu. Wieder übernahm Ronda es, mich zu fahren. Mein Termin war erst um sechs, in einer kleinen Klinik in Beverly Hills, aber ich komme ungern zu spät, egal wozu. Davon abgesehen ging ich davon aus, dass um diese Zeit noch keine Paparazzi unterwegs sein würden, um ein Foto von mir zu erhaschen. Wir rauschten über den Pacific Coast Highway, dann hinein nach Beverly Hills. Ronda, die meine Stimmung besser deuten konnte als sonst jemand, merkte, wie nervös ich war. Manchmal kann Smalltalk beruhigend wirken, aber in dieser Situation hätte es nichts genützt. Ich wollte das hier einfach nur hinter mich bringen; ich mochte nicht mehr länger über dieses Thema nachdenken.

Die Gesichtsoperationen für ein weiblicheres Erscheinungsbild, wie sie in den Achtziger- und Neunzigerjahren des letzten Jahrhunderts erstmals in San Francisco vom Schönheitschirurgen Douglas Ousterhout vorgenommen wurden, umfassen eine Korrektur des Haaransatzes, eine Angleichung der Stirn sowie von Kinn und Kiefer. Ich wollte mir außerdem die Brust vergrößern lassen.

Meine Einstellung – und wie gesagt, das ist wirklich nur meine persönliche Meinung – lautet: Wenn man es schon macht, dann aber auch richtig. Jede Transfrau und jeder Transmann hat seine eigene Vorstellung von Authentizität. Ich wollte körperlich so sehr wie eine Frau aussehen, wie es mir überhaupt möglich war, entsprechend dem Bild, das ich von mir hatte. Ohne eine Operation hätte ich mich nie wie eine Frau gefühlt. Außerdem war ich in der glücklichen Position, mir einen so umfassenden Eingriff leisten zu können.

Das war keine Sache, die ich mir spontan überlegt hatte. Im Gegenteil, im Grunde hatte ich schon während der letzten fünfzig Jahre darüber nachgedacht, mein Äußeres zu verändern.

Beim Arzt meiner Wahl handelte es sich um den Schönheitschirurgen Harrison Lee, der Praxen in Beverly Hills und in New York unterhielt und in den USA zu den besten seines Fachs zählte. Mein Eingriff sollte jedoch in der kleinen Klinik des ebenso renommierten Arztes Gary Alter stattfinden, der die Brustvergrößerung übernahm.

Ausgerechnet an diesem Tag wurde der Los Angeles Marathon veranstaltet, und daher hatten wir unsere Route vorher sorgfältig geplant, um nicht durch Straßensperrungen und Umleitungen aufgehalten zu werden. Um fünf Uhr früh waren wir da, die Sonne war noch nicht einmal aufgegangen, aber das war typisch für das Katz-und-Mausspiel, das mein Leben schon so lange prägte: möglichst unterwegs sein, wenn es draußen noch dunkel ist. Wie vereinbart, fuhren wir in eine kleine Gasse hinter der Klinik. Eine Krankenschwester empfing uns, und mit nur drei oder vier Schritten stand ich an der Rezeption. Zusätzlich hatte ich drei Sicherheitskräfte angeheuert, die jeden Winkel genau durchsuchten.

Lee hatte die einzelnen Schritte der Operation gründlich mit mir besprochen. Ich ging davon aus, dass der Eingriff fünf Stunden dauern würde. Es wurden schließlich zehn, wobei ich mich dank der Narkose natürlich an nichts erinnerte. Ich hasse chirurgische Eingriffe. Ich hasse es, unters Messer zu kommen. Ich hasse es, bewusstlos zu sein. Ich hasse es, völlig kaputt, desorientiert und schwindlig aufzuwachen.

Fast zwölf Stunden war ich ausgeknockt, bevor ich ungefähr um sieben Uhr abends wieder zu mir kam. Die Sicherheitsleute schwärmten durch den Empfangsbereich der Klinik und sahen sich nach Paparazzi um. Dann halfen sie mir durch die Hintertür und in einen wartenden, schwarzen Van. Auf der eineinhalbstündigen Fahrt zurück nach Malibu drehte sich alles vor meinen Augen. Ich lehnte in einem der Sitze und dämmerte immer wieder weg. Die Fahrt schien ewig zu dauern, dabei wollte ich doch nur nach Hause. Mein Gesicht war bandagiert, daher konnte ich kaum etwas sehen. Auch meine Brüste waren mit Verbänden bedeckt. Unter normalen Umständen hätte ich diese Nacht noch im Krankenhaus verbringen sollen, für den Fall, dass es zu Komplikationen gekommen wäre. Aber von normalen Umständen konnte bei mir nicht die Rede sein, und das Risiko einer Entdeckung war viel zu groß – Krankenhäuser sind dafür berüchtigt, dass Promi-News schnell durchsickern. Daher hatte sich Dr. Lee entschieden, mich zusammen mit einer Krankenschwester zu begleiten. Sie blieben über Nacht bei Ronda.

Es wurde die wohl schwerste Nacht meines Lebens.

So gern wäre ich endlich wieder richtig zu Bewusstsein gekommen, aber nach dieser extrem langen Narkose wollte mir das nicht so recht gelingen. Immer wieder versuchte ich, meine Sinne zu gebrauchen.
Wach auf!
Das war alles, was ich denken konnte.
Wach auf!
Aber sobald ich die Augen wieder schloss, drehte sich alles im Kreis, und ich fühlte die Medikamente durch meine Blutbahn fließen, obwohl die OP nun schon einige Stunden zurücklag. Irgendwann machte ich die Augen zu und glaubte, nun endlich in richtigen, tiefen Schlaf zu fallen. Aber als ich sie wieder öffnete und auf den Wecker am Bett sah, waren gerade zwei Minuten vergangen.
Ich versuchte es wieder.
Zwei Minuten.
Und wieder.
Zwei Minuten.
Und wieder.
Dieses Mal waren es nicht einmal zwei Minuten. Mit einem Ruck schlug ich die Augen auf. Mein Herz klopfte so laut, dass ich es hören konnte. Ka-wumm. Ka-wumm. Ka-wumm. Meine Nebennieren pumpten Adrenalin durch meinen Körper.
So etwas war mir noch nie zuvor je passiert. Bisher hatte ich meine Gefühle stets unter Kontrolle gehabt, aber in dieser Nacht war es anders. *Reiß dich zusammen. Reiß dich einfach zusammen. Versuche, tief durchzuatmen. Ein. Aus. Und nochmal. Ein. Aus.*
Es funktionierte nicht.
Ich hatte eine Panikattacke.
Jede Frage, die ich mir vor der OP gestellt hatte, stürzte wieder auf mich ein und traf mich nun wie ein Kugelhagel. Es fühlte sich so an, als würde mein Inneres von Krämpfen geschüttelt – und das ist jetzt keine Redewendung, das war wirklich so.
Verdammte Scheiße, was hast du da gerade gemacht?
Was hast du da gerade gemacht?
Hör auf. Hör einfach auf!
Das kann ich nicht.
Verdammte Scheiße, was hast du da gerade gemacht?

Und noch einmal, lauter, in meinem Kopf.
VERDAMMTE SCHEISSE, WAS HAST DU DA GERADE GEMACHT?
Der kalte Griff der Angst.
Schön, die Öffentlichkeit hatte mich in der *20/20*-Sendung akzeptiert. Aber da war ich ja auch noch Bruce gewesen, als ich vor den Kameras saß. Mit veränderten Gesichtszügen und vergrößertem Busen hatte mich noch kein Mensch gesehen.
Und ich mich selbst auch nicht!
Was, wenn ich beim ersten Blick in den Spiegel eine völlig Fremde vor mir sähe?
Wer ist diese Person?
Was, wenn ich in den Spiegel blickte und mein Äußeres genauso schrecklich finden würde wie früher? Was, wenn ich all das bereuen würde?
Oh, Gott ...
Ich flehe dich an, Gott.
Lass mich jetzt nicht im Stich.
Tu das nicht.
Dann stand plötzlich die Krankenschwester im Zimmer. Ich schwang die Beine aus dem Bett.
„Schalten Sie den Fernseher an!"
Ich brauchte Ablenkung, Geräusche, irgendwas. Auf keinen Fall wollte ich der Richtung folgen, die mein Kopf gerade vorgab.
„Nur ein bisschen Geräusch. Sonst nichts. Das hilft mir bestimmt. Das weiß ich."
Es half nicht.
Schließlich verließ ich das Schlafzimmer und lief im Flur hin und her.
„Das hilft mir jetzt aber ganz sicher. Das weiß ich."
Es half nicht.
Die Fragen drangen immer heftiger und wilder auf mich ein.
Eine nach der anderen, ohne Atempause.
Wie wird man über mich denken? Werden meine Kinder mich akzeptieren? Werde ich ab jetzt nur noch als Freak betrachtet? Da warst du mal der große Supersportler Bruce Jenner, und jetzt bist du es ganz plötzlich nicht mehr. Nicht einmal mehr annähernd. Was wird meine Mutter von mir denken? Und meine Schwester? Und was denke ich?

Wenn es sein musste, war ich bereit, die ganze Nacht hier umherzutigern. Alles, solange ich nur die Augen nicht wieder zumachen musste. Dann ließ der Ansturm der Fragen ein wenig nach. Die Panik verwandelte sich in etwas weniger Aggressives, mit dem ich besser umgehen konnte. Und allmählich ergriff ein ganz anderer Gedanke von meinem Kopf Besitz.

Es kann nicht schlimmer sein als das, was ich bisher durchgemacht habe.

Diese Überlegung verstärkte sich, und allmählich schälte sich etwas Tröstendes heraus.

Ich kann das schaffen. Ich werde das schaffen!

Zum ersten Mal in meinem Leben würde ich im Einklang mit mir leben können. Ich würde mich mit jedem Thema beschäftigen, das für die Schwestern und Brüder der Transgender-Community von Bedeutung war. Ich würde Fundraising betreiben. Eine Stiftung gründen. Und meine Prominenz dafür nutzen, ein größeres Bewusstsein für die Transgender-Themen zu schaffen. Ich würde mich mit einer Begeisterung auf mein Leben stürzen, wie ich es in den letzten 39 Jahren seit den Olympischen Spielen nicht mehr gespürt hatte. Für fast zwei Drittel meines Lebens nicht.

Ich werde etwas ändern, weil ich anders bin.

Das Hin- und Herlaufen half. Allmählich ließ die Panikattacke nach. Sie kehrte auch nicht zurück.

Das einzige Problem war nur noch, dass ich schrecklich aussah – so, als hätte man mein Gesicht bei höchster Stufe in den Wäschetrockner gepackt und dann gebügelt. Es war kein schöner Anblick, und ich hatte Angst, am Ende so auszusehen wie Michael Jackson. Aber nach ungefähr sechs Wochen waren die Schwellungen endlich abgeklungen, und auch die Narben waren fast alle verblasst.

Ich sah aus wie … Tja, wie wer?

Es ist gar nicht so einfach, nach 65 Jahren einen neuen Namen für sich selbst zu suchen.

Das ist sogar ziemlich komisch.

Schon früher, noch in Graceland, hatte ich über Namen nachgedacht. Im College gab es eine Gesangsgruppe, die Serendipity Singers, und einer ihrer Songs hieß „Heather". Den Namen fand ich damals cool, weil der Song so cool war. Aber nach dem College legte sich meine

Begeisterung. Dann dachte ich an etwas ganz Einfaches wie Mary. In der Zeit, als Kris und ich zusammen waren, fühlte ich mich verpflichtet, etwas mit K auszuwählen, und da fiel mir Kathy ein. Aber Kathy ... na ja, der aufregendste Name war das nun auch wieder nicht.

Daraufhin wurde es eine meiner Lieblingsbeschäftigungen, mit Papier und Kugelschreiber in der Hand die Wahlen der Miss Universe und Miss America im Fernsehen zu verfolgen und die Namen der Wettbewerberinnen mitzuschreiben. Ich hoffte darauf, einmal eine zu entdecken, die mir ebenso gut gefiel wie ihr Name. Aber irgendwie gab es keine, bei der alles stimmte.

Dann wurde ich eine Frau.

Jetzt *musste* ich einen Namen finden, der mich für den Rest meines Lebens begleiten würde.

Erst nahm ich Heather wieder auf, war aber nicht wirklich überzeugt. Dann sprach ich mit Ronda über mein Dilemma, dass ich mit jedem Namen, den ich erst ganz toll fand und für geeignet hielt, nach einer Weile doch wieder durch war. Und dann machte Ronda einen eigenen Vorschlag:

„Ich fand den Namen Caitlyn schon immer toll."

An Caitlyn hatte ich in der K-Phase auch schon einmal gedacht, allerdings hätte ich ihn da natürlich Kaitlyn geschrieben. Oder Kaitlin. Wie auch immer, jetzt kam ein K-Name nicht mehr in Frage. Das wäre ja richtig gruselig gewesen.

Und schon sagte Ronda wieder:

„Mir gefällt die Schreibweise C-A-I-T-L-Y-N am besten."

Also wurde es Caitlyn. Den zweiten Vornamen Marie wählte ich nur, weil er mir gefiel. Jenner als Nachnamen behielt ich, obwohl ich eine Weile darüber nachgedacht hatte, auch ihn abzulegen, um mich von meinem alten Leben so stark wie möglich zu distanzieren. Heute bin ich froh, dass ich das nicht getan habe.

Caitlyn.

Caitlyn Marie.

Caitlyn Marie Jenner.

Daran würde ich mich gewöhnen können.

Aber ich war mir nicht sicher, ob alle wirklich damit glücklich sein würden.

Eines Tages fragte mich Kim zum Beispiel: „Und, wie sollen wir dich später nennen?"

„Caitlyn."

„Dann bleibst du also bei den Ks, was?"

„Ich schreibe mich mit C."

„Oh. Jetzt bin ich fast enttäuscht."

Ein typischer Kardashian-Satz.

Jetzt hatte ich also einen Namen. Was fehlte noch?

Ich musste noch die letzte große Hürde überwinden. Aller Welt sagen, wer ich jetzt war, und zeigen, wie ich aussah.

Ein paar Wochen vor der Fotosession kam Annie Leibovitz schon mal zu mir nach Hause, um sich die Location anzusehen und mich ein wenig kennenzulernen. Auch die Mode- und Stilredakteurin von *Vanity Fair*, Jessica Diehl, flog von New York zu mir nach L.A., um sich ein Bild davon zu machen, was mir gefallen würde und was nicht – oder vielmehr, um mir taktvoll beizubringen, was ich besser nicht tragen sollte. Sie lotste mich vorsichtig vom großen Fashion Statement zu einem Style, der, wie sie sagte, irgendwo zwischen Rene Russo in *Die Thomas-Crown-Affäre* und Angelina Jolie lag und dabei vielleicht ein kleines Bisschen härter war.

Am Tag vor der Session kamen sie und ihr Assistent Ryan Young noch einmal für eine Anprobe vorbei.

Ich hatte immer davon geträumt, schöne Kleider zu haben, die gut passten. Jedes Mal, wenn ich vor einem Hotelspiegel stand und dachte, dass ich ganz gut aussah, wusste ich doch, dass es noch besser hätte sein können. Aber ich hatte mich schon fast damit abgefunden, dass ich das nie erleben würde.

Aber jetzt ...

Einige Outfits wurden bereits im Vorfeld geliefert, andere brachten Diehl und Young im Flieger mit. Es handelte sich um mehr als hundert Kleidungsstücke – Blusen, Kleider, Pullover, Gürtel, Cocktailkleider, Unterwäsche, Schmuck, Pumps, High Heels. So viele Sachen, dass auf meiner schon recht großen Terrasse schnell noch ein Zelt dafür aufgebaut werden musste. Am meisten überraschte mich, dass in keinem der Haute-Couture-Geschäfte, in denen Diehl und Young sich für mich umgesehen hatten, irgendjemand danach gefragt hatte, für wen die

Sachen waren, obwohl es sich offenbar um eine Frau von eins achtundachtzig handelte. Diehl meinte, das läge daran, dass ich wie ein amazonenhaftes, schlankes Model aus den Achtzigern aussähe, eine Bemerkung übrigens, die ich mir schon mal für meinen Grabstein merkte – genau wie ihren anderen Kommentar, demzufolge ich wie geschaffen war für die Mode von Tom Ford.

Erst konnte ich gar nicht glauben, dass das alles für mich zum Anprobieren sein sollte und es das einzige Ziel der ganzen Übung war, mich möglichst gut aussehen zu lassen. Neunzig Prozent der Kleidungsstücke passten. Es war das erste Mal, dass ich offen vor Fremden Frauenkleider anprobierte. Und es war so leicht, so natürlich, so mühelos, so schön. Genau, wie mein Leben immer hatte sein sollen.

Annie kam am folgenden Tag, um die Fotos für die Titelseite zu schießen, und hatte eine Entourage von Assistenten im Schlepptau, auf die Dschingis Khan neidisch gewesen wäre. Außerdem waren noch weitere Redakteure der *Vanity Fair* vor Ort, darunter auch Jane Sarkin und Dana Brown, die den 11.000 Worte langen Text von Buzz Bissinger redaktionell betreute, der für die Juli-Ausgabe vorbereitet wurde (die übrigens schon Anfang Juni erschien – keine Ahnung, warum Zeitschriften das immer so machen). Jessica Diehl war auch immer noch dabei, um sicherzugehen, dass die Outfits, für die Annie sich am Ende entschied, perfekt passten. Außerdem kümmerten sich zwei professionelle Stylistinnen um Haare und Make-up.

Es war der Wahnsinn.

Die Security rund um die Session war wasserdicht, damit nichts von all dem nach außen drang. Alle Beteiligten mussten ihre Autos auf dem öffentlichen Parkplatz von Zuma Beach in Malibu abstellen. Von dort brachte sie eine Sicherheitskraft in einem unauffälligen weißen Van die gewundene Straße hinauf bis zu meinem Haus. Vor Ort mussten dann sofort alle Mobiltelefone abgegeben werden. Ich hatte bereits eine provisorische Mauer rund um mein Grundstück ziehen lassen, um mich vor den Paparazzi zu verbergen, die in den letzten Wochen versucht hatten, von der anderen Seite des Canyons mit Super-Teleobjektiven über eineinhalb Kilometer Entfernung hinweg ihre Fotos zu schießen.

Die Session dauerte zwei Tage. Annie Leibovitz war immerhin Annie Leibovitz. Sie hatte eine ganz klare Vision, wie ich aussehen sollte – ein wenig wie die Hepburn in den 1940ern, ein bisschen wie ein Pin-up von Vargas, glamourös und schön und ein Hauch von sexy. Das Foto, das später auf dem Titel erschien, wurde weltbekannt – ich posierte mit perfekter Frisur und Make-up in einem cremefarbenen Mieder, und die Schlagzeile dazu lautete schlicht: NENNT MICH CAITLYN. Das sollte das Bild sein, das den Leuten einfiel, wenn sie an mich dachten, und das wurde es auch.

Aber das Foto, an das ich mich selbst am besten erinnerte, entstand in der Garage meines Hauses, die inzwischen zu einem Studio umgebaut worden war. Der ganze Kram, der sich dort über die Jahre angesammelt hatte, beispielsweise das Akkordeon, war kurzzeitig weggeräumt worden. Ich trug ein schulterfreies, schwarzes Kleid von Zac Posen. Ein echter Killer, wenn ich das so sagen darf. Alle Lampen waren ausgeschaltet, nur die Fotoscheinwerfer nicht, und so war es überall dunkel, nur ich stand wie in einem Spotlight. Im Raum befand sich noch ein großer Spiegel, und Annie befahl einem ihrer Assistenten, ihn hinter der Kamera aufzubauen, damit ich mich selbst sehen konnte.

Nun erlebte ich es nicht jeden Tag, dass mich eine Stylistin frisierte, schminkte und mir die schönsten Kleider aussuchte, damit Annie Leibovitz mich anschließend fotografieren konnte. Höchstwahrscheinlich war das ein einmaliges Ereignis.

Aber in diesem Augenblick, als ich in den Spiegel sah, erkannte ich mich zum ersten Mal selbst. Wie oft hatte ich zuvor mein Spiegelbild mit dem vertrauten Abscheu und Ekel betrachtet.

Aber jetzt ...

Jetzt war es anders, als ich in den Spiegel sah.

Ich sehe diejenige, die ich bin.

Ich bin die, die ich kenne.

Ich weiß, wer ich bin.

Ich bin Caitlyn.

Caitlyn Marie Jenner.

Von jetzt an für alle Zeiten.

17. September 2016

„Bereit, die Gelegenheit zu nutzen."

Wir warten darauf, dass der Mond über Malibu aufgeht. Es ist eine perfekte Nacht hoch oben auf dem Grat des Decker Canyons, ohne den Nebel, der sonst oft vom Pazifik heranzieht, und ohne dass dichte Wolkenformationen die Berge von Santa Monica verdunkeln. Die Temperatur liegt etwas über zwanzig Grad, und der Wind, der hier gewöhnlich weht, ist zu einer erfrischenden Brise abgeflaut.

Es ist schön, zu Hause zu sein.

Ich veranstalte eine Cocktail-Party auf der Terrasse hinter dem Haus. Zur Zeit von Bruce habe ich so etwas sehr selten getan. Oder gar nicht, glaube ich.

Manche der Gäste sind alte Vertraute, die mich schon in meinen schwersten Zeiten Ende der Achtziger unterstützt haben. Andere wiederum sind Freunde, die ich erst seit kurzem kenne, Transfrauen, die zu Seelenschwestern geworden sind, Leute aus der schwullesbischen Community, aber auch Heteros. Gemeinsam bilden sie einen Regenbogen, der sich von meiner schlimmsten bis zu meiner glücklichsten Zeit spannt.

Vielleicht ist das der beste Beweis für meine Entwicklung: Inzwischen bin ich gern unter Menschen. Ich habe auch gern Gesellschaft. Ich mag Partys, die ich 65 Jahre lang gehasst habe, weil ich mich immer unsicher und nicht dazugehörig fühlte. Jetzt machen sie mir Spaß, weil ich in mir ruhe.

Ich fühle mich in mir wohl. Eigentlich keine schwierige Vorstellung. Aber trotzdem gelingt es vielen von uns nicht, so zu empfinden, weil ihnen so viele Hürden in den Weg gestellt werden.

Ich bin Caitlyn. Ich bin eine Frau. Was bedeutet das jetzt für mich, eineinhalb Jahre nach meiner Transition?

Woher soll ich das wissen?

Man kann nicht lernen, eine Frau zu sein. In mir hat von Anfang an eine Frau gesteckt, die ich nur ihr Leben leben lassen musste. Es gibt keinen Ratgeber und keine Checkliste, von unsinnigen Stereotypen einmal abgesehen. Wir sind alle unterschiedlich und anders – eigentlich ist das offensichtlich, aber trotzdem für so viele Leute schwer zu akzeptieren oder zuzulassen. Wir alle haben die Wahl. Wir alle treffen eine Wahl. Das sollten wir tun können, ohne bedroht oder eingeschüchtert zu werden.

Deswegen habe ich dieses Buch geschrieben: um den Schmerz und die Kompromisse und das unvermeidliche Unglücklichsein zu zeigen, das einen Menschen begleitet, wenn er diese Wahl nicht treffen kann, obwohl sie in seiner Seele verankert wurde. Ich möchte zeigen, dass es keinen allgemeingültig richtigen oder falschen Weg gibt, sondern nur den, so zu sein, wie man eben ist. Ich wollte all die Hemmnisse auf dem Weg zur Gleichberechtigung zeigen, die es in dieser Community gibt, die ich liebe und der ich mich voll Stolz zugehörig fühle, der Transgender-Community. Aber ich habe dieses Buch auch geschrieben, weil ich das Glück habe, eine Plattform für meine Meinung zu haben, die ich auch nutzen will. Und weil immer irgendwo ein Ausweg existiert, egal, wie lang es dauern mag, bis man ihn findet.

Einen Zauberstab gibt es nicht. Auch keinen Feenstaub, den man über sich ausstreut, damit man mit einem „Puff!" ein ganz anderer Mensch ist. Als ich im März 2015 Caitlyn wurde, hatte ich nach dem Aufwachen aus der Narkose nicht sofort den Drang verspürt, zu kochen, zu putzen, zu nähen oder sonst etwas Typisches zu tun, was man Frauen in unserer noch immer von Männern dominierten Gesellschaft gern zuschreibt. Und ich rannte auch nicht sofort in den nächsten Buchladen, um mich mit den Werken bekannter Feministinnen wie Betty Friedan und Gloria Steinem einzudecken. Ich kann nur sagen: Ich entwickele mich. Gender ist eine Reise, egal, wer man ist: Die Gedanken ändern sich, die Umstände ändern sich, die eigene Gewichtung von Dingen ändert sich, die ganze Welt ändert sich.

Heute fällt es mir leichter, Gefühle zu zeigen, obwohl es niemals einfach für mich sein wird. Aber ich fühle mich der Welt inzwischen verbundener. Wenn ich jetzt morgens aufstehe und in den Spiegel gucke, dann ist alles dort, wo es hingehört, jedenfalls so ungefähr. Ich ziehe mir das an, was mir gefällt, ohne ständig Angst zu haben, dass mich irgendjemand darin sieht oder mir auf die Schliche kommt. Ich gehe in die Öffentlichkeit und tue das, was ich gern tun will, ohne dafür eine Maske aufzusetzen. Mein Leben ist heute viel einfacher. Jetzt braucht es keine tausend Schritte mehr, um einen Hauch Authentizität zu erreichen.

Jetzt bin ich bereit, die Gelegenheiten zu nutzen, die sich mir bieten, um etwas zu lernen, um Dinge zu tun – nachdem ich jahrelang nur darauf gewartet hatte, dass die Tage vergingen. Ich kann mich mit Frauen unterhalten, anstatt sie immer nur zu beneiden oder mich von ihnen absichtlich fernzuhalten, damit ich bloß nicht aufflog, und ohne mich ständig nicht zugehörig zu fühlen – so wie es vor meiner Transition eben war.

Verdammt, ich spiele nicht einmal mehr allein Golf. Einer der schönsten Momente in der Woche ist der Dienstag, wenn ich mit einem Frauen-Vierer über den Sherwood Golf Course marschiere, wenn wir schwatzen und lachen und Modetipps austauschen und ich locker 50 Meter weiter schlage als die drei anderen, was mir aber keine von ihnen übelnimmt. Wären wir vier Männer, würden sofort alle versuchen, einander zu übertrumpfen, und das unterdrückte neidische Gebrumme könnte man noch im nächsten Valley hören.

Natürlich bleibt die unvermeidliche, kosmische Frage, was es mir nun wirklich gebracht hat, abgesehen davon, dass ich jetzt den Abschlag für Frauen benutzen darf, wenn mir danach ist. Es wäre vermessen, das beantworten zu wollen, zumal es mich im Moment noch fast überfordert, mir zu überlegen, was ich morgens anziehen will. Aber angesichts des langen Weges, den ich bis heute zurückgelegt habe, will ich es trotzdem versuchen.

Anerkennung. Schönheit. Freiheit. Glücksgefühle. Befreiung. Liebe. Schlichtheit. Und natürlich Wohlgefühl. Es gäbe viele andere Worte wie diese, aber ich will die Länge dieses Buches jetzt nicht noch verdoppeln. Vielleicht lässt es sich so zusammenfassen: Bitte, ich beschwöre euch – lasst euch euer Leben nicht von dem diktieren, was andere denken. Lasst euch nicht von der Angst beherrschen, so wie ich es viele Jahre tat. Tut das, was eure Herzen und eure Seelen euch nahelegen. Ich garantiere euch, ihr werdet es nicht bereuen. Denn dann werdet ihr ein Leben voller Möglichkeiten erfahren, keines, das nur in der Phantasie existiert, sondern ein echtes Leben. Je mehr wir unsere Unterschiedlichkeiten umarmen, desto mehr wird man auch uns umarmen. Es sind viel zu viele von uns noch dort draußen und warten darauf, dass auch sie endlich wachsen und erblühen können. Die bestehende Gesellschaft wird sich schlicht an uns gewöhnen müssen. Nicht alles ist perfekt. Es wäre naiv, das anzunehmen.

Ich versuche noch immer, die Beziehungen zu meinen Kindern auf ein gutes Gleis zu bringen. Ursprünglich hatte ich gehofft, dass meine Transition uns näher zusammenbringen würde. Zunächst war es auch so. Aber in den letzten Monaten hat sich eine Leere aufgetan, eine Distanz. Nicht mit allen von ihnen, aber mit vielen.

Manchmal sind wir uns in unserer Elternrolle nicht immer bewusst, wie unerreichbar wir selbst unter den günstigsten Umständen sind. Wenn wir dann älter werden, entsteht in uns das Bedürfnis, Zeit mit unseren Kindern zu verbringen, doch dann müssen wir feststellen, dass sie das nicht können, weil ihr eigenes Leben sie vollständig in Anspruch nimmt. Es ist, als übernähmen sie genau jene Haltung, die wir früher auch zeigten und jetzt bereuen, aber so ist nun einmal die menschliche Natur mit all ihren Schwächen. Natürlich wünsche ich mir heute, meine Kinder wären mir gegenüber zugewandter, aber wie zugewandt war ich denn, als sie aufwuchsen?

Inzwischen fürchte ich, dass meine Transition für sie härter war, als sie mir gegenüber durchblicken ließen. In der Öffentlichkeit haben sie mich bewegend unterstützt. Aber vielleicht war ich ihnen privat doch peinlich. Vielleicht ist es seltsam, mich „Dad" zu nennen, wenn ich nicht mehr wie ein Dad aussehe. Ich weiß, dass Burt, Brandon und Brody das *Vanity Fair*-Cover nicht mochten, und das nicht nur, weil es ihnen zu aufreizend erschien, sondern weil ich nicht richtig beurteilt hatte, wie seltsam es sich für einen Sohn anfühlen musste, den eigenen Vater in einem cremefarbenen Mieder zu sehen.

Das kann ich akzeptieren.

Vielleicht ist Caitlyn teilweise anders, als sie es sich erhofft hatten. Zwar fühle ich innerlich viel mehr Empathie als früher, habe aber immer noch Probleme, sie zu zeigen. Zwar habe ich andere Menschen durchaus im Blick, rede aber immer noch zu viel über mich. Vielleicht denken einige von den Kindern, dass ich zu sehr mit meinem Aussehen beschäftigt bin, was tatsächlich eine komplette Kehrtwende von Bruces Haltung darstellt, der sich darüber nie Gedanken machte. Mir ist auch bewusst, dass man in der Anfangsphase, in der es noch ganz neu ist, eine Transfrau zu sein, durchaus die Tendenz gibt, so etwas wie eine Pseudo-Pubertät zu durchleben, in denen Make-up und Kleidung die Eckpfeiler für die Entdeckung des eigenen Körpers darstellen und einem ein Gefühl von Freiheit verleihen. Das wird sich vielleicht noch ändern.

Ich frage mich, ob ich wieder mit jedem meiner Kinder einzeln Gespräche führen sollte, so wie vor der Transition, damit sie Gelegenheit hätten, offen mit mir zu reden, und ich genauso mit ihnen. Die Genderfrage ist eine Reise, aber ebenso verhält es sich mit der Beziehung, die man nach der Transition mit seinen Kindern hat. Da entwickelt sich nichts über Nacht. Einen Optimalzustand gibt es nicht.

Ich weiß, wie sich Einsamkeit anfühlt. Ich war den größten Teil meines Lebens einsam. Meine größte Angst ist jetzt, dass ich mich eines Tages wieder in diesen Zustand flüchten und eine Gefangene in meinem eigenen Haus sein werde, wobei der große Unterschied zu damals darin besteht, dass ich das heute nicht mehr will. Ich habe Angst davor, wieder zur Einsiedlerin zu werden, wahrscheinlich, weil man immer fürchtet, dass sich die Geschichte wiederholt, und das zu einer Zeit, in der Caitlyn die Möglichkeiten dieser Welt erkennt, die Bruce nie wahrgenommen hat.

Immer noch verbringe ich meine Nächte oft allein. Immer noch fürchte ich, dass ich eine Einzelgängerin bleiben werde, auch wenn ich das jetzt nicht mehr sein will. Vielleicht liegt mir das einfach im Blut, so wie das Frausein. Vielleicht ist es mit Eigenschaften ja so wie mit den Grundüberzeugungen eines Menschen: sie ändern sich nicht wirklich. Aber ich werde mich verdammt anstrengen, aus den alten Mustern auszubrechen, denn Caitlyn hat einfach zu viel Spaß. Bruce war die letzten zehn Jahre seines Lebens so gut wie verschwunden. Davon abgesehen sind die alten Olympia-Geschichten inzwischen ein ziemlich alter Hut. Zwei Tage meines Lebens, die mehr als dreißig Jahre von Bedeutung waren. Aber es gab doch so viel mehr.

All die Aufmerksamkeit, die mir in den letzten eineinhalb Jahren zuteil wurde, war herrlich und wunderbar. Aber Aufmerksamkeit verblasst irgendwann. Das ist auch in Ordnung. Letztlich ist es die Familie, die einen stützt, nicht die Aufmerksamkeit anderer Menschen, die man nicht einmal kennt. Jetzt, da ich älter werde, fühle ich mich auch verletzlicher. Ich muss mich mit meiner Sterblichkeit auseinandersetzen, und ich möchte dem nicht allein entgegensehen.

Meine Mutter sorgt sich, ich könnte wieder allein sein. Sie fände es schön, wenn ich einen Partner hätte.

So sieht es aus.

Wenn die LGBTQ-Community es in den USA schon schwer hat, sind die Probleme in Afrika hundert Mal größer. Homosexualität steht in 38 afrikanischen Ländern unter Strafe. Eine Transfrau oder ein Transmann, der dort in der Öffentlichkeit als solcher erkannt wird, läuft Gefahr, zusammengeschlagen oder getötet zu werden. Eine Verhaftung ist das Mindeste, was man zu erwarten hat. Ich würde gern nach Afrika reisen, auch wenn mir klar ist, dass ich vielerorts nicht willkommen wäre. Aber vielleicht könnte ich mit einem Besuch auf diese Probleme aufmerksam machen, und das ist immer der erste Schritt, wenn es darum geht, schlimme Zustände zu verändern.

Aber ich werde nie aufhören, mich für die Trans-Community in den USA einzusetzen. Ich liebe Amerika. Ich bin stolz auf Amerika. Meine politischen Ansichten, wie auch immer sie sein mögen, werden mich nie daran hindern, alles zu tun, was in meiner Macht steht, um einer Gruppe zu helfen, die so an den Rand gedrängt und unterdrückt wurde. Daher werde ich bei jeder sich mir bietenden Gelegenheit über die Diskriminierung von Transmenschen bei der Arbeitssuche sprechen, über die Selbstmordrate bei Teenagern und über die Gewalttaten. Selbst, wenn ich nur schrittweise etwas in die Wege leiten kann, so hätte ich doch zumindest schon etwas bewegt.

Die Frage nach der geschlechtsangleichenden Operation steht immer noch im Raum. Schon unter normalen Umständen ist es eine sehr komplexe Entscheidung; bei mir kommt noch dazu, dass in meinem Alter jede Operation ein erhöhtes Risiko birgt. Ich weiß, dass der Eingriff schon unzählige Male durchgeführt wurde und in der Regel ziemlich reibungslos verläuft. Aber es bleibt eben doch ein Eingriff, vor dem zusätzlich noch eine Reihe vorbereitender Schritte abgeschlossen sein müssen, beispielsweise mehrere Elektrolyse-Sessions zur Haarentfernung, aber auch eine Orchiektomie, bei der beide Hoden entfernt werden.

Es ist und bleibt eine ganz und gar persönliche Entscheidung. Nur etwa 30 Prozent der Transfrauen lassen sich überhaupt operieren, teilweise aus finanziellen Gründen, aber auch, weil viele es für ihr eigenes Körpergefühl gar nicht als erforderlich betrachten.

Wieso denke ich also darüber nach?

Weil es einfach nur ein Penis ist. Für mich hat er keinerlei Bedeutung oder Funktion, abgesehen davon, dass man damit etwas bequemer im Wald an einen Baum pinkeln kann. Ich möchte, dass an mir alles stimmig ist. Außerdem habe ich keine Lust mehr, das blöde Ding dauernd einzuklappen.

Aber mich gruselt es beim Gedanke an eine weitere Vollnarkose. Wie gesagt, ich bin nicht mehr die Jüngste. In den letzten eineinhalb Jahren habe ich von daher immer wieder hin und her überlegt. Oft denke ich, ja, ich sollte es tun, dann zögere ich wieder.

Der Mond hat heute etwas an sich, das meine Gedanken in tausend verschiedene Richtungen wandern lässt. Vielleicht liegt es daran, dass gestern Herbstvollmond war und er daher immer noch wie eine große, leuchtende Scheibe am Himmel steht.

Unwillkürlich muss ich an meinen Dad denken, und daran, was er wohl von all dem gehalten hätte. Und an meine Mom, die inzwischen neunzig ist, sich aber mit einer Offenheit diesen Themen genähert hat, von denen sich jeder Vater und jede Mutter eine Scheibe abschneiden könnten, die sich weigern, das Leid eines Kindes zu verstehen, das im falschen Körper aufwächst. Ich denke an meinen Bruder Burt, der jetzt irgendwo über uns schwebt, vermutlich den Kopf darüber schüttelt, dass er jetzt eine große Schwester hat, und der leise vor sich hin lacht. Ich denke an Freunde, denen ich nicht genug gedankt habe. Ich denke an meine Kinder, und dass ich ihnen nur das Eine geben kann, was zu geben in meiner Macht steht: Liebe. Ich denke an Erfolge. Ich denke an Misserfolge. Ich denke an Bruce. Erst, seit ich Caitlyn geworden bin, habe ich erkannt, dass er ein guter Mann war.

Der Mond steigt höher am Himmel, bis er den höchsten Punkt seiner Bahn über den Bergen erreicht. Sein Schimmer ist hypnotisierend.
Wir alle betrachten dieses Wunder mit staunenden Augen.
Weil es für uns in dieser Welt immer noch Wunder gibt.
Man weiß nie, was geschehen wird.
Das ist eben so.

Augenblick noch.
Ich wusste, ich habe noch etwas vergessen.
Nach intensivem Nachdenken habe ich im Januar 2017 dann doch die große OP machen lassen. Alles verlief gut, und ich fühle mich jetzt nicht nur wunderbar, sondern befreit. Das erzähle ich jetzt, weil ich davon überzeugt bin, dass Offenheit stets das Beste ist. Und nun können alle aufhören zu glotzen. Das war's doch, was ihr wissen wolltet. Jetzt wisst ihr es. Und deswegen habe ich es auch gesagt, zum ersten und zum letzten Mal.

Danksagung

Das Problem mit einer Danksagung ist, dass man nicht alle in einem Satz nennen und damit gleichberechtigt würdigen kann. Dieses Buch wäre nicht entstanden, wenn nicht so viele Menschen daran geglaubt und sich dafür engagiert hätten.

Aber irgendwo muss man anfangen: in meinem Fall mit Alan Nierob. Er ist nicht nur ein begnadeter PR-Mann, sondern hält mir jederzeit den Rücken frei und denkt stets an mein Bestes. Seit fast dreißig Jahren ist er zudem ein guter Freund, der mir in schweren wie auch in schönen Zeiten zur Seite stand.

Cait Hoyt, die Literaturagentin bei CAA, war phantastisch und hat auf jeden Panikanruf gelassen und souverän reagiert. Zum großartigen Team gehörten außerdem mein Vertreter bei CAA, Jeff Frasco, und mein Anwalt Jeff Bernstein.

Ohne einen Verlag gäbe es kein Buch. Ich fand mit Grand Central Publishing einen wunderbaren Partner. Die leitende Lektorin Gretchen Young war klug und nett und sorgte mit geduldiger Beharrlichkeit dafür, dass dieses Buch seine perfekte Form bekam. Nachdrücklich brachte sie ihre Vorschläge ein und erwähnte sie so lange immer wieder, bis sie angenommen wurden. Die Korrektorin Lori Paximandis spürte bestimmt eine Milliarde kleiner und großer Fehler auf.

Zu den weiteren Verlagsmitarbeitern, die entscheidend an diesem Projekt beteiligt waren, zählen der Verleger Jamie Raab, die Cheflektorin Deb Futter, der PR-Chef Jimmy Franco, die Redakteurin Melanie Gould, der Marketing-Leiter Brian McLendon, die Designerin Anne Twomey und die göttliche Redaktionsassistentin Katherine Stopa.

Annie Snyder, die Schnelltipperin vom Dienst, weiß inzwischen vermutlich mehr über mich als sonst jemand, nachdem sie so viele tausend Seiten meiner Erinnerungen erfasst hat; sie ist die Beste ihrer Zunft aus dem fernen Land Oregon. Maria Spano steuerte wertvolle Recherchen bei. Caleb Bissinger übernahm gewissenhaft die aufwändige und wichtige Aufgabe, alle Fakten noch einmal zu überprüfen. Ich bin mir nicht ganz sicher, wo meine Assistentin Ronda Kamihira hineinpasst, aber sie erledigte wie immer meisterlich alle Aufgaben, die ihr aufgetragen wurden.

Wendy Roth danke ich nicht nur für ihre Freundschaft in all den Jahren, sondern auch für zahlreiche Fotos, die in diesem Buch enthalten sind.

In diesen Tagen sehe ich niemanden so oft wie meine Haarstylistin Courtney und meine Make-up-Stylistin Kip. Sie leisten nicht nur hervorragende Arbeit, sondern sorgen mit ihrer Unterhaltung und ihrem Lachen auch immer dafür, dass ich nicht durchdrehe.

Ein großes Dankeschön gilt Dr. Christine Milrod, die mich entscheidend dabei unterstützte, meinen Kindern von meiner Genderdysphorie zu erzählen. Mein Pastor Brad Johnson half mir sehr, während der Transition mit meinem Glauben ins Reine zu kommen.

Als es darum ging, mich in der Transgender-Community zurechtzufinden und das Themendickicht dort zu durchschauen, wurde ich von wunderbaren Menschen unterstützt, die mich an dem Wissen teilhaben ließen, das sie in langen Jahren erworben hatten: Nick Adams, Kate Bornstein, Jenny Boylan, Zackary Drucker und Margaret Hoover.

Vielen Dank auch an meine Seelenschwestern aus *I Am Cait*, Candis Cayne, Ella Giselle und Chandi Moore, die mich unter ihre Fittiche nahmen und mir halfen, mich in einer mir noch völlig fremden Welt zu orientieren – vor allem bedanke ich mich dafür, dass sie mich richtig angeschrien haben, als sie herausfanden, wie konservativ ich bin.

Meinen Kindern gebührt ein riesengroßer Dank dafür, dass sie mich all die Jahre ausgehalten haben und mir so viel Unterstützung gewährten, als ich mit der Transition begann. Da es hier um einige große Egos geht, nenne ich sie in alphabetischer Reihenfolge: Brandon, Brody, Burt, Casey, Kendall, Khloé, Kim, Kourtney, Kylie und Robert. Ihr alle habt mein Leben geformt und auch viele Male gerettet.

Auch meine drei Exfrauen, Chrystie, Linda und Kris, seien hier genannt: Mit jeder von euch habe ich eine entscheidende Phase meines Lebens geteilt, und auch, wenn unsere Ehen scheiterten, empfinde ich doch immer noch viel Liebe und Respekt für euch. Außerdem verbinden uns nach wie vor die wunderbarsten Kinder der Welt.

Meine Schwester Pam Mettler ist in vieler Hinsicht ein herausragender Mensch. Als Kind habe ich sie auf einen Sockel gestellt, und heute tue ich das immer noch. Sie zählte zu den ersten, denen ich mich anvertraute, da ich wusste, dass meine Geheimnisse bei ihr sicher aufgehoben waren. Auch Lisa, meine andere Schwester, war für mich da.

Und dann gibt es auch noch meine Mutter Esther. Nichts von all dem wäre geschehen, wenn es sie nicht gäbe, denn schließlich verdanke ich ihr meine körperliche Existenz. Ich hatte so viel Angst, es ihr zu sagen – nicht nur, weil sie meine Mutter ist, sondern auch, weil sie damals schon achtundachtzig war. Es war für sie nicht leicht, Caitlyns Erscheinen zu verarbeiten, aber sie reagierte mit Verständnis, Interesse und überbordender Liebe. Und ja, Mom, ich weiß, ich muss dich viel öfter besuchen.

Zuletzt, aber umso herzlicher, gilt mein Dank Buzz Bissinger. Seine Beiträge zu diesem Projekt waren unschätzbar wichtig. Wir verbrachten mehr als tausend Stunden miteinander, und er trieb mich unaufhörlich weiter an, tiefer und tiefer in meine Seele hineinzuschauen. Ich neige dazu, beim Erzählen fürchterlich abzuschweifen, aber Buzz ist es irgendwie gelungen, meine losen Erinnerungen und Gedanken in einen Zusammenhang zu bringen und zu strukturieren.

Buzz traf ich erstmals im März 2015, als er von *Vanity Fair* damit beauftragt worden war, für die Zeitschrift über mein Leben und meine Transition zu schreiben. Heute kommt es mir vor, als wären wir seitdem jeden Tag zusammen gewesen, wie es die intensive Arbeit an einem solchen Buch erforderte. Wenn ich mich umdrehte, stand er hinter mir – und das war schon ein wenig furchteinflößend, was aber vor allem an seinem Modegeschmack liegt. Aber wenn man sich erst mal an die schwarzen Lederklamotten, die Totenkopf-Ringe und die schwarzlackierten Fingernägel gewöhnt hat, ist er ein warmherziger, lustiger Kerl. Er ist ein großartiger Autor – vor allem aber ist er, was mir genauso wichtig ist, inzwischen ein großartiger Freund geworden. Dieses Buch hätte ohne ihn niemals Form angenommen.

Über die Autoren

Caitlyn Jenner erreichte bei den Olympischen Spielen 1976 in Montreal im Zehnkampf 8.634 Punkte und stellte damit einen neuen Weltrekord auf. Später wurde sie Sportmoderatorin für die Fernsehsender ABC und NBC und trat regelmäßig in der Sendung *Good Morning America* auf. Mit ihren Motivationsvorträgen, in denen sie detailliert schilderte, wie sie ihre Olympiaerfolge erreicht hatte, war sie als Rednerin äußerst gefragt.

Nach der Enthüllung ihres wahren Ichs produzierte Caitlyn die Reality-Show *I Am Cait* für den Fernsehsender E! und bemühte sich stark darum, ein größeres Bewusstsein für das Thema Transgender zu schaffen. Die Fernsehjournalistin Barbara Walters ernannte sie zur „Faszinierendsten Person" des Jahres 2015, das Magazin *Glamour* ehrte sie als eine der Frauen des Jahres, und für ihre Verwandlung vom Olympiasportler zur Transgenderaktivistin erhielt Caitlyn bei den ESPY Awards 2015 den Arthur Ashe Award für persönlichen Mut.

Der Pulitzer-Preisträger **Buzz Bissinger** verfasste neben dem hoch gelobten Football-Buch *Friday Night Lights* weitere Sachbücher wie *A Prayer For The City*, *Three Nights In August* und *Father's Day*. Er ist schon seit langem als freier Autor für *Vanity Fair* tätig und schrieb unter anderem die bahnbrechende Titelstory über Caitlyn für die Juli-Ausgabe 2015. Als Dozent an der University Of Pennsylvania lehrt er das Schreiben von Sachbüchern.

hannibal DER VERLAG DER STARS!

PINK FLOYD
Vom Underground zur Rock-Ikone
von Nicholas Schaffner
448 Seiten, zahlreiche Fotos
ISBN 978-3-85445-248-5

PETER GABRIEL
Die exklusive Biografie
von Daryl Easlea
496 Seiten, zahlreiche Fotos
ISBN 978-3-85445-459-5

LIONEL RICHIE – HELLO
von Sharon Davis
280 Seiten, zahlreiche Fotos
ISBN 978-3-85445-301-7

DEPECHE MODE
Black Celebration – Die Biografie
von Steve Malins
320 Seiten inkl. 16 Seiten Fotos
ISBN 978-3-85445-429-8

BESESSEN
Das turbulente Leben von Prince
von Alex Hahn
408 Seiten, zahlreiche Fotos
ISBN 978-3-85445-610-0

MEIN LEBEN – MEINE MUSIK
Der Gründer von Creedence Clearwater Revival erzählt
von John Fogerty
448 Seiten, zahlreiche Fotos
ISBN 978-3-85445-499-1

DIE MICHAEL JACKSON TAPES
Intime Gespräche des King of Pop mit seinem Therapeuten
von Shmuley Boteach
336 Seiten
ISBN 978-3-85445-345-1

ROCK AM RING
30 Jahre sind nicht genug
Alle Bands, alle Skandale, alle Fotos
von Christof Graf
320 Seiten, durchgehend farbig bebildert
ISBN 978-3-85445-433-5

BILLY JOEL
Die Biografie
von Fred Schruers
448 Seiten, zahlreiche Fotos
ISBN 978-3-85445-493-9

ROBERT PLANT
Led Zeppelin, Jimmy Page
& Die Solo-Jahre
von Neil Daniels
304 Seiten, zahlreiche Fotos
ISBN 978-3-85445-300-0

SEX, LOVE & ROCK'N'ROLL
von Hollow Skai
256 Seiten, zahlreiche Fotos
ISBN 978-3-85445-358-1

HINTER DER MASKE
Die Autobiografie
von Paul Stanley
496 Seiten, zahlreiche Fotos
ISBN 978-3-85445-455-7

DEEP PURPLE
Die Geschichte einer Band
von Jürgen Roth, Michael Sailer
576 Seiten, zahlreiche Fotos
ISBN 978-3-85445-251-5

WHITNEY HOUSTON
Die Biografie
von Mark Bego
232 Seiten, zahlreiche Fotos
ISBN 978-3-85445-389-5

www.hannibal-verlag.de